革命分子

REVOLUTIONARIES

★★★

共產黨人、
無政府主義者、
馬克思主義、
軍人與游擊隊、
暴動與革命

Eric Hobsbawm
艾瑞克・霍布斯邦——著

黃居正——譯

IV 軍人與游擊隊
Soldiers and Guerrillas

V 暴動與革命
Insurrectionaries and Revolution

重譯本序

一九八七年，台北的久大文化出版社不知緣何，規畫了革命叢書系列，譯者也被叢書主編蔡其達找來翻譯其中霍布斯邦的《革命分子》。蔡其達在二〇〇八年、霍布斯邦自傳中譯本（編按：《趣味橫生的時光》，左岸文化）發行時，曾將這段往事自陳於部落格中，算是為本書第一版譯本的誕生過程，提供了行動參與者之證言：

八〇年代中期，各類抗爭如火如荼展開，而行動需要思想作為奧援，韋伯學說、依賴理論、西方馬克思主義、後現代主義、解構論……，只要能用來打倒國民黨威權邪靈，管它甚麼新舊西東。一九八七年的解嚴之夏，我進久大出版社承接了先是以革命叢書之名，其後定為「新社會系列」的工作，霍布斯邦的《革命分子》（*Revolutionaries*）也在規畫之列。當時雖不致對此位左翼大師懵懂無知，然而對他的理解全屬二手資訊，自然無力全面紹介他的思想給讀者大眾，就先以革命之名打前鋒吧！我找來附中學弟，當時就讀法研所的黃居正翻譯此書……半年後譯稿初成，該系列的翻譯計畫卻告吹，我同時也離開出版社，此後便以託孤心情尋求其他出版社慧眼識人，只惜自己本事不足，最後功虧一簣。還是端賴黃居正自尋出路，才於八九年由稻鄉出版社發行。這就是霍布斯邦第一本中文譯本問世的始末！九六年時為中研院史語所副研究員的的盧建榮先生，於《極端的年代》中譯的導讀裡指稱，「稻鄉出版社惑於霍氏一書《革命分子》其書名的聳人聽聞，遂出版其中譯本，唯此書並非霍氏名著，抑且當時出版時也不知霍氏為何許人」，時隔十餘年，作為催生者的我謹作以上的解說。

當年尋求出版過程的難堪之境，自是不必再提了。中譯本的書名「聳人聽聞」，始作俑者的譯者固樂於坦承不諱，但要指謫這本書不是霍布斯邦的名著，甚或以出版歷史研究書籍聞名的出版者不知其為何許人，譯者就完全不能同意了。或許霍氏其他作品如《非凡小人物》、《原始（素樸）的反叛》以及年代四書等，聲名較為顯赫，但這本集結霍布斯邦書評與短論的精悍小書，既是完整演算該等鉅著命題的作業簿，也是閱讀其他二十餘本著作的必備索引。至少對始終懷抱基進思想的譯者來說，直至今日，《革命分子》仍時時為業餘的政治生活，提供便利鑲嵌的視角，與令人驚喜的證言。

一九八九年《革命分子》中譯本出版後，譯者就很希望能全面進行重譯，以訂正其中明顯的錯誤，並全盤調整譯文結構，更完整呈現英文文本中細緻的平衡與隱義。這個希望，隨著所受歐陸語文教育與實用的磨練，日復強烈。但卻瞬間因台美著作權談判的授權要求，致使舊版未售罄部分全數遭到無情銷毀，以及台灣小型出版社因此遭受的重大衝擊而落空。沒有出版社的支持，加上自身職業生涯的羈絆，重譯計畫完全被耽擱了。更令譯者汗顏的是，由於《革命分子》是霍布斯邦著作中的第一個中文譯本，加上動員戡亂時期該書相對「聳動」的譯名，據說在極短時間內，舊版已銷售了兩刷以上的數量。飽和的市場胃納讓重譯之路更顯遙遠，譯者也只好繼續背負著錯譯鉅著的道德重擔。

二〇〇九年，在左岸黃秀如總編輯的慨然應允下，《革命分子》的重譯工作終能展開。電腦打字固然比二十年前的手寫稿快，旋又因驚訝於過去譯文的眾多瑕疵，以及矢志追求完美卻不能如願，拖延了更多的時程。從展卷重譯至全書竣工，幾乎耗去兩個寒暑，也造成冒險同意發行重譯本的左岸十分為難，對此譯者甚感過意不去。於今，重譯本在左岸孫德齡小姐辛苦協助校讎下順利問世，譯者只想藉此向過去二十餘年認真閱讀舊譯本的讀者，以及本書之作者，致上最深的歉意。

是慚為重譯本序。

黃居正

二〇一七年五月

前言
Preface

本書由聚焦幾個相關主題的論文所組成。第一部分處理共產主義和共產黨主要在共產國際時期的歷史。第二部分討論無政府主義；近來大家對該運動又開始有了興趣。第三部分處理自一九五〇年代中葉起便十分活躍的、國際上關於馬克思及馬克思主義各種面向的談辯，該部分包含了一些關於馬克思與列寧之註腳，不過主要還是針對某些或新或舊的馬克思主義作者、以及他們所引發之談辯，加以評論。最後則是處理一些可被籠統歸類在「暴力政治學」標題下的主題——包括革命、暴動、游擊隊、政變，與其他相似主題。

寫作者的主題有時是自己挑的，有時則由別人替他們選擇。這本書中大多數的主題都是別人預先替我選好的，其中部分是邀請我就該主題發表演說，但主要是一些編輯希望我以書評形式，為其選擇的主題撰文。可想而知，他們一定是認為作為一個「老左派」馬克思主義者，我對他們送上這些書籍的主題應該有些見地，而且可能有興趣發表一些看法。後面這個揣測很明顯是對的，但前者不能不附加一些具體的但書。多年來，我雖熟習了部分馬克思主義者的理念，以及近代革命與革命運動的知識，但是作為一個歷史學者，仍不能將其稱為我的專業領域。我所知道的多數來自這些書中、被我所評論的作家們；只有少部分是基於自己的一手研究。我至多只能聲稱，在過去數十年中，自己是以一個睜大了眼睛的、審慎的參與者，或是如人類學者所說，以一個「參與觀察者」的身分，來傾聽許多國家中、那些知道比我多得多的朋友的描述；然後對這些文章中討論到部分活動，提供某種類似觀光客的觀點。

誠然，第一手的觀察應該是有點價值的。如果這些反思的結果能夠被傳播出去，可能可以幫助一些沒有走過形塑我輩的那個時代——那個革命分子的期望與恐懼，與俄國大革命的命運難以切分的時代——的人們，了解二十世紀歷史中相當重要的一頁。這也是我想儘量清晰地描述這段時期的運動之原因；相較之下，對於近期事件，我就會盡可能採用比較寫實，但並非不帶感情的筆法。我們不太可能從這類的分析中學到什麼教訓，不過作為一個歷史學家，我至少能提供一些教育用的素材。

寫這些文章的目的，不是想為一個已經十分巨大的，充滿論辯與其反論、責難和辯護的文獻錦上添花；老實說，這些議題讓中年人、老年人，不論男女、縈繞於心，驅使他們自己、或勸慰他人無悔獻身，但對那些涉事不深的同輩或年輕後進而言是否具有相同的重要性，尚未可知。它們的目的只是想幫助澄清與理解。作者固然是針對那些被論辯的課題寫作，但也不希望本書只能吸引同意他們觀點的讀者。

書中各章皆有標示寫作日期，有三章尚未發表過，分別是第五、十八，及二十五章。第一章有小部分曾在《泰晤士報文學副刊》上以書評形式刊載，其他部分則分別在蒙特婁與倫敦以演說的形式發表。剩下各章則分別曾經以英文發表於《泰晤士報文學副刊》、《紐約書評》、紐約的《國家》、《新社會》、《新政治家》、《新左評論》、《今日馬克思主義》、《發言人》、《每月評論》、《歷史、理論與建築設計》等雜誌。第七章則是在一九七一年發表於義大利的《當今世界無政府主義與無政府主義者》雜誌。這些文章幾乎都作了小小的修改，有些甚至有較大幅度的重寫。感謝諸位出版者同意將這些文章重新刊行。

艾瑞克・霍布斯邦

I

共產黨人

Communists

1

共產黨人歷史的問題
Problems of Communist History

從一九一四年第二國際崩潰、一九一七年布爾什維克十月革命成功到今天，社會主義的發展，已經面臨一個歷史時代的尾聲。共產黨不僅是該時代革命運動的特徵，也是最主要的形式。此時此刻（編按：一九六九年），正適合對共產黨的歷史作一次全面的檢視。但這是件困難的工作，因為共產黨的史料特別錯綜複雜，當然也還有其他諸多原因。

每一個共產黨都是一對準備不周、手忙腳亂的配偶——本國左翼分子和十月革命——的婚生子女。這樁婚姻建立在愛情和權宜的基礎上。然而，任何一個政治記憶只能回溯到赫魯雪夫鞭屍史達林，或中蘇決裂的人，是無法想像對那些現在已經邁入中、老年的人來說，十月革命代表著什麼樣的意義。十月革命是首次的無產階級革命，是歷史上第一次以社會主義秩序建立的政權；它證明了製造出戰爭與蕭條的資本主義其本身的嚴重矛盾，也證明了社會主義者革命成功的可能性——及確然性。它是世界革命的開端，也是一個新世界的開端。只有天真的人才會相信俄國是勞動者的天堂，但在當時，即使是最尖銳的批評家，也不會吝於給予他們一點寬容，對於一九六〇年代的左翼分子來說，這種寬容可是只會給予極少數小國諸如古巴、越南的革命政權。事實上，其他國家的革命分子在決定採取布爾什維克的組織形態，並臣屬於國際布爾什維克（即蘇聯共產黨和史達林）時，除了基於自然的熱情，也因為其他形態的組織、策略和戰術都已明顯失敗了。社會民主主義和無政府-工團主義都已失敗了；相對的，列寧成功了。追隨成功者的腳步似乎比較明智。

一九一七年之後，原本看似波濤洶湧的全球革命開始退潮，理性盤算的因素日漸成為主流。但是在實踐上，共產黨個人所抱持的信念，也就是他們所重視的對黨熱情和完全效忠，或可說等同於對共產國際和蘇聯（即史達林本人）的效忠，幾乎完全沒有受到影響。因為很明顯的，不論個人感受如何，只要是與共產黨分道揚鑣，不管是被開除或是自動退出，就代表一個有效的革命運動已經結束。在第三國際時期，除了少數在國際上不具明顯地位的偏遠小國（例如錫蘭）外，布爾什維克內部從未出現任何具有實際重要性的派別或異端。離開黨的那些人要不是被遺忘，就是變得毫無作為；除非他們加入所謂的「改革派陣營」，或投身於明顯屬於「布爾喬亞」的集團，但這也表示他們將不再被認同為革命分子；或除非他們所寫的書可能會（或不會）在三十年後對左派有影響力。事實上，托洛茨基主義成為共產國際運動的一股政治風潮，也是在他過世後的事。在這些被放逐的馬克思主義者中最堅強的，往往是在孤立中默默持續進行活動，等待時勢改變；而其中最脆弱的，通常會在筋疲力竭中崩潰，接著轉向成為慷慨激昂的反共主義者，為一九五〇年代的美國中情局文化培養出一些好戰派；其他多數則從此遁入了宗派主義的厚重盔甲之下。因此，我們可以說，共產運動雖然實際上沒有分裂，但為了維持自身的凝聚性，也付出慘痛代價：它流失了相當、甚至可說是數量龐大的黨員。有個開玩笑的說法，前共產黨人可以組一個全民最大黨，算是有點事實根據。

一份一九二〇年代可能只針對黨內最高層級首度進行的調查顯示，共產黨人幾乎無法選擇不對史達林和蘇聯表示忠貞。諸如帕爾米羅．陶里亞蒂之類有遠見，又異乎尋常忠心的共產黨領袖們，很快就發現，不論是誰登上蘇聯共產黨的寶座，**基於國際運動的利益**，都無法坐視反對者的存在，所以這些領袖們甚至企圖向較少與莫斯科接觸的人士，例如葛蘭西等人解釋這個道理。（當然，一九三〇年代，即使是自願追隨史達林者，也不見得能獲得仕途上的保證，或是在蘇聯境內居留或生存的保障。）在這種情況下，對莫斯科的效忠不再等於認同莫斯科路線，而只是一種必然的選擇。多數的共產黨人為了合理化這點，試著說服自己：莫斯科永遠是對的。就算不用這種論點，頭腦清楚的少數派也知道，絕不可能帶領著自己的黨去反對莫斯科。一九三九年九月，英國共產黨領導階層會議曾被（莫斯科）指示：第二次世界大戰終究不是人民反法西斯主義者的戰爭，是帝國主義者之間的戰爭。一位參加會議的英國共產黨人，回想起彼時他曾告訴自己：「就是這樣！已經沒什麼可做的了。它就是一場帝國主義者間的戰爭。」當時他確實是對的。一直到出乎史達林和大部分共產黨領袖意料之外，狄托帶領著他的黨公然反對史達林的一九四八年之前，沒有人能夠成功地捋住莫斯科的虎鬚。不過當時狄托已不只是一個黨，而是一個國族與國家的領導者了。

當然，當時還有「國際主義」這個因素牽涉在內。在國際共產黨運動幾已不存在的今日，很難回想它曾是一股如此巨大的力量，吸引著那些意識到大家同屬一個國際軍團的成員，利用多樣而靈活的戰略，完成世界革命這個偉大的共同目標。因此，國內與國際運動間絕對不能有任何根本上或長期的衝突。共產國際才是一個真正的黨，每個國內組織都只是受紀律管制的部門。這個力量來自對現實問題的辯論和對道德的信念。對於列寧的信念，老實說，並不在於他所做的社會經濟分析——畢竟像他關於帝國主義的理論，在早期馬克思主義者的書寫中只算九牛一毛——而是在於他組織革命黨，以及掌握製造革命之戰術與策略的獨特天分上。共產國際當時確實也極力試圖且成功地使該運動免疫於理念上的嚴重崩解。

眾人都同意，共產黨人絕對不會像一九一四年國際社會民主主義運動一樣，放棄自身的旗幟，去追隨民族主義者的大纛，以致於落得自相殘殺。在此必須強調，他們確實沒這麼做。一九三九年九月，英國和法國的共產黨曾有些值得稱頌的事蹟。在民族主義、政治算計，甚至一般常識都引導他們走向另一條路時，他們卻毫不遲疑地將國際運動的利益擺在第一位。這麼做使他們犯下了悲慘且愚蠢的錯誤，然而，我們不該因為他們的錯誤而嘲弄他們行動的精神。這個錯誤或可說是所謂的蘇維埃運動路線，或說是莫斯科方面愚蠢的傲慢，其實可以預見的是在那樣的國際情勢下，就算是其他立場迥異的黨也會有相同的錯誤反應。就如同一九一四年歐洲的社會主義者應做卻未做的：去貫徹共產國際的決定；而這也是當世界大戰再次爆發時共產黨人的表現。但這並不是他們的錯，共產國際本該告訴他們應採取哪些其他的行動。

因此，撰寫共產黨歷史的人所面對的，是極為困難的問題。他們必須再現那獨特的、在眾多世俗運動中史無前例的布爾什維克主義氛圍，這對大多數自由主義的歷史學家來說，都是極為陌生的，就像他們面對多數當代極端主義者的放縱與自以為是行動派一樣。如果不能掌握那種全然奉獻的精神，就無法加以理解。像是在奧許維茲建黨，黨員們得用香煙繳黨費（當時的香煙何止珍貴，在集中營裡，它幾乎是無法獲得的東西）；幹部們不只要接受黨的命令在淪陷的巴黎市殺死德國人，還得先想法子找到武器來完成這差事；或明知會被監禁甚至處死，也不可能拒絕遵守返回莫斯科的指示等。不了解這種氛圍，就無法了解布爾什維克為什麼會有如此非凡的成就和異常的行徑，當然更不能了解共產主義在政治工作教育體系上所獲致的極度成功。

但是，歷史學家們必須將存在於共產黨裡的本國因素，從國際因素中區別出來，這包括了在本國運動中某些並非基於必要，而是發自內心贊同國際路線的潮流。他們必須將共產國際政策中真正屬於國際的因素，和那些只反映出蘇聯國家利益、或策略、或蘇維埃國內政治上其他既得利益的因素，加以區別。他們也必須清楚分辨這些本國的與國際的政策，究竟是基於知識、無知或直覺，基於馬克思主義者的分析方法（不論好壞）、當地的傳統、對國外例子適當（或不適當）的模仿、單純的嘗試錯誤、策略性的洞察，或僅是一種意識形態的模式。一言以蔽之，他們必須好好決定哪些政策是成功且明智的，哪些不是，並且極力避免將**整個**共產國際歸類為失敗，或只是一齣俄羅斯傀儡戲。

對一個英國共產黨的歷史學家來說，這些問題更是分外困難，因為除了某些極短的時期外，這批人對這個國家可說是毫無重要性。這個黨一方面完全效忠於莫斯科，完全不願意介入俄羅斯或共產國際的衝突；一方面又是一群徹頭徹尾由本地勞動階級組成的烏合之眾。它的路線並沒有被那些失意或被開除的領袖的七嘴八舌與脫黨行為搞得亂七八糟。事實上它還頂滿意這種自居弱小而獲得的好處，這表示共產國際不會為了某種期待而施加壓力，如同其對德國共產黨所做的那樣；也不會要求他們像歐洲及其他大陸的黨一樣，僅倚賴最草率的評估就展開運作。作為一個政治上的幼童，英國共產黨並不與社會民主主義決裂，而只是作為於工黨之外運作的、諸多極左團體之一罷了。人們不太可能會認為英國共產黨是一個可以取代工黨的另一個大眾政黨，至少並不是立即就可以取而代之。因此，它能夠自由地——事實上，它也被這麼鼓勵——去達成英國左翼好戰分子所要求的，無論如何必須貫徹的目標；而且，因為他們是共產黨人，更有著不尋常的自我克制和效率。最開始，列寧確實擔心產生宗派主義以及對工黨的敵意，因為工黨本是培育本土極左分子的溫床。對英國共產主義的歷史來說，共產國際路線與本土左翼分子在策略和戰術上相齟齬的時期（也就是一九二八到一九三四年，以及一九三九到一九四一年）是一個異數，因為在英國，它就是這麼一個明顯的戰略，在其他國家也許並非如此。由於對革命並沒有現實上的期待，因此只成立了一個勞工聯合會議。而工黨則是唯一有（同時還在增加）本事在國內爭取具覺醒意識勞工支持的黨；實際上，也只有這一條現實上可以想像、且能讓社會主義者往前邁進的道路。今天，左翼分子（無論是在工黨內外）之所以會自亂陣腳，實在是因為上述這些條件不能再被視為理所當然，而且也沒有其他公認的替代方案。

然而，英國共產黨如此簡單的處境，卻隱藏了一些問題。首先，共產國際究竟對英國確切的期望為何？除了要英國共產黨把自己打造成一個較好的共產黨，以及——不確定該從哪天開始——在大英帝國推展共產黨運動？在共產國際的總體策略中，英國真正的角色究竟是什麼？應如何改變？所有既存的、僅少數例外但多數都品質不高的歷史資料裡，幾乎找不到清楚的答案。

其次，為何即使用不甚嚴格的標準來看，英國共產黨在一九二〇年代的影響力還是如此薄弱？英國共產黨成員少、變動性高，它的成功部分反映自當時勞工運動基進與好戰的氣氛，部分則是因為事實上共產黨人大多數還是留在工黨裡發展，或至少獲得了地方工會的支援。直到一九三〇年代，英國共產黨才開始成為具有實質作用的本國左派，雖然黨員人數的成長緩慢有限，在選舉方面也沒什麼起色，還須面對工黨領導體系的敵意。

第三，支持共產黨人的根基是什麼？為何在一九三〇年代前，它無法在知識分子社群中吸引大量的支持者，卻又迅即拋棄那些它所吸引到的相對少數（大多為前費邊主義者和基爾特社會主義左派）中的大部分人？它對蘇格蘭和威爾斯具有不尋常的強烈影響力——不盡然是成員問題——的本質是什麼？什麼原因使這個黨在一九三〇年代轉變為它從未隸屬的、工廠好戰分子集團？

當然，以上所有提問都不可避免會觸及，在兩次世界大戰之間，以及一九四五年之後的英國脈絡下，英國共產黨之路線改變，以及更根本的問題：這個組織所採的特殊形態，究竟是對還是錯。

詹姆斯·克魯格曼並未認真解決上述任何一個問題[1]。這個極有能力且頭腦清楚的人，毫無疑問有能力撰寫一部完整的共產黨史，這是他沒有顧忌的場域，而他也確實撰寫了。他就目前所能獲得的史料，為該黨的形成做了最好、也最清楚的描述。不幸的是，這件必須身兼優秀史家和忠誠黨員的不可能任務，讓他跛腳了。要想為任何一個組織撰寫「官方」正史，唯一的方法，就是把資料丟給一個或一群專業的歷史學家，讓他們能夠有效維持同情心而免於人身攻擊，有效維持不介入所以不會忌憚揭人瘡疤；而且如果真的寫得太爛，官方還可以拒絕承認。這就是英國政府對待第二次世界大戰官方歷史的態度，結果是使得韋伯斯特和法蘭克蘭德寫出了一部打破許多眾人熟知神話，傷害了許多服役者與政界人士感情的空戰史。[2]但它是一本既學術又實用的書，除卻對只想評判或拿來策畫戰略的人來說。到目前為止，只有義大利共產黨選擇了這種明智的路徑，雖然大部分的政客都沒想到過。保羅．史賓阿諾因此能寫出了一本引發爭議，但嚴肅具學術性的作品；[3]詹姆斯．克魯格曼則是兩者都做不到。他充其量只是運用了豐沛天分，寫出了一本不致留下臭名的書而已。

我擔心他寫這本書，只是過度浪費時間。當一個人花了十年的時間在資料上——包括那些在莫斯科的資料，其結果是：關於當今尚未出版的共產黨史料，能提出的精確引證，至多僅有七個，而在全卷的三百七十頁中，關於已印行的共產國際資料（包括共產國際所出版的

1 James Klugmann, *History of the Communist Party of Great Britain: Formation and Early Years*, London, 1966.
2 編註：Charles Webster, Noble Frankland, *The Strategic Air Offensive Against Germany 1939-1945* (Vol 1,2,3,4), London: Her Majesty's Stationery Office, 1961.
3 Paolo Spriano, *Storia del Partito Comunista Italiano*, vol. 1, Da Bordiga a Gramsci, Turin, 1967.

多語文馬克思主義者雜誌《國際通信》）的引證，甚至少於十二個，其餘則多半是引證已經出版的報告、小冊子，以及特別是該段時期共產黨所出版的期刊，不免要讓人懷疑他在幹嘛。一九二一到一九二二年間，共產國際的主席團討論到英國共產黨的次數，共計有十三次——比法國、義大利、匈牙利和德國這些國家的共產黨都來得多。我們從克魯格曼的書中，是不會讀到這點的，因為該書索引缺少所有關於季諾維也夫（除了涉及以他的名字簽署偽信的部分）、鮑羅廷[4]、別卓夫斯基-班奈特[5]的引證。也就是說，這本書就像勞工研究部般，純粹只敘述英國共產黨的活動。

一部恰如其分的共產黨史，不能刻意系統性地規避具有衝突性的爭議及事件，或因其會破壞與該組織之良好關係而任意予以刪改，甚至杜撰；也不能以前所未見地大量描寫或記錄好戰分子們的活動來充數。可以用堂堂一百六十餘頁，撰寫共產黨從一九二〇到一九二三年間的工作內容，應該是件有趣的事，而關於該段時期的一個最根本事實，就是記錄在季諾維也夫於一九二二年提交第四屆世界代表大會報告裡的那句話：「也許，沒有任何一個國家的共產黨運動進展得如此緩慢。」然而，該書卻未真正面對這個事實。書中對即使是目前最流行的、把它歸咎於大量失業的說法，也未認真加以討論。簡單地說，克魯格曼還給了那些一直被忽視的、為英國勞動階級鞠躬盡瘁的好戰分子一些公道，也為共產黨人的後繼者寫出了一本清晰、有用，能使他成為該課程名師的黨校教科書。他提出了相當多新的資料，其中有些是專精於解讀細膩敘事的人才能夠辨識，而且絕少部分——關於一些重要事件——被記錄下來。但是他並沒有寫出一個令人滿意的、關於共產黨以及該黨在英國政治上所扮演角色的歷史。

一九六九

4 編註：米哈伊爾·馬爾科維奇·鮑羅廷（Mikhail Markovich Borodin），一八八四～一九五一，本名米哈伊爾·格魯申貝格（Mikhail Gruzenberg），俄國猶太人。曾以蘇俄紅十字會的名義到美國、墨西哥、英國等地從事地下工作。其於一九二三到一九二七年擔任共產國際駐中國代表及蘇聯駐中國廣州政府代表，為協助孫中山聯俄容共的主要人物。一九五一年死於伊爾庫茨克的勞改營。

5 編註：別卓夫斯基-班奈特（Petrovsky-Bennet），一八八六～一九三七，本名大衛·李培茲（David Lipetz），俄國猶太人。曾效力於「波蘭、立陶宛、俄羅斯猶太人勞動聯盟」與「美國猶太人社會主義聯盟」；十月革命後加入紅軍，改名別卓夫斯基；成為共產國際代表前往英、法、美等國行動時又改名班奈特。一九三七年以反革命罪名遭到逮捕並槍殺。

2

英國的基進主義與革命
Radicalism and Revolution in Britain

共產主義運動的學術研究產業，從事者通常是宗派主義者和政治獵巫派的成員，其產量頗豐，但內容卻往往令人不甚滿意；同時，拜許多前共產黨人之賜，讓他們從意見分歧轉向全盤否定的趨勢，而使兩派的成員開始有重疊的傾向。大體說來，宗派主義的歷史學家都曾經是革命分子，至少也曾經是左翼分子；而且大多數是共產黨人中的異議分子。（各個共產黨對其本身歷史的貢獻在過去一直都被刻意掩蓋，即便近幾年也還是常常加以忽略。）他們研究的主要目標，是想發掘何以共產黨無法成功發動革命？以及即使成功發動了革命，卻往往引致令人不安的結果？他們主要的職業弱點，則一直在於不能跟該運動中的論辯和派系保持適當的距離。

政治獵巫派的正統學說，一直要到冷戰時期才算是完全成形；它把共產黨視為某種邪惡的、難以控制的，甚至可能無所不在、兼具宗教和陰謀性質的組織。它對共產黨無法提供任何合理的解釋，因為它認為無法為推翻一個多元-自由的社會找到任何合理的理由。因此，要分析他們，必須由異議分子個人的社會心理學，以及歷史陰謀論這兩個角度下手。這個學派主要的弱點在於，他們對自己研究的議題幾乎毫無貢獻；該學派的基本形式比較像是維多利亞時期的「職業工會」，因此他們對於職業工會的啟發，應該遠勝於對共產主義的啟發。

紐頓先生在他那部野心龐大、名為《英國共產主義的社會學》的著作中告訴我們，政治獵巫派和英國共產黨沒有什麼關係，這讓任何準備好要相信他的人都感到滿意。[1]這個共產黨並不是由歧異分子或疏離的少數派所組成，也從來沒有某個程度地容許過他們。紐頓先生已經從既有資料中整理出共產黨的社會組成，它主要包括那些具有熟練和半熟練技術的勞工，大部分是工程師、建築工人和礦工，以及大部分出身自相同家庭背景的學校教師。就如同所謂的「傳統的基進主義」：「支持它的，並不是失根的、游離的個體；相反的，支持者其實是那些與他們所屬社群、以及該社群基進主義具有密切關聯的人。」共產黨並不是由那些與法西斯主義者具有相同「權威人格」的人所組成；聲稱這兩個「極端」很容易角色互換的普遍迷思，其實並沒有事實上的根據。

英國共產黨的活動，一直以來都不符合社會學家所設定的「群眾運動」模式（「直接且行動主義式的反應模式」，在其中「注意力的焦點，與個人經驗和日常生活無涉」）[2]。先不論該黨的終極目標為何，在兩次世界大戰間的工會或失業者運動中，共產黨好戰部眾熱心關切的都是較為實際的問題，諸如改善勞動者的環境之類。相較英國其他政黨，沒有任何證據顯示，英國共產黨的統治方式更為寡頭，它的黨員並不關切黨內的民主，或是他們對領導者的態度有何明顯不同。

簡單地說，紐頓先生寫出了不少對英國共產黨有真實經驗者之感受。套用社會學的說法，在英國歷史上的各個時期，工人階級領導幹部的研習者們都深知，自己比一般看好的那些行動主義的工人階級菁英們更努力，也更明顯地是「藉由自我教育，不斷嘗試著自我改造」的人。他們領導勞工運動，也常是站在最前線的那群人。紐頓先生暗示，他們在這方面和工黨的行動主義者頗為類似，而這也正是英國共產黨會如此異乎尋常弱小的主因；因為直到今日，工黨已經相當充分地表達了，大部分具有政治覺醒的英國勞動者想要表達的意見。就這點而言，紐頓先生可說是完全正確的，當然，還是有些左翼工人階級覺得工黨做得不夠，而這批極左派，即是肯答爾先生書中的主角。

我想真正的問題在於：它在過去或現在，是否構成一種「革命的」運動。就共產黨而言，其爭議其實不在於它對社會變遷的主觀承諾，而是那個它一直以來在其中尋求目標實現的社

1 Kenneth Newton, *The Sociology of British Communism*, London, 1969.
2 編註：William Kornhauser, *The Politics of Mass Society*, Glencoe, 1959.

會本質究竟為何；以及其活動的政治脈絡。在一九六九年那個當下，年輕極端分子對革命的想法就是，即使不能站在街頭的戰場，至少也得弄點聲音像是自己站在那兒一樣；這完全不是革命的，而且早就不是了。不過，真正的問題比這個還要嚴重。有哪個黨能夠在一個標準定義的革命根本就不在議程裡，而且也完全欠缺真實革命傳統的國家裡，實現其革命的功能？

華特．肯答爾在其關於一九〇〇到一九二一年左派的研究中，以相當尖銳的方式提出了這個問題。[3]作者本身有時會迷失在錯綜複雜的宗派歷史，同時花費太多時間爭辯英國共產黨之所以誕生，並不是源自英國過去的那批基進左派，而是源自俄國布爾什維克對共產黨國際運動的要求。這個爭論其實根本可以略而不談。關於一九一七到一九二一年這段期間所發生的一切，明白地說，其實就是：（一）極端左翼分子熱切地自詡為布爾什維克；（二）這裡面有幾個內鬨的小團體；（三）這批人大多數都只想成立共產黨；（四）俄國人自然，而且也最聰明的做法，也就是任令一個統一的黨誕生。事實上，結果也不出所料。英國左派裡最大、持續最久的獨立馬克思主義者組織——英國社會黨，成了共產黨的主要核心，它吸納了其他具有政治上重要性但人數不多的左派團體。雖然直到肯答爾先生一書涵蓋的時間之後，社會黨才真正開始轉變成一個「布爾什維克」黨，但俄國人其實早就運用其影響力，把一些極端反政治的宗派主義者給掃地出門。

這批基進左派到底有多革命？能革命到什麼程度？在肯答爾那本資料豐富且相當學術的作品裡說得很清楚：只有零星的一小撮人，而這一小撮一九一四年前的基進左派，或可稱之為俄羅斯或愛爾蘭式的革命分子，大部分聚集在蘇格蘭、倫敦東區（這裡的人與俄國人有更多連帶），以及南威爾斯那一帶。這一小撮好戰分子頂多只有幾百人，卻在一九一一到一九二〇年間，扮演了不成比例的重要角色。當時英國的勞工運動，充其量只是從憲章運動以來，首次有人真正表態反對「體制」而已，包括反對「政治」、反對工黨與反對工會領導者。稱之為革命，實在是一種誤導。

英國左派之所以失敗，最直接的原因在於他們既沒有權力意識，也沒有能從權力角度思考的組織。這群反抗者的選擇不多，要不追隨改良主義者領導的傳統工人組織，或是根本不甩他們。就長期而言第一種選擇較為有利，但勢必在當前的危機中降低戰鬥的氛圍；若採取另一種選擇，則勢必犧牲有效行動的能力。

南威爾斯的礦工們（他們的工會可說是基層造反的產物）選擇了第一條路，結果是在一九一五年的大罷工後，礦區再也沒有出現過和該產業有關的、遍地開花的非官方運動。但礦工們團結在一起，越來越基進（南威爾斯聯盟當時甚至一度想要加入第三國際），在一九二

3 Walter Kendall, *The Revolutionary Movement in Britain 1900-21*, London, 1969.

四年選出庫克[4]為領導者，在一個罷工本已不再具有政治意義的時候，把整個勞動階層推向總罷工。肯答爾說得對，他們的成功「阻止了基進行動於戰時發生，卻沒料到戰爭結束後隨即爆發」。

另一方面，工廠的工會代表由於自身根植的工團主義，以及對政治與官僚的不信任，則是白費了力氣，僅製造出一個如肯答爾所說的：官方職業工會的附屬品。這批人表現了而非領導了一場真正的造反，即沒有發揮多大的作用，甚至也沒有持續多久。因此他們的運動在替新共產黨留下少數可用的新兵後，便煙消雲散了。「在一九一八年，」加拉查寫到，「我們可以動員超過數十萬人經過格拉斯哥。但我在一九二四年五月一日領導的一次街頭示威，卻只能聚集到區區百人。」

在一個成熟的工業社會，革命左派的困境不在於其機會永不出現，而是他們必須在其中運作的日常情境，妨礙了運動的發展，以致無法掌握稀有的契機，讓他們做得像個革命分子。讀肯答爾先生的書，可以得出一個令人喪氣的結論：要脫離這個悖論沒那麼簡單，這是它的本質。自我封閉成宗派主義不是辦法；單純反抗式地拒絕任何政治行為和官僚主義也沒有用。在我們這樣的國度裡做一個革命分子，就是如此困難。而我們也沒有任何理由可以相信，在未來會比過去更容易。

一九六九

4 編註：亞瑟．庫克（Arthur James Cook）一八八三～一九三一，英國獨立工黨成員，但在一九二〇年英國共產黨成立之後即與之密切合作。一九二一年擔任南威爾斯聯盟書記，一九二四到一九三一年間擔任英國礦工聯盟總書記，一九二六年發動全國總罷工。

3

法國的共產主義
French Communism

在西方已開發的經濟體中，共產主義的歷史，向來是一部在沒有造反希望的國度裡革命黨的歷史。這些國家在本世紀裡，可能歷經且已歷經了多次革命運動，不論是由資本主義的國際矛盾所引發（例如納粹的占領），或反映其他地方的烽火（例如東歐）；但他們自己的政治之路，卻未曾有任何機會或任何跡象足以引領他們邁向街頭戰場。兩次大戰和其間出現的大蕭條，都沒能有效撼動庇里牛斯山、阿爾卑斯山南緣和北角間任何一個政權的社會基礎；更別說要期待在這短短的半個世紀內會出現什麼更重大的打擊事件。但拿最鄰近的東歐為例，情況相對就非常不一樣。在同一段時間內，至少出現了四到五個內發性社會革命的例子（俄國、南斯拉夫、阿爾巴尼亞、希臘，[1]或許還有保加利亞），甚至還沒算上某些為期甚短卻事態嚴重的動亂。

1 不計英國軍隊的介入與蘇維埃的外交自制，這些國家內發性的社會革命都算是成功。

不論是出於自發或刻意，西方勞工運動者必須使自己適應這種情況，而且他們因此必須冒著極大的風險，讓自己適應在資本主義中恆久且從屬性地存在。直到一九一四年前，這種困境在某些程度上被勞工運動給模糊化了，後者多數是由於布爾喬亞政權拒絕正式地、或完整地將其納入政治與經濟體系中；此外，再加上大部分勞工極度悲慘的生存條件，以及流氓無產階級自給自足的社會氛圍，還有革命傳統的力道太強——主要是馬克思主義傳統，也包括無政府主義傳統——多數的勞工運動是被這些傳統所形塑，至今仍受其啟發。到了一九一七年後的世代，資本主義崩潰所造成的自相殘殺、蕭條、野蠻主義，特別是被（正確地）視為世界革命先鋒的布爾什維克革命，又再次模糊化了這種困境。不過，到了我們這個世代，因為以下三個因素的結合，終於使它變得比較清晰，它們包括：「西方」出色且前所未見的經濟繁榮（包括其勞動階級的巨大膨脹）；第三國際的分裂——不論是正式或非正式的分裂；以及一九四五年後，因已開發西方國家問題而產生之世界革命——在地理、社會與政治上——的不可能。[2]

一九一四年以前的那段時期，已經成為歷史。第二國際完全崩潰，而且沒有任何復活的機會，兼具其競爭對手與戰友身分的無政府主義化革命職業工會運動（即「工團主義」），也是如此。如果我們能基於學院式好奇外的其他原因，徹底研究這段時期，一定會有助於解釋後來發生的一切，以及可能為當時習以為常現在卻罕見的、在組織上聯合在意識形態上卻分歧的單一國家社會主義運動，提供一些線索。我們現在尚處於第三國際時期；至少它是持續以介於共產主義者與社會民主黨的宗派主義形式存在著。但要不是靠著對比十月革命，實在沒辦法解釋兩者的行為模式或傳統。以上都說明了安妮·克利葛爾之鉅著《法國共產主義的起源，一九一四～一九二〇》的重要性。[3]

法國共產黨在許多方面都是相當獨特的。它是少數幾個西方「進步的」(advanced)經濟體中的大型共產黨之一，而且，除了義大利共產黨之外(它是在一個晚近才剛剛開始、尚未完全步入世界經濟發展階段的國家中運作)，法國共產黨是唯一一個在本國勞工運動中成為多數黨的。乍看之下，這並不是什麼大問題。畢竟法國是個古典的西歐革命國家，而且，如果一七八九到一七九四年，一八三〇年、一八四八年和一八七一年的這些傳統都沒能誘發這個國家產生革命黨，那大概也沒什麼能做到這點了。然而，若仔細尋思共產黨的崛起，則又不禁讓人心生疑惑。法國革命精神的古典傳統——即使是勞動階級的——並不是馬克思主義式的，甚至也很少是列寧主義式的，而是上溯到雅各賓黨、布朗基主義者和普魯東主義者的

2 我並沒有表示它應該是遙不可及的；只是認為基於可見的事實，中國的革命、民族解放的革命，並沒有讓西方的社會主義與共產主義者，感受到十月革命所帶來的那種如沐春風的滋味。

3 A. Kriegel, *Aux Origines du Communisme Français, 1914-20* (2 vols.), Paris and The Hague, 1964.

脈絡。一九一四年以前，法國的社會主義者運動其實是嫁接在法國樹上的德國枝椏，而且還只接在政治上，甚至沒碰觸到職業工會。至於蓋得主義，雖然還有段距離，也算是最貼近社會民主主義正統了，仍舊只是某種地域性或少數派的現象。法國共產黨標誌出本土運動更激烈的「布爾什維克化」或「俄羅斯化」，這樣的變化原本是沒有什麼基礎的，但這次的嫁接卻生根了。法國共產黨不僅維持為一個由大多數法國勞工所組成的大黨、法國左翼的主要力量，更變成了一個古典的「布爾什維克」黨。而這正是它在歷史上最大的問題。克利葛爾女士並沒有打算直接為它提供答案——她的兩冊鉅著，是以圖爾會議建黨作為結尾——但她卻藉由排除其他可能因素的手段，間接為這個問題提供了答案。只不過，她選擇作為題材的這段歷史，並不能夠藉由排除法來加以完備。事實上，她書中最主要的論點之一就是，法國共產黨這些後續發展，在一九二〇年絕對不可能預測得到。然而第一次世界大戰及戰後的情勢，掃除了大部分澱積在歷史中、落伍或不切實際的政治信條。

欲探究大戰與俄國大革命的影響力，必須藉由對勞動階級之崛起，以及那些推動法國勞工運動的、組織鬆散時而不甚具有代表性的少數派，進行平行觀察，方能找到蛛絲馬跡。這種區別是很重要的，因為法國式運動極度脆弱、不穩定和狹隘的特性，會如同克利葛爾所強調的，使其革命黨對戰後的法國的吸引力遠大於那些勞工運動更具群眾基礎的國家。克利葛爾女士的書對於這個演進相對談得比較少，雖然該書明確地橫跨了四個時空：一九一四年對民族主義的堅決回歸；一九一六年底開始對戰爭日漸升高的厭倦；一九一七年春天達到顛峰，歷經幾次流產的罷工與陸軍叛變，在失敗後回復到無所行動的狀態（在此同時，流入勞動組織的勞工卻與日俱增）；以及戰爭結束後，可說是遠遠**超越之前**正規勞工組織的快速、累積式基進化。這個演進的主角是復員的軍人——步調緩慢的復員維持了基進化的動能——以及那些在戰時有著重要地位，其後又與回到舊崗位的復員兵息息相關的產業（鋼鐵和鐵路）。不過，在戰爭結束前，根深柢固的民族主義——法國左派最老也最強的傳統——驅使群眾遠離了革命之路（包括俄國革命在內），似乎也暗示了德國社會運動的勝利。以對一九一七年蘇維埃的認同來說，法國就顯然比英國薄弱許多。只有當休戰協議讓愛國主義與革命二選一變得毫無意義，法國勞工們才開始毫無阻礙地進行政治上的基進化。只不過這點成績卻又被勞工運動的失敗給破壞殆盡。

對勞工運動來說，一九一四到一九二〇年的歲月，是由一連串挫敗，而且是具有決定性歷史意義的挫敗所構成。一九一四年是所有黨派和早期運動模式，也就是社會主義者和工團主義的總失敗。自一九一五年初開始，出現了溫和的和平主義-國際主義（但不具革命意識的）反對勢力，且明顯地並不是以戰前的基進左派為班底。它在一九一七年失敗了。其後，一個具有革命意識的布爾什維克左派，在休戰後慢慢出現；然而，它也很明顯地只有極小部分是以一九一五到一九一七年「齊美瓦爾德」風潮的和平主義-國際主義者為班底，許多原來的領袖甚至拒絕加入。在這個階段的法國勞工運動並沒有分裂，也沒有出現任何在過去運動中一向存在的意見分歧，這是因為他們在一九〇〇年代初期就提出了一種鬆散的聯盟模式，而且在當時也沒有認真思考未來會持續分裂。相反的，在一九一八到一九一九年，社會黨和勞工總聯盟顯然再次找到了攜手邁向左派——但不是布爾什維克左派——的共同基礎。這左派雖批判卻不否定民族主義者和階級聯合者在一九一四年的過度擴張。與德國不同，戰爭並未導致該黨分裂；也與英國不同，階級聯合組織的領導者（如亞瑟．韓德森[4]）並未在一九一四年帶領該聯合政黨參與反戰，也沒有帶領它走向溫和的社會主義。但原先只是少數派的和平主義者，在沒有分裂黨的情況下竟成為多數派，這倒是和奧地利頗為相似。

當然，在世界革命的焦躁氣氛中，除了為數極少、惡名昭彰的極端國家主義右派分子外，所有運動部門都向「革命」與「社會主義」看齊；雖然一九一九到一九二〇年的戰鬥是否以此為目標，屬於假設性的問題。但不管他們的目標是什麼，結果都是失敗的。這小群極端左派，一面夢想著建立以「工廠會議」（councils）為基礎的西方式無產階級革命，一面厭惡著國會、政黨和職業工會。由於無法獲取群眾的支持，在一九一九年春天的罷工中失敗了。[5]建立一個自由主義式的或反集中化的共產主義，不再是選項。政治化的社會主義者一向只投資那些被選舉出來的社會主義政府，並為它規畫一個政府當為的遠大計畫。他們在一九一九年的秋天也失敗了，因為僅有少得令人失望、大約只有百分之十四的選民，在政治上轉變為社會主義者，比其他國家少很多。但如同克利葛爾女士令人信服地證實，半調子的改良主義領導班子原本以為他們會獲得更多的支持，結果這個多數選票並沒有出現，該黨的領導班子也就沒必要面對其實是與己無關的可能示威了。改良主義者的道路反正暫時行不通了。

最後，同時也最嚴重的，是隨著一九二〇年鐵路大罷工的瓦解，革命派工團主義者——這批人應該算是法國最堅強、純粹的無產階級革命傳統——雖試圖鬥爭，最後也宣告失敗。由革命派領導大罷工這個法國勞工的傳統神話，算是壽終正寢了。惟由此也可以更清楚發現，革命派工團主義在法國式的運動中，的確是一股重要的潮流。

就是在這些情況下，也只有在這些情況下，眾多的法國社會主義政黨才打算追隨莫斯科的腳步；但即使在此時，他們仍然如克利葛爾所說的，採取了一些不明說的條件限制，「固然沒有保留，但也不會遵守毫無道理的指示」。其後的幾年，在將原本的共產黨領導班子掃地出門後，法國共產黨需要大量的社會主義者趕緊加入這個老黨，來為一個真正的布爾什

4 編註：亞瑟．韓德森（Arthur Henderson），一八六三～一九三五，英國政治家，隸屬工黨，三度擔任工黨黨魁（一九〇八～一九一〇、一九一四～一九一七、一九三一～一九三二）。一九三四年獲得諾貝爾和平獎。

5 克利葛爾女士正確地指出，有一個真正的革命選擇擺在布爾什維克主義的面前，就是尋求與社會主義、自由主義或是自由至上主義的價值觀結合；但是，不管用什麼招牌組織，它還是徹底失敗了。事實上，它在政治上是不可能成功的。

維克政黨打地基。事實的確如此，但大批的共產黨員不斷出現，是否真如她所說的是個「偶然」，就令人懷疑了。

首先，早期法國社會主義風潮與模式的破產，是不可逆的。此外，讓法國式的運動能夠幾乎免疫於馬克思主義的、作為一個「古典」歐陸革命國家的傳統驕傲，以及把歷次法國革命當作世界革命樣板的觀念，也已破滅。相當令人惋惜、而且是歐陸革命年代裡的第一次——法國失敗了，布爾什維克卻成功了。未來無論在何時，法國的極左分子都必須用列寧來補充羅伯斯比、布朗基，或普魯東所失去的元氣。而法國革命分子們轉型的方法首次出現開放選項。但是在第三國際時期，要完成這種轉型，就得排除維持戰前社會主義者聯盟這個選項。所謂的共產黨左派就只能是布爾什維克，別無其他。

其次，如同克利葛爾女士所觀察到的，法國勞工運動在一九一四年以前的整個社會基礎都不見了。大戰首度把法國的經濟帶入二十世紀，也就是說，它不僅使曾經是革命工團主義班底、工業化之前的手工業者所組成的，少數且不甚穩固的職業工會變得不可能（或邊緣化）；也使得與資本主義世界間的唯一聯結除了仇恨無他，只期待將資本主義全部推翻的流氓勞動階級之幻夢破裂。反正在一九一四年前的改良主義和革命主義都必須有所改變，都必須被重新、或更精確地加以定義。就這點來看，返回一九一四年的道路是行不通的。

法國經濟，以及雇主、勞工與國家間關係的鉅變，引發了社會主義者、共產主義者所未曾面臨，甚至未曾完全認識的問題，西方社會主義的悲劇很大程度來自無法認識到此一問題。萊昂・布魯姆[6]的社會黨絕對不能說是個理想的、企圖藉由選舉和漸進式改革趨近社會主義的費邊社政黨；它甚至不是一個資本主義裡單純的改良主義者政黨。它退化為類似第三共和時期的激進黨，而且也確實在第四共和時期扮演了那樣的角色：它這個社會和經濟安定主義的保證人，其領導者因為有個部長可做，就被擺平了。共產黨則持續成為一個國際無產階級革命，且日漸成為由有效勞工組織組成的政黨。布爾什維克化幾乎確定讓它成為法國歷史上最有效的革命組織。但不可避免的，自從世界革命變成就只是俄國革命，其擴張的希望就全部被放在蘇聯身上，不再向前邁進，因為蘇聯「持續地將自己視為前進中的革命」[7]。況且，由於法國沒有革命的環境或前景，「法國共產黨必然成為法國革命社會主義在一九一四年前所有衝突和矛盾的集合地：它雖然具有革命精神，但還是每天都在搞改良主義；它雖然屬於國際主義，卻也不失愛國情操」。而且，如同克利葛爾正確的觀察，法國共產黨還為

6 編註：萊昂・布魯姆（Léon Blum），一八七二～一九五〇，曾為三任法國總理（一九三六～一九三七、一九三八、一九四六～一九四七），為法國政壇溫和左派的代表人物。受德雷福事件影響投身政治，為饒勒斯的後繼者。

7 在史達林主義環境下，這意味著革命完全等同蘇聯共產黨的行動，因為任何遲疑都代表放棄真實的世界革命，與失去和真實世界革命的接觸；而當克利葛爾女士宣稱「任何將蘇維埃國家與法國共產黨劃清界線的嘗試，在理論與實踐上都是極為無稽的」，或許是在為她自己的過去辯護吧。

自己找到了一個自欺欺人的解決方式：「在蘇聯的世界架構下，把自己轉化成某種想像中的全球性社會」；我們還可以補上一句：讓自己漸漸從有效的政治參與中退場。最後一件事確定讓法國共產黨無法從社會議題中脫胎換骨，那就是當法國共產黨面臨重大危機，必須在國家主義與國際主義的指示間作一選擇時，它（以一種別無選擇的形式，如同被蘇聯形塑般地忠於十月革命地）選擇了國際主義。

難道一直以來都沒有任何方式可以讓革命黨從一個非革命的環境中脫困？之所以提出這個問題，並不是要否認列寧為共產運動所開出的處方——國際路線之正確性；克利葛爾女士的書也好，亦或其他研究列寧行動的嚴肅著作，都說明了他那卓越的政治天分。畢竟在一九一七到一九二〇年間，半個世界都出現了一種革命的情勢，雖然這並不表示，而且列寧也從未認為這表示，倫敦和巴黎都已經為建立蘇維埃共和國，預設了日期。後見之明將會顯示，資本主義下的已開發國家，甚至包括德國，都仍如磐石般，不可動搖；但政治領導者們將歐洲，至少是中歐，視為一塊可能獲勝的戰場，而非從中倉皇撤兵的領土，這種想法好像也沒錯，而且極為自然。再者，讓勞工運動不要分裂，即使有可能，也無法解決任何問題。像英國和奧地利這樣，保持實質聯合的運動歷史已經顯示，戰爭中的失敗，不能單單歸咎於社會主義-共產主義者的宗派主義。最後，有效革命黨的建立，這個共產國際最大的成就，正如一九三〇年代和一九四〇年代所證實的，取得了顯著積極的成果；特別是在反抗法西斯主義的運動上，實在應該大大歸功於共產黨，這個功勞要比他們當時自認的、或是他們的敵人事後承認的，要多得多。

這並不是要人不經批判地就接受共產國際。它將組織內的軍事嚴紀移植到各個共產黨，就是一個相當錯誤的政治判斷；而它面對蘇聯共產黨的統御毫無招架之力，不僅造成了極壞的影響，最終也毀了自己。那些認為國際勞工運動，特別是在西歐的運動，絕不會步上它在一九一七到一九二一年後塵的想法，只是一種期望，認為現在應該與歷史不同。更有甚者，他們忽略了第三國際絕對稱得上的正面成就，這段時期對社會主義者來說，遠遠不及第二國際那樣令人沮喪。特別是在當前對史達林主義的反動、共產國際宗派分歧的情勢，以及共產國際顯然已無法提供國際社會主義者組織一個有用模式的今日，忽視似乎理所當然。然而，歷史學家的職責並不在讚美或責備，而在分析。

比較有趣的是，如上分析顯示，共產國際並沒有忽視在一個非革命環境裡的革命黨所面臨的基本問題。事實上，它暗示了一個可能的解決方案，而反革命分子對此議題的極度敏感也告訴我們，它並非完全行不通：那就是「人民陣線」，以及——一直到一九四六年淪為共產黨的外衣之前，或在那之前把共產黨掃地出門的——法國境內反法西斯主義者的反抗與解放陣線。當時這類運動或這類政府的性質與可能性，被一堆在歷史上毫不相關的事件弄得曖昧不明：包括共產黨遲遲不願承認這種陣線是邁向社會主義的步驟；或堅持如果要加以承認，那麼陣線成員就應該加入共產黨；以及這類運動或這類政府的壽命短暫，而且它們通常得在異常的環境下運作；還有各種其他因素等。然而，這種從國際的格局，全盤現實考量在西方先進國家推動社會主義特殊問題的共產主義思想，到目前為止還沒有出其右者。更值得一記的是，它是被法國共產黨所啟發的。不論它是否與一九三〇、一九四〇年代的經驗相關，以及相關性有多少，都還要進一步討論，不過這都已經超出克利葛爾女士一書涵蓋的範疇了。

一九六五

4

知識分子與共產主義
Intellectuals and Communism

知識分子與馬克思主義間的親密關係，在我們這個時代是如此特別，於俄國，早在馬克思生前就已開始，在西歐卻發展得相當晚。一九一四年以前，馬克思主義知識分子在維也納以西屬於稀有品種；雖然在一八九〇年代初期的某個時間點，它曾經看似即將成為某種得以恆常存在、且大量繁衍的族類。部分理由是因為在某些國家（就好比德國），並沒有多少各類左翼知識分子存在，而某些國家（就好比法國），則是被馬克思主義之前的老左派意識形態所盤據。但主要的原因還是在於知識分子們所隸屬的中產階級社會（不管知識分子本身是否同意這種隸屬），仍持續發展與繁榮中。在愛德華統治的時代，英國左翼知識分子的特徵是自由－基進的；至於在德雷福支持者時代的法國，這批人則既是一七八九年的革命分子，又幾乎注定要取得教師地位的榮銜。這些固有的傳統和注定的命運，一直到第一次世界大戰以及一九二九年大蕭條時期才被打破，也才有大量知識分子直接投入馬克思的懷抱。他們之所以這麼做，是透過列寧。因此，在西方知識分子間的馬克思主義歷史，大致可以說是他們與取代了社會民主、成為馬克思主義代言人的共產黨之間關係的歷史。

近幾年，出現了不少以他們之間關係為主題的研究，其中大部分是前共產黨人、馬克思主義者中的反對派，以及美國學者的著作，主要內容除了自傳，就是對曾參加、且多數都已脫離各個共產黨的著名知識分子之名人評傳。大衛．考特的《共產主義與法國知識分子》，屬於後者中較令人滿意的樣本；[1]因為該書同意——事實上是特別強調——這些知識分子之所以願意加入共產黨、並堅守身分，通常是基於理性與使命感。該書也同時駁斥了某種流行於一九五〇年代的觀點，認為這種黨是「知識分子的鴉片煙」，只能吸收到偏激、心理異常，或追求某種宗教信仰的人。因此，該書對於知識分子與共產主義之間關係的討論，遠多於對共產主義與知識分子之間關係的討論。

知識分子與共產黨之間的關係，向來是波濤洶湧，但或許也沒有像書裡說的那麼嚴重，因為它所聚焦的名人與菁英，不必然適合作為代表一般與非菁英知識分子的樣本。像在法國和義大利這些國家，黨長期以來都是左派勢力的主要力量，他們在政治行為（譬如投票）上的穩定性，似乎比黨員數變動（通常是相當大的變動）所顯示出來的要大得多。在勞工階層中也是如此。不幸的是，由於在社會學裡替「知識分子」一詞找到可用的定義十分地困難，使我們無法對其做出可靠的統計；雖然有些統計數字還是可以派得上用場。例如共產黨員中來自高等師範學校者，原本占了百分之二十五，在戰後一九五六年卻降到百分之五；不過共產黨人一九五一年在巴黎大學學區僅取得百分之二十一的選票支持，一九五六年卻增加到百分之二十六。

然而，無論知識分子對共產黨政治上抱有如何普遍的同情，一但實際加入共產黨，就是踏上一條狂風暴雨的道路。此由共產黨們日增地轉追隨著蘇維埃的領導，變成嚴格的教條團體，不允許逸出那號稱涵蓋所有可理解之人類思想的正統教義，讓知識分子們能從事個人活動空間極小，可以得見。更糟糕的是，如果是像羅馬天主教廷寧可維持其正統學說不變也就罷了，但共產主義卻是在日復一日的政治生活中頻繁地、深度地且無法預期地改變。不斷修改的《大蘇百科全書》，不過是共產黨知識分子們所被迫接受之巨大且通常難以忍受的精神壓力中，一個比較明顯的例子而已。在蘇聯裡生活的其他不愉快，也使許多知識分子與共產黨漸行漸遠。

以上只說出了一半的事實。許多知識分子的困境，是來自現代群眾政治學的本質，共產黨只是這個二十世紀的主流中，最具邏輯性的表現者罷了，在法國尤為之甚。一個現代群眾政黨的擁護者，例如現代的國會議員，在實踐上不論是提出理論性的保留，還是象徵性地提

1 David Coute, *Communism and the French Intellectuals*, London, 1969.

出無害的反對，其實都已放棄了自身的判斷力。此外，現代政治的選擇過程不是在選人或選方案，而是在幾個套裝選項間，進行單一或是為數不多的選擇。我們買了套裝選項中讓人不甚滿意的部分，是因為除此之外，沒有其他辦法能買到我們真正想要的；而且更重要的是，這樣做的政治效率最高。這個原則適用於所有的政黨。不過，非共產黨政黨會讓它的知識分子支持者輕鬆一點，不會以基因學或是製作交響樂的態度要求他們必須正式獻身該議題。

誠如考特先生明確指出的，大多數的法國知識分子既然接受了第三或第四共和，自然無視於凡爾賽宮、國民集團的國內政策、摩洛哥、敘利亞、印度支那、夏培政權、失業、國會的腐敗、放棄西班牙共和、慕尼黑、麥卡錫主義、蘇伊士運河、阿爾及利亞到底如何。

同樣的，共產黨知識分子之所以選擇蘇聯，以及他們的黨，也是衡量得失後發現好處似乎比壞處多。不過，若要真寫出他們是怎麼選的，對考特先生可就沒半點好處了。舉例來說，在一九三〇年代，不只黨內那群絕不妥協的好戰分子，還有黨的同情者，他們都刻意避免批評蘇聯的整肅運動，或是西班牙共和主義者為了更加壯大反法西斯主義的利益所犯的錯誤。共產黨人通常並不公開討論這種選擇。這一點，在非黨員經過深思熟慮後選擇站在共產主義者這邊，或要對抗共同的敵人例如薩特時，就會顯得非常的明顯。除了諺語式的高盧人邏輯外，可能還有羅馬天主教義的背景（信仰者和不信者都可以用不同的方式供奉），使得法國人可以接受利用在思想上保留的方式加入一個包容力強的政黨，這一點比起擁有上百種宗教，卻只能容忍一種醬料的英國人要寬鬆多了。

然而，雖然已經做了許多讓步，黨內知識分子的這條路仍舊是艱苦的，而且大多數的積極參與者，即使是那些在史達林主義者當道時期入黨、且主要是因為黨的史達林主義而加入的知識分子也不例外，都會面臨忍耐的極限——因為共產黨人喜歡把革命解釋為完全地獻身、有紀律的、現實的，反浪漫主義而武裝的。像布萊希特這個世代，即使處心積慮地訓練自己去贊同，這場為了人類解放的戰爭中最嚴峻的決定，但當他們對自己的用處和正當性，而非犧牲，開始有較多的質疑，也似乎會碰觸到忍耐的極限，譬如布萊希特本人。不思不想的好戰分子則可能會躲入自欺欺人的忠誠。對他們來說，任何指令或路線都是「正確的」，而且要視為正確的、並加以維護，因為它是來自一個被定義為「正確」的黨。至於比較聰明的那群，雖然更具備自欺的能力，卻大多寧可選擇退一步，學學單純的擁護者，不然就是那些會說出「純屬個人意見，與職務無關」的文官，或那種比較知道怎麼透過違法手段執法的警察。一個食古不化的政黨很容易發展出這種政治立場，但它確實也為其後的知識論戰，培養出了一群職業打手。

考特先生對這批知識分子官僚的惡評是可以理解的，很迅速地將這個潛在盟友定調為筆調誠懇，或是辱罵他像是個「知識分子警察」(intellectual-flic)，對追求真相沒有幫助。法國版的知識分子的確特別令人反感，該書也充斥著作者本身對這批人的嫌惡。很少人會不贊同這一點。就拿阿拉貢[2]來說好了，身為一個作家，他的天賦是頂尖的，但這無關乎別人對他那種知識分子流氓式報導風格的感覺；更別說還有很多人，根本連個值得尊敬的天分都沒有。流氓式報導風格是普遍存在於不同政治傾向的法國知識分子間的老毛病，這當然不是辯解的理由，只是也不能把這種憎惡感和以下兩個重要問題搞混了。

首先是關於運動的目標。如果像考特先生假設的一樣，是想要讓政黨在知識分子群中獲得支持，則史堤、卡那帕[3]、烏姆瑟[4]等等在一九五〇年代所從事的公開活動，就是個極壞的做法。因為他們只是讓黨孤立在他們之中，而聰明的黨人非常清楚這一點。事實上這兩種動機是互相衝突的：一個是擴張黨的影響力；一個是維護一個龐大卻孤立的運動，在法國世界裡的小小天地，抵抗來自外界的攻擊和滲透。政治擴張時期，這兩個目標在「人民陣線」和「抵抗陣線」中並沒有互斥；可是當面臨政治萎靡時期，它們就相扞格了。有趣的是，法國的黨在這個時期竟選擇了第二個目標（義大利的黨就很少如此），主要就是奉勸該黨同志們，不需要聽信那些局外人的話，因為他們都是階級敵人與撒謊者。而這都需要持續不斷地提供擔保，並適切供給滿足內部需求的正統文化；考特先生雖然已經掌握到它的部分表徵，但並未對這種系統性的文化獨裁傾向，予以適當的注意。它企圖使黨的藝術家或作家，在經濟上與外部世界獨立；它同時也意味著，在這種時代，阿拉貢的作品之所以在外界享有名氣，其實就像波洛克的作品之於戰前英國的天主教徒，是因為它是一項運動裡的資產，而不是因為它可以作為影響黨外人士的手段。

第二個問題則是一個關鍵的問題：共產黨人的政策如何能被改變？這也和前面提到過的、羅馬天主教的譬喻有關（法國共產黨人對羅馬天主教之熟悉程度，可是會令考特先生吃驚的）。在過去，改變黨內方針的向來不是曾批評過黨、或持不同意見紀錄的人，而是那些忠誠度無庸置疑的史達林主義者。從赫魯雪夫、米高揚到狄托、哥穆爾卡和陶里亞蒂，都是如此。這不只是因為在一九二〇及一九三〇年代，這批人真的認為史達林主義比其他共產黨選項來得好；或是因為自一九三〇年代開始，批評往往會縮短居住在蘇聯者的壽命。也是因為和黨斷絕關係的共產黨人，會喪失所有影響黨的可能性；長久以來這幾乎是所有異議者必然的結局。像法國這樣的國家，社會主義者運動漸漸成為該黨的過去式，任由它與政治無能症或社會主義的叛徒同義；而對共產黨知識分子而言，選擇在一個成功的學院或文化典範裡安身立命，根本毫無意義。離開黨、或被黨開除者的命運，除了在小雜誌裡獲取讀者擁戴外，就只能反對共產主義，或淪為政治棄民。相對而言，做一個忠誠的左派，至少還有影響黨的

2 編註：路易・阿拉貢（Louis Aragon）一八九七～一九八二，法國詩人、小說家、編輯、記者，隸屬法國共產黨，並在戰後成為共產黨知識分子的領導者。
3 編註：讓・卡那帕（Jean Kanapa），一九二一～一九七八，法國作家，隸屬法國共產黨。
4 編註：安德烈・烏姆瑟（André Wurmser），一八九九～一九八四，法國作家、記者，隸屬法國共產黨。

機會。就在考特先生一書結尾的一九六〇年代開始，即使是某些大膽的知識分子官僚，如阿拉貢和加洛蒂[5]，都較該書所形容的更急於推動政策的改變。對他們的主張，或他們那游移不決的策略，都不應該用被允許自由討論的那種標準來評判。這和我們應如何看待改革派高級教士們在梵蒂岡會議前和會議中的舉止，是一樣的道理。

然而，不論是基於黨或知識分子個人的觀點，如果把共產主義與法國知識分子的問題，全部當成是黨與知識分子間關係，都只能算是擦邊球。因為基本上，爭論的焦點在於法國政治裡某種普遍的特徵，以及法國社會裡所存在的宗派區分，包括知識分子與其他非知識分子間的區分。論者或謂，黨對於一般大眾與知識分子事務的政策，應該可以更有效率才對，特別是在像一九二〇年代及一九五〇年代這些時期裡。然而，如果要使這種說法更具參考價值，就必須將之建立在承認共產黨是受到一個它所無法控制的環境所制約的前提上。

譬如我們不能把一個無產階級政黨中，共產黨知識分子的「困境」合理化，除非我們能認知到，自一八七〇年以來，法國知識分子們第一次、最完整動員的理由，並不受到群眾歡迎。在阿爾及利亞戰爭中，共產黨所遇到真正的難題，也是德雷福事件那個時代的社會主義者領袖們在一八九〇年代所碰到的問題，就是社會大眾對於德雷福和法國左翼國家主義者並沒什麼好感。何以致之？這需要詳加分析。同理，我們也需要詳盡分析自一八七〇年開始——說不定得提早到一八四八年，所有的法國左派企圖在他們自大革命所建立的國家裡獲取政治霸權，遭遇到的全面挫敗。兩次大戰間，不論是在雅各賓黨式的法蘭西，或保守主義下的不列顛，左翼政府（一九二四年，一九三六到一九三八年）都是罕見的。即使在一九三〇年代中葉，左派一度看起來好像有辦法討回它那已失去很久的領導權。義大利共產黨與法國共產黨最關鍵的不同，在於義大利式的抵抗運動就像南斯拉夫一樣，是由左派領導的全國性運動；而法國的「抵抗陣線」，不過是某部分法國人的高貴反叛罷了。要如何突破作為少數反對者的困境，成為掌握全國的霸權，並不只是共產黨人的問題。

阿拉貢的《聖週風雨錄》[6]在英國未受重視，而考特先生也不曾在書中提及；它在本質上是一本屬於某個法國宗派群聚——甚至包括那些本來應該站在同一條戰線上的人——的小說。這或許可以說明，何以法國各黨派中那些被該書擾動了政治神經的批評家們，會對它過度讚譽。成就一個引領全國的、屬於勞工和知識分子兩者的運動，本來就是法國左派長久以來追求的目標。而共產黨的問題，也大多與如何克服在二十世紀中葉完成這個古老的雅各賓黨式志業的極度困難有關。

一九六四

5 編註：羅傑·加洛蒂（Roger Garaudy），一九一三～二〇一二，法國哲學家，同時也是著名共產主義作家。他出版的書籍、主張的想法被認為是在否認猶太人大屠殺。

6 編註：《聖週風雨錄》（*La Semaine Sainte*），為阿拉貢於一九五八年出版的歷史小說，內容描述一八一五年三月，拿破崙捲土重來，及其與路易十八兩股勢力的對峙較量。

5

義大利共產主義的黑暗時期

The Dark Years of Italian Communism

在共產黨的歷史裡，不論是西方，或是世界上其他共產黨從未取得權力的地區，義大利共產黨都是一個最成功的故事。每個共產黨的手氣起起落落，不過在過去約半世紀的時間，或是從大多數歐洲共產黨建黨之時起，很少有辦法大幅改變它們的國際排名，或轉化它們在本國內政治影響力的特徵（而這兩者其實是同一件事）。能夠從較低的地位「晉級」到較高政治聯盟部門的，大概只有罕見的例子如西班牙共產黨，它在西班牙內戰前一直處於相對弱勢的地位；[1]另外則是像西德共產黨這種明顯遭到貶抑的例子，從希特勒時代挨了巨拳後，就一蹶不振。不過我們至少可以說，大多數資本主義歐陸共產黨的實力和影響力雖然可能上上下下、有高有低，但即便是在他們挾著反納粹「抵抗陣線」中戰功彪炳名氣所露頭的上次大戰末期，也從未在該國的政治第一部門裡

1 許多共產黨都是在非法的陰影下度過的，不過確實仍有些共產黨，在他們政治力量與影響力的取得上，孤注一擲。

扮演過任何角色。不過相對的，像法國和芬蘭的共產黨，就算在步履維艱時期，仍是該國最主要的政治力量。所以，上述原則究竟有多少普遍性，實在很難說。不過，這並不是我們現在要處理的問題。

義大利共產黨無疑是屬於罕見的「晉級」事例。在法西斯主義出現之前，它僅僅是一個被認為屬於偏左社會主義運動裡的小黨：在利佛諾的國會（一九二一）中，大約只占三分之一強。當分裂事件塵埃落定，情勢很快明朗起來：不管它對革命擁有多少熱情，或其他社會主義者運動的成功機率有多少，它所代表的，就是一個相對溫和的少數派。一九二一年，它獲得不到五分之一的社會主義者選票；到了一九二四年，儘管社會主義者力量式微，它還是無法取得超過四分之一以上的選票。如果算它自己的普選支持率的話，則從未超過五個百分點。不過，大戰開始後，它已漸漸成為左派中的主要勢力，同時成為一個「事實」兩黨政治結構下，有效的「反對黨」。更重要的是，它能夠在幾乎不受阻撓的情形下，逐步獲取力量。[2]造成這種改變的原因應該可以從義大利共產黨的革命角色與立場找到，並引發熱烈討論。惟無論如何，打從大戰開始，該黨在國內政治上的重要性是過去任何時期都無法比擬的；而且它在一個世代的時間裡不但鞏固，甚至強化了自己的地位。

習慣用倒敘法寫歷史的人，也許會因此試圖倒回來預測這股共產黨影響力的崛起風潮，不過這完全是搞錯了重點。義大利共產黨史中真正有趣的部分，應該是它在法西斯主義者極盛時期的弱不禁風，以及在「抵抗陣線」時期與其後驚人擴張兩者強烈的對比；其他的對比還包括，該黨的領導階層罕見的持續保有強大領導力，其品質受到了國際公認。此外，該黨雖被共產國際視為是個超級無能且令人失望的黨，卻又是在一九四七年唯二被邀請加入共產國際的非執政黨之一。

這個差異到底有多大？我們可以在史賓阿諾的《義大利共產黨事略》一書中得到答案；此書完整使用了義大利官方與共產黨的檔案，但卻無法同樣利用製作牛步、還僅供極端官方研究者使用的共產國際檔案。[3] 一九三四年五月，就在這個國際共產黨政策重新釐定的前夕，

2 眾議院選舉中，共產黨人得票率如下：
一九四六年：一八・九％
一九四八年：三一・〇％（與社會主義者並列）
一九五三年：二二・六％
一九五八年：二二・七％
一九六三年：二五・三％
一九六八年：二六・九％
一九四八年的選舉，幾乎肯定地標誌了之後的衰退。

3 史賓阿諾三卷歷史鉅著皆已出版，其涵蓋的年代直到一九四一年。（杜林，一九六七、一九六九、一九七〇）不論第三國際的檔案是基於技術上的理由——一直到史達林死亡之際，它們顯然連初步的編目都尚未定稿，而據可靠權威人士透露，其中難免會有些偶然地發現——或是政治上的理由而封存的項目，不能接近它總是一件極大的憾事。

根據共產國際的數據顯示，義大利共產黨總計擁有兩千四百名黨員，比英國共產黨在同一時期（也是他們最低潮的時刻）所擁有的人數還要少。該黨的領導核心都被送進了監獄，那裡顯然不可避免地成了過去七年來前仆後繼被投入義大利的勇敢奉獻好戰分子們的終點站。義大利共產黨在國內的活動幾乎沒有任何影響力，因為法西斯政權在墨索里尼慶祝進軍羅馬十週年的大赦名單中，還自信滿滿地列了數百名共產黨人。

不可否認，這種悲慘處境有部分要歸咎於那惡名昭彰的、所謂「第三時期」（一九二七到一九三四年）期間，第三國際的瘋狂策略；歐陸的共產主義者運動在當時已被迫潛沉至最低潮。那個策略最有名的，就是把社會民主主義視為主要敵人（「社會－法西斯主義」），並且認為社會民主主義裡的左派是其中最危險的部分，但對希特勒的崛起以及他的勝利，卻刻意採取視而不見的態度。在希特勒取得政權後的十八個月裡，他們更是發展到了一個不切實際的頂點。該黨（基本上也就是共產國際）的路線，直到一九三四年七月才開始改變。對於一個共產黨歷史學家來說，要在墨索里尼向羅馬進軍的十年後，去記錄義大利共黨領袖們是如何拚命努力在他們的分析中維持一個模糊的現實主義成分（「我們不能說在義大利中產階級所主要擁護的，就是社會民主主義」），但隔天又被迫公開表示懺悔，絕對不是一件簡單的事。

然而，即使在共產國際改採反法西斯主義統一戰線的策略後（加上陶里亞蒂的熱切支持，他可是與狄米特洛夫同時晉身共產國際領導集團的人），義大利共產黨仍然無法繼續向前推進。這個狀況頗令人驚訝，因為新的路線不但十分明智，甚至還是特別為改善共產黨的前景所設計的，在這段時期也的確獲得了相當程度的支持。義共當然也嚐到一些甜頭；何況他們還持續維持是一個顯然是最大、最活躍，和最正統的，合法或非法移民的反法西斯主義者組織。一九三六年，在法國的義大利移民中，大約有四、五千名組織化的共產黨黨員，六百名左右的社會主義黨人，以及差不多一百名的無政府主義者。而且別忘了根據共產黨自己的估計，此時在法國的義大利籍勞工幾乎有五十萬名，但作為最大且涵蓋最廣的群眾組織的共產黨所能掌握的人數，並未超過一萬五千人。

從義大利共產黨最真實且最被廣為宣傳的成就裡，也同時可看見它的弱點：亦即它對西班牙內戰的介入。義大利共產黨人在內戰中扛起了最艱鉅的責任，這是最後、也可以說是最大的一次，扎扎實實的國際共產主義者運動，包括陶里亞蒂、朗哥和維達里，都參與其中。這個加里波底軍團扮演了格外英勇且具有戰鬥力的角色，他們不只試圖保衛西班牙，甚至還重建了義大利左派的自信心；而不可否認的，非共產黨人的《正義與自由報》比共產黨人更早發現了這一點。[4] 然而，我們現在所能知道的是，這波動員義大利志願軍的努力，反而使

4 以下是羅素在一九三六年八月二十八日刊登於《正義與自由報》上的一些句子，值得摘錄下來：「我們到西班牙去的

得反法西斯主義者的移民們被過度動員了。在共產國際軍團中有三千三百五十四個義大利人，而我們大約可以知道其中兩千人抵達西班牙的時間。一九三六年上半年有四百人，下半年則差不多一千人左右；一九三七年下半年則有三百多一點，一九三八年則不到三百人。（順帶一提，在兩千六百名能查出最後出發地點的移民當中，有兩千人是來自法國，只有兩百二十三人直接來自義大利。）[5]不過由於損失慘重，除非該黨努力招募新人，否則根本補不了這個大洞：截至一九三七年十一月為止，加里波底軍團中的義大利人只剩下百分之二十。簡而言之，反法西斯主義者的移民們自我動員，但當他們這麼做之後，卻發現已再也沒有人可以動員了。

此外，在保羅．史賓阿諾的書出現之前，一般人往往並不清楚的另一個背景是：在整個一九三〇年代，共產國際與義大利共產黨之間，顯然持續不斷地相互鬥爭。就像共產國際最後那幾年，這是一個非常模糊的議題：因為自從被置於蘇維埃祕密警察機構下直接管轄後[6]（包括本身成為第七屆大會執行委員的整肅頭子葉佐夫，以及實際上根本就是黨書記的警察特列夏－莫斯科凡），在其機能尚未完全衰退範圍內的共產國際，日漸變得神祕兮兮。（甚至，想要在已出版的資料中，分辨出一九三六年後何者為共產國際的領導委員會及其成員，都已不可能。）陶里亞蒂在共產國際、以及朗哥在國際軍團中的突出表現，似乎都在企圖移轉對以下這件事的注意力，那就是來自義共內部日益強烈的抨擊這個事實；一旦目標達成，莫斯科方面立刻在一九三八年解散該黨的中央委員會，並在一九三九年初也幾乎全部取消該黨所倚靠的財政支援。而且在完全投入戰爭前，都還不斷在討論如何進一步重組該黨的領導權。

無庸置疑，在所有這些事情當中，除了來自個人的敵意，拜占庭式的宮廷詭謀也占有一席之地。但共產國際對義共之所以不滿意，是有相當理性基礎的：因為義大利共產黨和義大利本身之間，根本未建立有效的連繫，更別說有什麼改善了。義共在某種程度上，還是維持著長久以來的組成分子：除了關在墨索里尼監獄裡的大批囚徒，以及受限制住居者外，剩下的就是幾百個完全倚靠莫斯科物質資助的政治難民。從某個角度來說，義大利戰爭第一年的情況，要比一九二九到一九三五年間更為悽慘，因為後者至少曾經有過高度統整的領導核心；雖然西班牙戰爭，巴黎陷落以及其他的事件，將這種「位於外部的核心」搞得支離破碎。

這個失敗再怎麼樣也不能怪罪於「來自莫斯科的指令」，即使對一九二七到一九三四年

需要，比西班牙共和政府對我們的需要大得多。義大利人的反法西斯主義精神欠缺一種革命性的榮耀……我們必須認識到，我們還不了解該如何與法西斯主義作戰。這一小批義大利的政治先鋒隊必須在這個事件中慷慨地犧牲自己。這會讓他們獲得戰場上的經驗；會讓他們在此地名傳千古；會讓他們成為能夠吸引人圍繞在其身邊，屬於明日更多更多先鋒隊之核心。」

5 Paolo Spriano, *Storia del Partito Communista Italiano*, vol. 3, pp. 226-7.

6 G. Berti, 'Problemi di storia del PCI e dell'Internazionale Communista', *Riv. Stor. Italiana*, LXXXII, March 1970.

這段時間而言，這樣的解釋聽起來有多麼合理。（即便如此，它仍低估了義大利共產黨內極端宗派主義所受支持之熱烈程度；特別對年輕一輩來說，魯基．朗哥根本就是他們的代言人。）但也不能將錯誤完全歸咎義大利共產黨，不論這些是他們自己的主張，還是部分來自普遍存在共產主義者間的潮流趨勢。他們本身並未能將法西斯主義視為一種普遍現象，甚至仍傾向將其歸納為某個特定的、較為落後的資本主義下的特別問題（當時並未被強迫使用莫斯科的官方說法）。當然，除了葛蘭西對此問題尋求解答的嘗試外，他們與所有的共產黨人面對的困難相同，就是必須調整自己去適應一個情境，而這個情境和過去成就他們的革命性世界危機是如此不同。誠然，義大利共產黨失敗的主因或許客觀可見，而共產國際低估它們的理由在於，畢竟它除了長期以來對非法活動的經驗，無法找到真正的法西斯主義的前例。

當現代國家決定無視法律和憲章鎮壓反對勢力，其力量是十分巨大的，此時，無法在欠缺某種合法條件下發揮功能的現代勞工群眾運動，就會顯得異常脆弱。義大利共產黨本身也曾遭此不測：一九二六年年末，法西斯主義者的警察們抓走該黨三分之一以上的有效黨員，甚至包括他們的領袖葛蘭西，還有什麼比這更好的解釋？不論意識形態和宣傳者如何散播思想的種子，法西斯主義者與之後的納粹對勞工運動所採取的政策，並不是去轉變他們，而是將他們搗個粉碎。他們的組織會被消滅，他們下放到地方和工廠階層的領袖與戰友會被清除，而且他們會被棄置在如托洛茨基形容的「一個無組織的狀態」下。因為「任何無產階級的獨立團結體」（或任何其他階級）都將被禁止，勞工們怎麼想根本就不重要。

非法的運動一旦被成功地加以截斷或摧毀，該怎麼辦？它也許能夠保持——或重建——與既有忠誠支持者集團間的接觸；運氣好的話，說不定還可以促成一個新的集團。但就連這也變得越來越困難。共產國際不斷敦促非法政黨建立「內部核心」，以作為國內有效活動的必要基礎，是完全正確的策略；然而，若只是企圖和那些仍然倖存、易遭威脅且受到嚴格監控的團體接觸，幾乎可以說是只會自動將警察引向由「外部核心」派遣來的特使。所以，一個非法組織到底能做些什麼？特別是，一個勞工運動中的所有活動都必然帶有某種公開的表徵，而這卻正是他們自己所無法容忍的。在現代社會的邊緣，或國家權力不欲、不能維持嚴密控制的地方，他們也許可以較佳的狀態維持著，在那隔世的密林，以口頭傳授的祕密天地；在一個很容易就可以指認出外來者（包括國家間諜）的封閉小社區裡。它可能不會發生像一九二〇年代末期到一九三〇年代初期那樣，北部工業區組織崩潰後，該非法政黨的核心就移轉到了義大利中部；當時，中部擁有的已知成員是北部的兩倍，但以目前來說這又有什麼不同呢？當法西斯主義倒台後，我們聽到許多，已經多年未與黨接觸的個人或團體，以歷經法西斯主義長期國內政治流放積聚的教訓，盡忠回報黨的感人故事。我們都知道，皮亞納德格里．安爾巴尼士西西里人村中的好戰分子，每每自豪從未疏於給遙遠山區中那曾是他們信仰社會主義的創立者，即高貴的尼可萊．巴爾巴托在一八九三年向他們布道的峽谷，也是一九四七年大土匪朱里安諾屠殺他們的地方，在五一勞動節當天送上免費的示威活動。但無論這些例子如何動人，都只證明了法西斯主義者政策的有效性。它甚至切斷了黨和其最堅定支持者間的關係，也阻絕了後者有效表達他們的忠誠。

在這種情況下，一個非法運動到底能做什麼？當時，脆弱的非法反對勢力中有幾個熟悉的流亡者，以及個人式的恐怖主義者，都不被馬克思主義者所接受，因為沙皇時代的俄國經驗已經向他們證明了這類行動是沒有用的。[7]而那些採取溫和、戲劇化的宣傳形式，例如在米蘭上空用飛機撒傳單之類的，自由派的《正義與自由報》就挺喜歡用這一招，但也不是十分有效。至於像毛主義者或格瓦拉主義者之類的游擊隊暴動，在當時則尚未開始流行。總而言之，像十九世紀馬志尼的追隨者與無政府主義者等人的行動軌跡，已經很難再套用到共產主義者身上了。若是要消極地等待國內分裂再趁機介入，或是藉助某種可以一再鼓動群眾行動的危機——不論是經濟上的，或是轉變成軍事上的——也同樣都不能夠被接受。共產主義者可以被動地等待這種危機到來，而且錯誤地推想大蕭條、或阿比西尼亞戰爭會引發這種危機，但他們沒有能力促使其發生。共產國際所能想到的，就是督促義大利共產黨，不管付出何種代價都要回到義大利群眾之中；義共所想的，也不會比這多多少。但這似乎是件不可能的任務。

然而，我們現在可以事後諸葛地說，某些日後成功的基礎在當時其實就已經存在、或被建立了。首先，反法西斯主義者的義大利群眾仍維持著不妥協的狀態。相較於納粹主義，義大利法西斯主義的群眾基礎要少得多。其次，無政府主義的崩潰與社會黨的消極心態，至少已將勞工和農民的支持力量，默默地移轉到共產主義身上。在此條件下，由於該黨持續堅守崗位，以及法西斯主義者本身對共產主義的態度，使它成為了反法西斯主義者勢力的主要核心。而在義大利之所以會出現這種和德國截然不同的忠誠度轉變，其原因可能在於兩國左派運動的結構形態有極端差異。義大利在互相仇視、社會結構差異非常大的黨之下，勞工運動並沒有出現致命的、兩極化的現象。一九二〇年代初期的「赤色」運動仍然是一個充斥著相互重疊之思潮與團體的光譜。介於改良主義者的中央集權派，與共產黨人和無政府主義者之間，矗立著極大派（Maxismalist），他們期待併入共產國際的矛盾欲望，以及義大利共產黨對與他們再合併的認真規畫，都證明了他們之間確實存在共同之處。正因為在一九三四年，它試圖證明社會主義者和共產主義者的確較易組成一個聯合戰線，而這使得改良派社會主義者在法西斯主義倒台後，能夠輕易地改頭換面為共產主義者。

第三，在一九三〇年代中的某個時刻，大約介於一九三五到一九三八年，義大利境內有某個復甦的反對勢力相當值得一提。這是在年輕的知識分子之中最容易打聽到的一群。他們

7 我們可以回溯到的，俄國恐怖分子在其活動的顛峰期，成員總數恐怕也不會超過五百個人。

之後都成了黨的主將（英格拉歐、阿里卡達），以及戰後義大利共產黨人文化霸權的領袖。無庸置疑地，西班牙（內戰）在老一輩與反法西斯主義者新生代的後援軍——可能也包括勞工階級在內的新生代，雖然這很難考據——的結合上，扮演著重要角色。總之，顯然，在這弱小而不持久的黨宣傳細胞裡，活躍分子多半是年輕的一輩。[8]由警方檔案或反法西斯主義者的資料提供者，都可證實西班牙內戰所帶來的、立即的影響，不過顯然當時來自海外的共產黨文宣，還沒有那麼看重西班牙。[9]（《正義與自由報》在當時很快便查覺到西班牙的極度重要性，遲至一九三六年九月底，義大利共產黨的中央委員會——可能是由於和共產國際未能充分溝通，但肯定是出於對它的不信任——幾乎仍未將目光投注到西班牙身上，令人匪夷所思。）[10]共和體制剛開始對軍事政變的有效壓制，不只鼓舞了老一輩的反法西斯主義者，還有（根據米蘭警方的資訊）「甚至是某些過去曾堅決要成為法西斯主義者的人」。它顯示出法西斯主義並不是全能的，而且因此（根據另一項來自熱那亞的消息指出）燃起了對「某種將會或多或少促使法西斯主義威權精神迅速投降的政治轉變」的些許希望。

然而西班牙並不是唯一的因素。在年輕知識分子中，有多少是像來自西西里、卡拉布里亞或薩丁尼亞，在首都集會的學生這樣，本著脫離法西斯主義者文化中嚴重的偏狹主義，進入更寬廣的、知識領域的欲望，而且他們的海外思想導師，是如此明顯地支持著反法西斯主義的新反法西斯主義者？或是本著義大利法西斯主義在建設文化霸權，以及真實群眾基礎上的失敗所致？（在義大利，包括文化上，以及其他方面的國際劣勢感，比德國更多；而文化上的孤立感，尤其令人沮喪。）不管原因為何，在一九三〇年代末期之前，義大利的反法西斯主義，不再只是以一九二四年前就已完全政治成熟的世代為班底；它已經開始孕育出自己的年輕反對者。

但奇怪的是——而這也是它主要的弱點之一——義大利共產黨好像誤解了整個情勢，我想，可能是因為那些現在已被視為過分高估的法西斯主義的群眾力量所致。自一九三五年開始，法西斯的政策是建立一個廣泛的聯盟，但它不斷地顯示出（而且與國際上的術語相符）是以遠離那些想像中占多數的「忠實」法西斯主義者的方式思考，他們對該政權悖離法西斯主義者的原始理想是感到失望的；而且最重要的是，它不肯傷害義大利國家主義的敏感情緒，阿比西尼亞戰爭已說明了後者強大的力量。[11]但事實上，如同非共產黨人的反法西斯主

8 Paolo Spriano, *Storia del Partito Communista Italiano*, vol. 3, p. 194.

9 *Ibid*, pp. 81-4.

10 *Ibid*, p. 99.

11 有個值得我們看看的例子：一九三九年，義共派遣它最佳的軍事部屬，伊利奧·巴洛提尼獨自去衣索匹亞發展游擊行動，以與效忠該帝國的武力聯合起來。這種舉動是由優秀的共產黨人們，以慣常的高效率與英雄主義來加以指揮，它一直持續到一九四〇年的五、六月。這可說是完全歸功於黨的領導，但是在史賓阿諾的鉅著（頁二九八到二九九）出版之前，黨的出版物上很難找到有關此一插曲的公開資料。

義流亡者，以及部分國內新反法西斯主義者的觀察，這並不是主要的問題。安吉尼奧・古利歐，一位與社會主義者及《正義與自由報》保持接觸後，終於加入共產黨人陣營的年輕人，根據他的觀察，法西斯主義對義大利造成的主要影響，並不是讓義大利人服膺法西斯主義，而是：

> 無限的懷疑主義……扼殺對任何理想的可能信仰，並對個人為了社會福祉所做的犧牲加以嘲弄。總歸一句，這就是法西斯最顯赫的戰利品，也將會成為它最令人錐心刺骨的遺跡。[12]

這種嚴重的懷疑主義，雖然孤立了少數積極的反法西斯主義者，同時使得大多數的被動者變得消極，然而當墨索里尼驅策著這群心不甘情不願、意興闌珊的義大利人民進入第二次世界大戰，卻轉變為對法西斯主義者政權的反動。大戰的挫敗，反而提供了反法西斯主義者藉由行動重新燃起希望，回復人性自尊的機會。但這些開始運動起來的群眾，在當時並不去附從那些為數還不少的、「忠實」法西斯主義者，或甚至那些不可避免的、人數甚眾的變節者。他們跟隨著老一輩與年輕的反法西斯主義者，而且最重要的是，一般的義大利勞工和農民也戲劇性地轉變為積極和好戰的抗暴力量。

無庸置疑的，反戰，使得反法西斯主義重新拾回群眾基礎。一九四一年七月，重建另一個「內部核心」的嘗試本身並不那麼重要，但重要的是它竟然成功了。自一九四一年開始，義共開始在義大利發揮其自一九三二年春天以來，因上屆執行「內部核心」的頭目們在米蘭慘遭逮捕之後，就一直未能呈現的功能。盟軍對義大利的進攻以及休戰協定，使得這波新的群眾運動能夠獲得大批的共產黨領導班子的實習生——由監牢、流放，或其他國家中反法西斯主義者抗暴運動中回來，或是由暗處公開現身。它的三種構成分子——黨領導人的老戰友、西班牙戰爭中經驗老道的軍事參謀、一九三〇年代反法西斯主義者風潮下的年輕人——一起組成了黨的領導班子，其他反法西斯主義者集團是無法與之相提並論的。它不但率先揭竿而起，並且為中部與北部義大利組織了大批的武裝衛隊。他們其中應該有超過百分之八十多少受到共產黨人的領導。他們不只成功地動員了一大部分罹患不行動症的反法西斯主義者，或曾經退出鬥爭的共產黨人，[13]還包括像埃米里亞聞名的塞爾維七兄弟，富庶而具有現代人精神的農民之子，以及高尚的天主教徒等，新勞動階級與農民好戰

12 Paolo Spriano, *Storia del Partito Communista Italiano*, vol. 3, p. 273.

13 然而，除了像阿利哥・波德里尼之類的例外。他是一名陸軍軍官，顯然在一九四三年夏季以前，他與黨從未接觸過，他黨羽的領導者們都是左派分子。

分子所形成的結實組織。結果非常的戲劇性。很難想像在一九四〇年，義大利共產黨僅有三千名成員，而且大部分散布在世界各地，或在監牢裡。但是到了一九四四到一九四五年冬，該黨已有四十萬成員，而且還在迅速成長中。它已經自我成就為左派中最大黨，而且將永遠不會失去這個地位。

若非戰爭，它能做到這種程度嗎？「果非如此，會出現什麼結果？」這是一個永遠沒有確切、甚至高度可能性答案的問題。可以確定的是，相較於德國的國家社會主義，義大利法西斯主義的政治結構較為脆弱，義大利的經濟比德國落後，而且容易被摧毀，義大利人也比較窮和不知足。如同西班牙的佛朗哥政權自一九五〇年代中期起，十五年頗為穩定的控制之後明顯開始出現的分崩一樣，它也很可能慢慢地由內部開始潰散。不過，在義大利境內弱小的反法西斯主義組織，與新舊潛藏反法西斯主義力量二者不成比例這點，倒是可以確定的。義大利共產黨也可能不會錯失與組織化的群眾運動作有機性的串聯——不論是在統一化的工業勞動者，或為德共所大量欠缺的「赤色」農民之間。在這種情形下，它英勇與堅毅的非法活動，無論如何，都可能在法西斯主義倒台後，成為比過去更強大的力量。同樣確定的是，它擁有由極具高素質的領導者們所凝聚而成的體質，成功地遏止了過去曾在德共領導下造成大破壞的黨內分裂，與黨內整肅等最惡劣的情況發生。除此之外一切都只是臆想，而且是無甚意義的臆想。歷史，就是已經發生的事，而不是可能發生的事。真正發生的，是墨索里尼製造了一個局面，讓共產黨人至少在義大利的中部和北部，取得了大型民族解放運動中的領導權，並使其得以成就為一個重要的左派政黨。

一九七二

6

屢戰屢敗的德國共產黨
Confronting Defeat: The German Communist Party

赫曼・韋伯的鉅作《德意志共產主義的轉變》，為已經頗長的德意志共產黨人歷史，又增添了九百多頁。[1]滿心期待的讀者會提出的第一個問題必然是：他真的需要如此大費周章嗎？答案基本上是肯定的。儘管仍有部分需要更進一步的研究，但這兩卷大部頭鉅著無疑是博學、勤奮，與徹底研究後的經典之作——單是查閱過的西德公開檔案，就有十七卷之多。關於威瑪共和時代德共歷史的主要資料都在莫斯科，然而有好一段時間，這批資料似乎頗難取得；東柏林的部分，如果沒有德意志社會主義統一黨的中央委員會撐腰，研究者連碰都碰不到，而韋伯博士並不屬於這類獲得撐腰的研究者。是以，他必須大量倚賴公開的記錄，特別是警察檔案，（一九二〇年代的英國左派研習者要到何時才會像其他國家的歷史學家們一樣，去接觸公開檔案中相關的史料

1 Hermann Webber, *Die Wandlung des deutschern Kommunismus* (2 vols.), Frankfurt, 1970.

呢？）以及少數私人的歷史文件，一堆那個時期遺老們的訪談紀錄和回憶錄，還有已出版的資料與文獻。或許，他漏掉的並不多，但一定有些應當用、卻因無法取得而未用的必要文獻，這一點對一部以六年來德共歷史為規模所做的專論而言，其所受的影響，勢必比一般較簡略的書籍來得更為嚴重。

然而，在一本更好作品的出現成為可能之前，我們仍應當感激此書。不可諱言的，韋伯博士寫出了一本價值斐然的參考典籍。第一卷中關於德國共產黨蘇區的統計資料，以及第二卷長達三百頁、該黨官僚組織的人名索引，已足以使此書成為無法替代之作。但它也不光是事實與資料的彙集，甚至也不只是一本擺脫了過去被作家們認為無可避免的，撰者個人與過去德國共產黨和共產國際間恩怨鬥爭的德國共產主義史書。韋伯寫出了一本充滿智慧的作品，點明過去研究德共的研習者從未曾認真思考過的問題。

他主要關切的問題是：一個身處於非革命環境下的革命黨，會出現什麼狀況？德國共產黨被塑造、成長為一個革命黨，至少是一個採取基進、主動的態度來反對，或正確的用詞應該是——一個勇於對抗現存體制的政黨。它創建於德意志帝國崩潰，眾人合理地期待德國議會共和能迅速起而代之的時刻；此外，俄國十月革命緊跟著二月革命而來，這些事件都揭開了世界革命的序幕。一九一九年是個極具啟示性的年分，即使在眾革命家中最現實的列寧，也認為這一年可能帶來巨大的突破。年輕的德國共產黨為了自身這個偉大任務，建立了一個小但頗為能幹的領導班子；這個班子在羅莎．盧森堡、李卜克內西、喬吉撒斯被相繼暗殺之後，人數急遽銳減，但還是有一些空想主義的基進分子、類無政府主義者，或社會邊緣分子所組成的戰友們，在波濤洶湧的革命時代裡，不斷湧入基進反對勢力這個規模甚小、結構鬆散的核心當中。這些極端左翼分子大都在一、兩年內紛紛脫離了德國共產黨，不過還是不免留下一些，對於在這種情勢下的可動性具有「英雄式幻覺」之傾向，某種盲動主義，以及極端基進主義的殘渣。

屬於德國的「十月革命」並沒有發生，相反的，老舊的政權雖然趕走了皇帝，卻在增加了一個外表熱情有餘，骨子裡卻是反革命及體制化的社會民主主義後，借屍還魂。這讓德共在一九二〇年整併「獨立社會主義者」中的左派後開始向群眾靠攏，把重心擺在由德國勞動階級所組成的、巨大的社會階層中，散布其對社會革命失敗，以及使他們痛苦萬分的經濟不均所產生的極度不滿。這一類勢力的代表，包括無產階級和知識分子，都反對和討厭這種共和體制，因為其組成只有非常少數的共和主義者，其餘大多數都是抱持著令人無法忍受、具煽動性的反動偏見，而且造成經濟、社會、政治和法律上的不公死灰復燃的將軍、警察、官僚、有錢大亨與法官。

觀察其社會組成，新的德國共產黨對年輕人——一九二六年，該黨領導階層的幹部四十歲以下的有百分之八十，三十歲以下的有百分之三十，平均年齡是三十四歲；[2]對無特殊技能的工人——在層峰幹部中，總會有高達百分之十三點五是由一群無特殊技能的工人中拔擢；以及對失業工人——即便在一九二七年，德國經濟最穩定的高原期，柏林黨員中仍有百分之二十七是找不到工作的，都有相當大的吸引力。不過，它也和所有的勞動階級組織一樣，戰鬥縱隊大部分還是由擁有純熟技能的勞動無產階級這塊磐石所構成，特別是——通常也是——鋼鐵業的工人。德國共產黨的層峰幹部中，雖然有百分之十是大學畢業生，但有四分之三僅有小學學歷；而黨員中，百分之九十五只上過小學，上過大學的僅占百分之一。若看其歷史，該黨半數的領袖，以及百分之七十的黨員，從一九一七年就已經開始從事政治活動。該黨幹部中屬於一九一七年之前、社會民主黨的成員，多數是和「獨立社會主義者」在合併時期一起入黨；只有大約百分之二十的幹部，曾在一九二〇年代屬於斯巴達克同盟，或戰時的基進左派，對羅莎·盧森堡的直接傳承可說已明顯式微。另一方面，在大約四千名曾於一九一四年擔任過社會民主黨專職黨工的黨員中，僅有三十六名在一九二〇年代繼續受聘為德國共產黨的專職人員。

德國共產黨是新的、年輕的、少特權的，極端地反體制與隨時準備革命的，直到一九二三年秋天的那場大挫敗發生前，這一切似乎都有可能實現，除非出現什麼意外。這也可以解釋德國共產黨內那批絕不妥協、攻擊性強的行動派，通常也是宗派主義左派的力量。無庸置疑的，早年，他們帶著史達林主義者出現前的那種，運動者的自由和衝勁，在各種派系和意見風潮的爭鬥中（那是段不需要用一份公報來聲明所有討論都是「完全而且開誠布公」的日子），左派顯然擁有最熱烈的掌聲——在一九二四年，他們大約占了百分之七十五。至於大部分在一九二三年前還是由前斯巴達克同盟掌握基礎領導權的右翼分子，則是處於弱勢，除了那些純熟技能工人群體中的右翼分子——但他們並不是知識分子。而在一九二三年之後，從右派分裂出來的中間團體，或「和事佬們」，在左派獨攬大權後主要代表了黨內的專業人士，也取得約四分之一黨員的支持。

一九二三年以前，德國共產黨所面對的問題是如何製造一場革命，它似乎就快要被實現了，而且不完全只是為了全世界社會主義的勝利而被實現，也是為了蘇維埃共和本身。對俄國革命來說，在德國的蘇維埃革命是必要的互補，甚至列寧也在理論上積極預告這個馬克思、恩格斯的故鄉，一個科技先進、經濟繁榮之處，將繼起為社會主義者世界中心時的盛況。一九一九年，共產國際曾將柏林視為邏輯上最適合建立總部的所在，莫斯科只是暫棲之地而已。德國共產黨也被給予同等的重視——根據韋伯的說法，甚至到了一九二二年底都還是如

2 此時（編按：一九七〇），德意志社會民主黨領導者的平均年齡是五十六歲。

此。當時莫斯科德國事務的主要負責人，拉狄克，他以其參與德國社會主義者運動的多年經驗，顯然對該黨的發展看法比較保守，不過關於這點，我們可以稍加保留。這段時期德共主要的問題在於與莫斯科牽扯太深；這個牽扯來自德國共產黨相對來說在年齡、實力與經驗上的不足，以及德國對蘇聯，甚至整個世界革命有著過度強大的期待。德共可能並不想捲入俄國的事務之中，但它卻身不由己，特別是從季諾維也夫在共產國際中掌權，並啟用了拉狄克開始；拉狄克曾在托洛茨基陷入艱困時予以支持，並在此後成為他的德國專家。除此之外，黨內的紛亂也算是另一個相對來說較小的問題。首先，一九一九到一九二三年，藉著將一堆空想－工團主義的極端左翼分子，以及前社會民主主義右派集團兩者掃地出門，讓黨的路線清晰不少。其次，因為對革命的預期不同而產生的歧見，原本可能擦槍走火，現在也受到相當程度地控制：無論如何，在一九一七年時，像馬克思與巴枯寧之間這種根本上的差距，還沒有在俄國造成太大的麻煩。

在歷經一九二三年的大挫敗後，承平時期應當採取什麼行動，成為主要的問題；而韋伯書中的主要論題——「布爾什維克化」，正是其答案所在。一般非共產黨人的歷史學家，多會將其他共產黨的組織有系統地同化為俄國模式，以及將其對莫斯科的臣服，視為是蘇聯內部

發展的副產品，德共明顯地在某個程度上也是如此。然而，韋伯一書的優點乃在於他並不認為這種論調全部、或大部分屬實。他區分出了其中幾個不同因素。

首先，如同他正確指出的，現代工業社會中任何有效並持久的組織，都有某些官僚化的程度，包括革命黨在內。民主運動和組織必須在兩個極端間運作，就是毫無限制但須犧牲一些實踐效率的內部自由，以及僵化的官僚制度。韋伯評論道：

> 在勞工運動中，民主化的傾向通常保有著某種力量，因為它的整體傳統要求的是一種反權威主義的、平等主義的，以及自由意志主義者的精神。更有甚者，領導中心往往還不得不支持這種傾向，以刺激運動成員參與行動，避免黨陷入癱瘓的狀況。

凝聚了人、運動，以及一九一八到一九二〇年間各個黨派，之後所形成的組織化、紀律化的德國共產黨，其本身是正常的，不接受這一點的只有那些空想主義者與無政府主義者。它是在一九二四年之後，內部民主系統性地萎縮，加上過度官僚化，才出現了問題。

其次，德國共產黨是一個革命組織，必須靠自己來對抗國家權力結構、經濟，以及大眾傳播媒體，但後者不論資源、影響力和實力，每一項都占盡優勢，是以這個革命黨必然需要一副異乎尋常強健的「骨架」，一個由職業革命家組成、階層化和紀律化的「機關」（apparat），以便建構最具效率的戰線。至於組織的絕對大小並不是主要考量。德國共產黨專職的黨工，可能遠少於威瑪共和時代的德國社會民主黨。這無可避免會造成領導者與部眾之間的緊張狀態，因集權而造成中央異常的肥大，以及下層部眾主動精神的喪失，也就變得更為理所當然；但德國共產黨人卻以政治上及執行上的理由，接受了這一點。正因為德國共產黨是出現在德國（其政治傳統和俄國截然不同）某個介於社會民主主義與自由意志-民主（姑且先不論那些空想-基進派）革命主義之間，尚未定義的地帶，而它似乎是該黨在工業國家中本質上的反命題；是以，德國共產黨首先必須定義自己的政治地位。「布爾什維克化」做到了這點。不只是因為布爾什維克主義無論如何都證明了自己是讓革命成功的唯一模式——其他的要不是失敗了，就是連開始都沒開始；也是因為「黨」本身就是一支有紀律的、隨時準備作戰的革命軍，要對複雜的問題提供統一的答案。忠誠，可避免掉許多不確定性，尤其對於建構在統一與團結本能上的無產階級運動而言，更是如此。

即便沒有莫斯科的介入，這些力量也還是能夠運作，但韋伯只在該書的第三部分才提到這一點。由於共產國際刻意設計的集中化結構，讓地方黨部在其中只是某個服從紀律的「單位」，而且使得共產國際與地方黨部相當明顯、同時也無法避免地依賴蘇聯黨部；因此，「布爾什維克化」可說其實就是史達林化。換言之，即使是一個與蘇聯沒有任何本質上關聯的革命程序，因為在組織和戰略上，與黨、或列寧著名的「模式」不謀而合，也會被轉型為蘇聯式政治的延伸。兩者間的區別，可以拿義大利共產黨作為例證。義大利共產黨早期採用了陶里亞蒂刻意讓領導幹部臣屬於俄國黨部的模式建構，之後卻又與它分道揚鑣；所以革命幹部們雖然經過俄國人的整肅與改造，大部分卻毫髮無傷，而且擁有自己的看法（無庸置疑的，他們當然把自己隱藏得很好）。同樣合理且明顯的例子是英國共產黨，英共的黨內大整肅很早就開始了，不過在一九二二到一九二三年之後，該黨領導集團的核心並沒有變動。至於德國就看不到如此清楚的現象，因為德共的領導幹部更換得相當頻繁，而且明顯是由莫斯科一手操縱。

如同前述，這種現象部分要歸咎於俄國人對德國共產黨的過度介入。對莫斯科來說，在德國發生的事，要比歐洲任何地方發生的事都來得重要。一九二三年大挫敗後，共產黨內左派的勝利使得這種介入更加強烈；這種介入並不是莫斯科強加上去的。事實上，正因露絲．費歇爾和馬斯洛等領導班子一直極力避免——雖然終屬枉然——每件事都被冠戴上德國黨部反俄國人式的自治主張，[3]反而使該黨淪為季諾維也夫派的德意志支部。如此不僅使該黨與史達林，以及一眾俄國共產黨人正在追隨的普遍、溫和路線背道而馳，也讓自己更加深陷於俄國的黨內鬥爭——而且還站錯了邊。（在德國，沒有任何跡象顯示有派系支持托洛茨基。）

3 參閱韋伯，《德意志共產主義的轉變》第一卷，頁三〇一。

不僅如此，左派中的宗派主義簡直就是無知，雖然他們曾吸引過不少支持者。在穩定時期——基本上是從一九二一年開始，比較可靠的算法則是在一九二三年之後——某種形式的政治現實主義是必要的，也就是與多數有組織的勞工們聯合行動；他們或許加入了德國社會民主黨、或許在職業工會和共和議會裡工作。到了一九二五年，共產國際直接介入，罷免了左派的領袖們。一切都玩完了，還設下了一個極其惡劣的先例。這個行為不但把原屬德國共產黨內部討論的機要事務，直接移交給莫斯科，而且也移交給了正在玩弄蘇聯政治牌的共產國際；對後者來說，此一介入與其說是為了改變政策，不如說是為了挑選忠誠的追隨者。

到底是哪些追隨者？一般共產國際的史料都忽略了這個問題，而只單純推斷他們必然是莫斯科政策盲目的執行者。但德國共產黨史中有兩個悲劇性的特質，不該從故事線中被刪除，這兩個特質是：(一)該黨貫徹了從一九一九到一九三三年間自殺路線的狂熱，以及(二)其最高領導集團極度的不穩定。而這兩者都不是無法避免的。就像英國共產黨，一九三九年，他們基於對紀律的自發性反省，全盤反對原本的戰時路線，並罷免了趨附該路線最重要的兩位領袖——波立特和坎貝爾[4]，然後以毫不猶豫的忠誠貫徹新路線。但任何一個親身經驗過英共歷史中此一插曲的人都知道，若非外力介入，黨絕不會在這種時候改變路線(雖然可能有一小撮人極度嚮往這種改變)；以及在一九四一年如釋重負似的回到老路線，波立特和坎貝爾也沒有理由一直遭受貶抑，只因為他們趨附了一九三九年時被認為「錯誤」的政策。

事實是，雖然人數日增的德國共產黨幹部——特別是那些年輕、尚未擁有純熟技能，以及沒有斯巴達克同盟或德國社會民主黨經驗的人——都準備無條件地支持任何黨的路線，但德國共產黨中的積極分子，其基本方針卻開始傾向左翼宗派主義。德國共產黨在當時已經開始扮演一個革命黨的角色，並使自己穩定成為一個好戰與系統化的反面「抗爭者」；這點從該黨試圖對職業工會使力，但卻不斷失敗即可看出。而共產國際就僅僅以這點氛圍為理由，把一九二四到一九二五年間的極端左派領袖們都給掃地出門。是以，正如韋伯所指出的，德國共產黨從未真正否定過極端左派路線，而且該黨在一九二八到一九二九年在共產國際的卵翼下回歸與極左派相同的路線，也相當受到歡迎。這說明了德共其實也是順勢而為。或許已經相當明顯的是，年輕的共產黨人似乎已在共產國際的德國政策上，完全扮演了聽命行事的角色——而這是韋伯並未多作著墨的幾個部分之一。在其他地方，莫斯科的手法通常是，將

4 編註：哈瑞．波立特（Harry Pollitt），一八九〇～一九六〇，英國政治家，曾任英國共產黨總書記。強尼．坎貝爾（Johnny Campbell），一八九四～一九六九，英國報紙《工人日報》（*Daily Worker*）編輯。一九三九年，兩人因與共產國際路線相左，被迫離開原有職務，但一九四一年希特勒入侵蘇聯，黨內派系再次產生變化，兩人也恢復原有職位。

那些不甩任何前共產國際意識形態的忠誠幹部，補進各國共產黨的領導集團，例如從各個共青團中拔擢後進。不論是基於這個理由、或還有其他原因，青年組織培養了相當數目的共產黨人領袖：英國的魯斯特、義大利的朗哥和謝莎，以及在法國為數不少的部眾。根據報導，陶里亞蒂曾對一九二九年向左轉的大風潮，提出他的觀察：「今天我們如果不讓步的話，莫斯科將會毫不猶豫地用剛從列寧學院出爐的小伙子來修理左派領導集團。」[5]到目前為止我們也發現，在威瑪時代的德國，共青團並未造就出任何舉足輕重的領導人物。但也沒有人要求他們如此，因為光是從宗派主義左派裡挑選就已經綽綽有餘了。

領導集團的不穩定，引發了兩套問題：一是為何改組變動如此之大？[6]以及，我想大多數觀察家都會同意這一點：為何前者導致了黨的素質日益低落？從李卜克內西和盧森堡開始，接下來是李維、梅爾、布蘭德勒和塔海默爾，露絲．費歇爾以及馬斯洛到塔爾曼和他的集團路線，以整體政治能力角度看來，是一個每況愈下的過程，雖然在勇氣或決心方面未必如此。在其他共產黨中，這是絕無僅有的例子。

德國共產黨似乎從未成功地將出身自斯巴達克同盟（其殘存的幹部們在捨棄了類工團主義者元素後，成了「右派」的脫軌分子）、前「獨立社會主義者」（此乃孕育「左派」脫軌分子的溫床），以及一九二〇年後入黨新人，三者的領導人物發展成一個具整體性的組織。為了形成領導集團所進行的鬥爭，一直持續到變成莫斯科「布爾什維克化」的一部分為止；而在這樣的鬥爭中，每一個集團中最能幹的人才幾乎都會因為過度引人注意，難逃被清算的命運，或是無能使自己成為德共中擁有獨立地位的領袖，最終淪為共產國際的棋子。[7]這或許才是羅莎．盧森堡被刺殺所造成的真正悲劇罷？斯巴達克同盟所提供的，正是德國左派欠缺的：面對德國政治採取一種本質上統合並兼顧彈性的觀點，而非將革命主義與左傾主義混為一談。假若羅莎．盧森堡未曾向全世界提出有別於列寧派的主張，以她在國內的聲望，可能已經逼迫新黨採取斯巴達克同盟的觀點了吧；它本來可以提供該黨一個政治領導集團和戰略的核心。

說實在的這就是德國共產黨的戲碼：它除了革命之外，沒有任何因應其他情勢的政策，因為德國的左派，也幾乎可以說就是德國的勞工運動本身，從未有過任何政策。德意志社

5 引自史賓阿諾，《義大利共產黨事略》第二卷，頁二二八，其中來自塔斯加的一名通訊員的消息。

6 由於缺乏其他共產黨較為詳細的計算資料，我們無法確認這一點。不過，其他共產黨的變動似乎並沒有這麼大。是以，一九二九年，在德共政治局裡只有兩名成員是自一九二四年起即已存在，這兩位分別是塔爾曼和雷默勒，而後者之後也遭到了貶抑。在法國，有五位政治局的成員從一九二六年待到了一九三二年，其他人則就斷斷續續的了，不過有三位——西瑪若沒有去世，應該有四位——直到一九四五年仍是該局的成員。

7 葛爾哈特．艾斯勒或許是個不錯的例子。他的政策就是，作一個結合了無條件效忠蘇聯，同時卻反對在地極端左翼分子的威瑪領袖。從以下幾點可以看出，他確實起了一定的作用：確保塔爾曼能暫時從領導中心裡除名，隱身入第三國際的國際服務，最後又返回——以各種次要的職位——德意志民主共和國（東德）。

會民主黨並沒有從事現實上的政治，而只是（在理論上）等待歷史的必然性賞給它一次選舉上的多數票，以及由此所產生的「革命」。藉由提供該團體成員一個巨大的小小共產世界，而（在實際上）隱喻著對**既存狀態**的承認。德國左派花了不少時間，批判德意志社會民主黨**在事實上**放棄了革命、或任何勞動階級鬥爭，但卻極少嘗試去萌發一點點可供選擇的政策新芽，就更別談是否能夠開花結果了。除了黨本身執拗難馴的革命脾氣，德國共產黨也安於和老德意志社會民主黨相同的態度：動員、抗爭，和等待。德國共產黨早年的領袖不少可能頗有才幹，但它卻沒有時間去發展屬於革命的政治顯學；換句話說，至少它沒有在缺乏一個實際戰場可供投入時，去找點政治上的事務來做做。它欠缺一種參與進行中的基進系統、甚或布爾喬亞-改良主義者政治的傳統，這種帶著點危險性的政治，曾提供其他國家的無產階級左翼分子們非顛覆（革命）時期的活動策略或戰術模式。當法國共產黨全面地「布爾什維克化」，包括相當數量的該黨領袖在內，面對像法西斯主義這類的問題，總會自然而然地想到倚助熟悉的政治工具：由左派或「人民大眾」所組成的臨時陣線，以保衛共和體制。事實上，甚至在一九二八到一九三三年間，最愚不可及的宗派主義者時期也有這種跡象，是來自法共領導人物們的反省，雖然他們自己也還身處在共產國際令人不得喘息的壓制之下。這並不是說因為有像莫里斯·多烈士[8]這種，比塔爾曼還差勁的布爾什維克，也不是要說前者比較聰明——雖然他的確如此；而是法國擁有一個無產階級**政治運動**的傳統，德國卻沒有。後者固然培育出具備無可比擬的勇氣與忠誠的鬥士，以及極為出色的組織運動家，卻獨缺革命政治家。

是以，德國共產黨不但在希特勒攫取權力後的關鍵時期失敗了——縱非如此，莫斯科排山倒海般的政策也將會使它與成功絕緣，即便（但我懷疑）德意志社會民主黨允諾與之共同對抗法西斯主義。該黨甚至不能察覺自己正在邁向失敗之途，直到一切都已經太遲。至於它是如何悽慘又不可避免地失敗，就毋庸贅述了。到了這個地步，該黨已是窮途末路，徹底潰敗。然而，這個黨的失敗並不是因為希特勒的勝利，也不是因為這個過去曾是最堅持的、最勇敢的，甚至可說是在納粹獨裁下**唯一**有行動力的反抗勢力，被以極度迅速、殘酷而徹底的方式毀滅。而是在一九四五年後，德國共產黨除了藉助政治情勢將其潛在敵人掃除殆盡的蘇聯占領區，在其他地區**都無法重起爐灶**，這一點證明了它的失敗。[9]從來沒有在阻止希特勒

8 編註：莫里斯・多列士（Maurice Thorez），一九〇〇～一九六四，法國政治家，曾任法共總書記，一九二八到一九四三年間先後當選為共產國際執行委員會委員和主席團委員。

9 有人說，威瑪時期的德共在目前屬於東德的區域裡擁有它最大的稜堡，我覺得這種說法並不可靠。實際上的事實是，一九三二年，德共徹底擊潰德意志社會民主黨選民的地方是在萊茵-魯爾河地區；德共在那裡擁有的支持者，大約是其敵手的兩倍。

竄升上使過什麼力，甚至在他耀武揚威的時候溫和進行自我清算的老社會民主黨，卻在希特勒被擊敗後起死回生地成為西德勞動階級的主要大黨。一九四九年，與社會民主黨的三十個百分點相比，德國共產黨至少還有大約百分之六的得票率（一百四十萬張選票），但是到了一九五三年，德共已跌到百分之二點二（六十萬張選票），相形之下，社會民主黨在該年則擁有二十九個百分點。而且，就算德共沒有被聯邦共和政府明令取締，也沒理由相信它會表現的更好。簡單地說，德國共產黨在一九四五年之後快速地坐吃山空。其實從威瑪共和之後，它就已經不再是德國勞動階級運動中的必要部分了。

不只是無法與該黨在威瑪共和時期驚人的群眾影響力相提並論，就算和其他國家，通常都還是比較小的國家中，那些頗有遭受反俄思潮打擊之虞共產黨們的輝煌紀錄相比，都可以看出德國共產黨的失敗。例如在奧地利，戰後十年之間，共產黨人總還能獲得百分之五點五的穩定票源（在一九三八年之前，該黨所獲得的支持率一直都瀕臨低點）。在芬蘭，共產黨人從未拿過少於二十個百分點的選票（可能是戰時得票率的兩倍）。這兩個國家都曾與蘇聯兵戎相見，或喪失國土，或被紅軍強占部分江山。在歐陸，出現於反法西斯主義時期的共產黨們，幾乎每一個都比過去更為強悍，也比過去——至少有相當的時間——對國內的勞動階級紮根更深。但是在德國，希特勒早已使他們與群眾運動絕緣了。

但是，對於威瑪時期德國共產黨的悲劇巡禮，並不能完全以這個沮喪的音符譜下終曲，畢竟它的確實現了德國共產黨所欲爭取的目標——一個德意志社會主義者的共和體制；即使這個體制之所以能夠出現，紅軍的功勞比德國自己運動的功勞還要大，連威瑪時期的共產黨人也應該會無條件接受這個事實。另外，關於這個國家西半部決定性的失敗，必須把德意志民主共和國（東德）也列入資產負債表，因為它可以說是德國共產黨的後代。[10]當我們對其加以非議時，仍必須承認它在艱困環境下的輝煌成就。因此，對於該黨的批判必須受到一定的條件限制。畢竟，有多少其他共產黨曾經真正成功地建立過一個新社會？而又有誰敢說，如果有人將權力雙手奉給一批從流放或集中營裡回來的、挺直腰桿的、勇敢的、忠誠的、誓死奉獻的，同時還是能幹的和有效率的幹部與執行者，讓他們遂行共產黨人的事業，他們能夠做得更好？

左翼政黨被賦予權力時，會是個什麼樣子？我想，這不會是一場毫無意義的測驗：從一九一八年開始，由社會民主黨推動的社會民主體制宿命性地失敗了。但共產黨們一直深信自己將會通過這個考驗，然而德國共產黨卻在其他的考驗中敗下陣來，畢竟革命運動還必須面

10 這些成就中，有兩件倒是值得一提，就是對德國人在過去納粹時期的爛帳予以誠心解決，以及除了在最極端的情況下，以沉默的方式拒絕參與那些在史達林晚年，讓其他的東歐政權陷入支離破碎的、對共產黨人的犧牲與處刑，包括那些作秀式的公審。

對其他的考驗。和法共及義共不同的是，德共曾有過大好時機，卻無法成為其勞動階級運動中的一個整合體。它的政治歷史就和威瑪共和一樣，是一個斷層般的歷史。該黨甚至在僅僅維持短暫穩定的資本主義局勢下，也無法發展出任何可供運作的政策。基於該理由，德共和威瑪共和的餘燼在希特勒上台前早已俱成死灰了。這個失敗反映出了所有共產黨，或事實上在所有發展中工業國家裡的革命社會主義者，所面臨的一個更普遍的難題：除了在一九一七年以後出現的幾個歷史的例外情況，如何正視其朝向社會主義的轉型？而當其他共產黨的發展顯示出試圖解決這個問題的誠意時（到那時為止，他們還沒遭受到外力的阻礙），德共卻沒把心思放在這上面。德共在自己還是一股強大力量的時候，只做一件事：就是把紅旗舉得高高的，使該黨最大的敵人不能指控它與改良主義者妥協，以及指控它容許任何可被體制吸納的傾向存在。然而抗爭本身並不是政策。在危機的年代裡，例如一九二九到一九三三年，該黨還能從那些沒什麼好損失（除了腳鐐之外）的人那裡獲得成長的助力——一直到一九三二年春天，德國共產黨成員中有百分之八十五是失業人口——但在數目上的支持並不必然等同於力量。就在同一時期，擁有約兩千五百名成員的義大利共產黨，就比擁有三十萬黨員，六百萬張選票的德國共產黨，更為有力。

德國共產黨的歷史是悲劇性的。這個一九一九年曾是全世界最大的希望、一九二三年曾是西方唯一重要的大型共產黨，終究成為西方日耳曼歷史中一段微不足道的插曲。或許它的失敗有著德國式的理由：德國的左翼分子，他們無能克服存在於這個龐大又令人難以捉摸的國家中，屬於布爾喬亞和無產階級的歷史性弱點。然而，不需要過度的空想成分，該黨發展的其他可能性還是可以預期的。總而言之，關於左派歷史中這個慘痛失敗的例子，韋伯博士提供了豐富的資料給我們參考。其他的左派們也可由這個失敗中獲取教訓。他們實在應該好好讀它，而且是要帶著一顆矜憫之心來讀它。

一九七〇

II

無政府主義者

Anarchists

7

布爾什維克主義與無政府主義者
Bolshevism and the Anarchists

從巴枯寧或普魯東（就此處而言）以降，無政府主義——這個共產主義中的自由意志傳統——就一直痛苦地敵視著馬克思主義者；相對的，馬克思主義與更多的列寧主義者，同樣敵視著無政府主義的理論和革命計畫，同時也瞧不起這種政治運動。但若檢視俄國大革命和共產國際時期的國際共產黨運動史，就會發現一種有趣的不對稱狀態。無政府主義的首席發言人對於布爾什維克主義的敵意，頂多只有在真正的革命中，或是在十月革命的消息傳到他們耳邊之際，才可能有片刻動搖。但相對的，俄國境內或境外的布爾什維克們，卻有好一段時間對無政府主義者採取顯然較為和善的態度。這便是本章所要討論的主題。

布爾什維克主義對於無政府主義者，以及無政府-工團主義者的運動理論所採取的態度，在一九一七年後便已十分清楚。馬克思、恩格斯和列寧，都曾就這個主題發表過議論，而且大體說來，他們的觀點幾乎沒有任何曖昧不明或不一致之處。他們的觀點可以簡述如下：

（一）馬克思主義者和無政府主義者的最終目的，並無二致，就是自由意志共產主義；在其中，剝削、階級與國家，都將不再存在。

（二）馬克思主義者相信，這個終極階段，或多或少會被所謂的「無產階級專政」特色，以及其他的轉化手段，與透過無產階級革命推翻的布爾喬亞權力區隔開來；而在其中，國家權力將會扮演部分的角色。關於古典馬克思主義者在其著作中，如何解釋這些轉化問題的確實意義，容或尚有部分爭議，但馬克思主義者認為，無產階級革命絕不會馬上促使共產主義降臨，國家也不能被廢除而只是「凋萎」等等看法，是沒有模糊空間的。從這點，我們就可以完全而清楚地理解馬克思主義與無政府主義者教義間的衝突所在。

（三）馬克思主義者除了有讓革命國家專用於革命目的的心理準備外，他們也積極深信，相較於反集中化或聯邦主義，集中化更具有優越性（在列寧的眼中更是如此），相信領導權與紀律之不可或缺。任何單純基於「自發性」的運動，必有其缺陷。

（四）馬克思主義者認為，如果有可能參與任何正式政治程序，社會主義者與共產主義者運動就應該積極投入，就像對待其他有助於推翻資本主義的活動一樣。

（五）即使有部分馬克思主義者，基於古典馬克思主義的傳統，對黨內現存（或潛在）的威權主義或官僚性格傾向展開批判，但只要他們還自認為是馬克思主義者，在批判中就絕不會放棄那種對無政府主義者運動毫無認同的性格。

到了一九一七年，馬克思主義者運動與無政府主義者、或無政府-工團主義者運動間的政治關係紀錄，也同樣沒有了模糊空間。事實上，與第三國際相比，這樣的關係在馬克思、恩格斯與第二國際的生命歷程中更是深刻。馬克思本身就曾經大戰且批評過普魯東和巴枯寧，後者也同樣大戰與批評過馬克思；幾個主要的社會民主黨也都儘量、或不得不排除黨內的無政府主義者。與第一國際不同，第二國際在一八九六年的倫敦代表大會後，就不再於任何場合納入無政府主義者了。反正馬克思主義者和無政府主義者只要一碰頭，就算不是敵人，也會成為對手。然而，馬克思主義者雖然在扮演革命馬克思主義者的場合，被這群也對第二國際的改良主義日漸不滿的無政府主義者搞得超級憤怒，但仍會將其視為革命分子，只是他們被誤導了。這點與前述（一）的說法是一致的。至少，無政府主義和革命工團主義可以被視為一種對改良主義與機會主義可理解的反動。事實上，我們可以說——過去也曾這麼說——改良主義和無政府-工團主義是同一現象中的兩個部分：沒有其中一個，另一個也無法獲得這麼多的活動空間。我們甚至也可以說，改良主義的崩潰自然會削弱無政府-工團主義的力道。

在馬克思主義者運動的好戰分子和支持者中，到底有多少人與這些意識形態論者、政治領袖們有同樣的觀點，其實並不是很清楚。我們只能說，到了這個層次，通常已經無法那麼明顯地感覺出差別。眾所皆知，教條式的、意識形態與綱領式的差異，在某一層次固然具有絕對的重要性，但在另一層次可能根本微不足道——也就是說，直到一九一七年，俄國許多城鎮中的「社會民主派」勞工，至多也只能搞清楚布爾什維克和孟什維克之間到底有什麼差別罷了。但如果專門研究勞工運動與其政策的史家們竟大意到忽略了這個事實，就糟糕了。

這整個背景，還是必須補上對於世界各個不同地區情勢差異的檢討，因為這些問題，也會影響到共產主義者和無政府主義者或無政府－工團主義者之間的關係。我無法在此完整地描述，但至少可以區分出三種不同形態的國家：

（一）無政府主義從未在該地區的勞工運動中占有舉足輕重的地位，例如西歐北部（除了荷蘭）的大部分地區，以及一些在一九一七年之前，勞工和社會主義者運動難有進展的殖民地區。

（二）無政府主義在該地區曾經影響深遠，但卻在一九一四到一九三六年這段期間戲劇性地、或可說是決定性地潰散殆盡。這當然包括了部分拉丁語系世界，即法國、義大利，和一些拉丁美洲國家，還有中國、日本；俄國——基於某些不同的理由。

（三）一直到一九三〇年代的末期，無政府主義在該地區都維持著主宰、或至少是具有顯著影響力的地位。西班牙就是最明顯的例子。

在第一種形態的地區，那些自稱為無政府主義者或無政府－工團主義者的運動，與共產主義者運動相比都只如米粒之微。這群無政府主義者人數不多，主要是藝術家和知識分子，他們的存在並未引發任何政治問題，可能比較容易受無政府主義者影響的政治難民、移民社區，以及本土勞工運動中的邊緣團體，也都未引發任何政治問題。一八七〇年代和一八八〇年代後的英國和德國，可以作為好例子，彼時的情況是，只有在極端少數社會主義者運動或是當社會主義者運動被俾斯麥的「懲治社會主義者條例」暫時打入半非法狀態時，無政府主義者風潮才有機會部分上場，而且多半是破壞性的角色。集中派與反集中派運動、官僚化與反官僚化運動，以及「自發性」與「紀律性」運動間的鬥爭，都跟無政府主義者沒有任何特別關係（除了在學術作者，或非常少數、博學的馬克思主義者眼中）。我們從歐洲大陸發生革命工團主義同時期的英國，可以找到相同的例子。共產黨就算認知無政府主義者在他們的國家將會是一個政治問題，至多只是對他們的某些論戰性的出版品（除了那些單純附和共產國際偏見的），還有他們對古典馬克思主義者關於無政府主義的作品的翻譯和（或）重新發行，認真進行系統化分析研究罷了。然而，我們可以放心地說，與共產主義者運動中的改良主義、教條派系，或是某種小資產階級意識形態相比，例如在英國的和平主義者之流，共產黨人並沒有把這個問題放在眼裡。在一九三〇年代前期的德國，以及一九三〇年代後期的英國，就算對無政府主義連最草率、或是學術象牙塔式的關注都沒有，甚至從未想過要討論這個主題，也還是絕對有可能深度參與共產黨運動。

若從我們現在討論的觀點，第二種形態的地區在某方面會是最為有趣的。在這些國家裡的某些時期或階段，無政府主義曾經是一個重要的、對職業工會或極端左派政治運動具有絕對影響力的主義。

不過，最關鍵的歷史事實是，在一九一四年之後的十年中，無政府主義者（或無政府－工團主義者）的影響力竟然戲劇性地衰退了。但在歐洲好戰國家中戰前左派分子的集體崩潰裡，這是個被忽略的面向，多數論者都認為這只是社會民主主義體制的危機，而且有相當充分的理由。同時，在兩方面，它也是自由主義或反官僚化革命分子的危機：第一，他們其中（例如在革命的工團主義者中）有許多人與多數的社會民主馬克思主義者一樣，倉促地投入了愛國主義的旗幟——至少有一段時間如此。第二，那些沒有投入的，整體說來，也都被證明是無能反對戰爭；而且在戰爭結束後，他們更是毫無能力提供一個可以取代布爾什維克主義者的自由派革命運動。就拿一個最明顯例子來說好了。如同克利葛爾教授所指出，法國內政部編寫的《B號警察誌》中，記載了所有「應予嚴密注意、會對社會秩序造成危害的傢伙」，也就是「革命分子、工團主義分子和無政府主義者」。他們事實上就是指那些無政府主義者，要不就是那些「在工團運動裡興風作浪的無政府主義亂黨」。但是到了一九一四年八月一日，內政部長馬維已決定不再重視《B號警察誌》；也就是說，這群過去被政府認定確實意圖以所有方法反對戰爭，或因其曾是勞動階級反戰運動的中堅幹部，而被點名註記的人，政府已決定放任不管了。事實上，這其中只有很小一部分人曾為抗爭或破壞行動做過具體準備，而且不是什麼讓當局覺得事態嚴重的準備。簡單來說，馬維認定了這批過去被視為最危險的革命分子，其實無足輕重。當然，他是完全正確的。

如果要戲劇性地與俄國布爾什維克們的成功相比，工團主義者和自由派革命分子的失敗，在一九一八到一九二〇年左右是更加確定的。事實上，這也讓無政府主義在其後的五十年裡，除了少數幾個國家外，注定成為左翼運動中一股主要的獨立力量。現在或許很難想像，在一九〇五年與一九一四年間，馬克思主義左派在多數國家中都不過是與革命運動沾到邊而已。主要的馬克思主義者集團，其實是指事實上的非革命性社會民主體制。多數的革命左派都是無政府－工團主義者，或至少在想法和情緒上較接近無政府－工團主義，而不是古典馬克思主義。惟自此以後，馬克思主義就成為主動的革命運動，各國的共產黨或共產集團，或像是奧地利的社會民主黨般，號稱自己被標示為左翼的代名詞，而無政府主義和無政府－工團主義卻戲劇性地，也無法避免地沒落了。在義大利還可以說是法西斯主義的勝利加速了它的沒落，但就算不提一九二九年或一九三四年，在一九二四年的法國，那個一九一四年曾經是革命左派模範生的無政府主義者運動，跑到哪裡去了？

這不單純只是個修辭上的問題。這個問題的答案是而且必然是：主要因為新的共產黨，或由共產黨人領導的運動。由於尚未出現適當的研究，因此這樣的論述還不能被恰如其分地記錄在文獻上；但基本事實相當清楚。甚至有些「布爾什維克化」的共產黨領導人物，或聲名顯赫的活躍分子，是帶著他們自由派的氣質，來自前自由派運動或好戰職業工會運動，比如法國的孟摩索[1]，杜克洛斯[2]或許也可以算是一個。這一點相當令人震驚，因為馬克思主義黨派確實不太可能從前無政府-工團主義者中挑選自己的領導人才，這比要自由派運動選擇一位支持列寧主義的領導人更不可能。[3]不過事實上，過去屬於自由派的勞工，似乎在新的共產黨體制下要比在前自由派知識分子或小布爾喬亞體制下過得好些（如同荷蘭共產黨領袖狄格羅特所言，這恐怕並不是沒有前例可循）。總而言之，對於勞動階級好戰分子這群人而言，因為教條或革命程序上的歧異，造成意識形態論者和政治領袖間極端地對立，通常不太可能發生，或對他們來說沒什麼重要性。除非在這群人間——這裡指的是特定的工會或職業工會——不同組織或領袖間，早就存在積怨甚深的對立關係。

那些原本追隨自身工會或職業團體裡最好戰、或最具革命意識的勞工，其實更容易在該聯盟瓦解後，毫無困難地轉身投入共產主義者聯盟，因後者現在可是好戰派或革命派的代表。當老的運動冰消瓦解，轉身是很正常的事。老的運動可能仍舊在各個層面維持影響力，而那些曾經認同該運動的領袖或好戰分子們，在他們還沒有在事實上或法律上退休成無藥可救的不動狀態前，也還是可以繼續讓它維持一個逐漸式微的規模。當然，有些人可能會在此時決定不玩了。但大多數的參與者還是會期望在可能的情況下，能轉身投入最適當的替代組織。這種轉身行動到目前為止尚未被認真研究，因此我們對前無政府-工團主義者（以及那些曾經追隨他們的領導們）的了解，實在不比對英國一九三〇年代後獨立勞工黨的前部眾或追隨者，以及一九四五年後的西德前共產黨人多多少。

如果在新的共產黨中，甚至在新的革命職業工會團體裡，有一大票部眾是由前自由派組成，會對他們造成某些影響根本是不足為奇。但總的看來，在眾多共產黨裡目前還很難察覺到這種跡象。只要舉一個頗具代表性的例子就好，一九二五年三月到四月間，共產國際的總執行部為了專門處理共產黨人運動中，來自非共產黨人影響的問題，進行了關於「共產國際的布爾什維克化」的討論，檔案中有超過半打的參考資料是在討論工團主義者，但竟沒有半點是關於來自無政府主義者的影響。[4]該文件僅針對在法國、義大利與美國發生的事例進行

1 編註：加斯頓·孟摩索（Gaston Monmousseau），一八八三～一九六〇，鐵路工人出身，法國工會領導者、政治家、作家，勞工總會中的改革派，曾任聯合國勞工聯合會總書記，第二次世界大戰期間於法國組織抵抗陣線。

2 編註：雅各·杜克洛斯（Jacques Duclos）一八九六～一九七五，法國共產黨主要領導人之一，位居領導階層超過三十五年。

3 關於兩次世界大戰之間法共國會議員們的事例實在不多，《法國國會辭典，一八八九～一九四〇》（*Dictionnaire des Parlementaires Francais, 1889-1940*），提供了關於他們作為一個共產黨人之前的一些指引：社會主義者，五位；「錫隆派」，之後成為社會主義者，一位；參與職業工會運動（動機不明），三位；自由主義者，一位；沒有共產黨員經歷，一位。

4 *Bolshevising the Communist International*, London, 1925.

討論。在法國部分，有特別註明「損失了一大部分原屬於『德國社會民主主義出身』以及法國小布爾喬亞工團主義者出身的前領導官僚」。（頁三十八）德蘭在報告中指出：「我們的黨已經排除了所有托洛茨基主義犯過的錯誤：所有個人主義式的準無政府主義者的錯誤、信仰正統性的錯誤、允許黨內對立派別共存的錯誤。而且，我們也同時學會了去發現盧森堡主義者的錯誤。」（頁九十九）共產國際總執行部在法國黨部的十項決議裡建議：「捨棄法國過去所有的傳統，建立一個組織健全的共產主義群眾政黨。」（頁一六〇）至於義大利部分，則註明了「在義大利產生了數量不少且互相對立的脫軌派系」，但倒沒有舉出任何資料顯示義大利有自由派的傾向。文件中有提到波爾迪加[5]頗有「義大利工團主義」的味道，但也沒有指控他「認同」這種觀點，或是其他類似的觀點。至於馬克思主義-工團主義者派（阿凡嘉迪雅集團），則是因為他們在離開黨後瓦解成「職業工團主義」，被認為是對第二國際之機會主義的一種反動。（頁一九二到一九三）文件中也提到了美國共產黨擴充黨員的兩個來源——社會黨和工團主義者的組織。（頁四十五）假如把這些斷簡殘編與共產國際在同一份文件中所飽含的、關於其他各種意識形態上歧異與問題的偏見相比，我們可以發現自由派-工團主義者的傳統在共產主義裡，或至少在一九二〇年代中期幾個主要的共產黨裡，顯然並沒有造成什麼影響。

這也可能只是某種程度的錯覺，因為相當清楚的，數個讓共產國際急如星火、困惑不已的傾向，其背後都可指認出這種傳統。堅持「盧森堡主義」側重自發性，以及對國家主義或其他類似觀念的敵意是一種危險，可能就是針對這些由自由派-工團主義學校所訓練出來的好戰分子的態度，也就是共產國際所厭惡的那種——在此之前，並沒有認真地加以重視——拒絕投票主義（electoral abstentionism）。在「波爾迪加主義」背後，我們確實可以發現存在著這種偏執的傾向。在幾個西方的共產黨裡，托洛茨基主義以及其他的馬克思主義分歧分子，或許會吸引工團主義者出身、在被「布爾什維克化」的黨內感到渾身不自在的共產黨人——例如羅斯默[6]和莫納特[7]。然而，一九二四年十一月二十八日的《布爾什維克文摘》在分析法國共產黨內的意識形態傾向時，很明顯的，絲毫沒有提及工團主義。這本雜誌把法國共產黨劃分為「百分之二十是饒勒斯[8]主義，百分之十是馬克思主義，百分之二十是列寧主義，百分之二十是托洛茨基主義，而另外的百分之三十，則是觀念混淆主義」。不管從老的工團主義

5 編註：阿梅多·波爾迪加（Amadeo Bordiga），一八八九~一九七〇，義大利共產黨創始人及領導者，第二次世界大戰後轉向左派共產主義者。

6 編註：阿爾弗雷德·羅斯默（Alfred Rosmer），一八七七~一九六四，法國共產黨領導者之一，早期托洛茨基運動領導者，亦為第一次世界大戰前工團主義領導者。

7 編註：皮埃爾·莫納特（Pierre Monatte），一八八一~一九六〇，法國工會創始者，工團主義重要人物之一。

8 編註：尚·饒勒斯（Jean Jaurès），一八五九~一九一四，法國社會主義者，社會民主主義早期提倡者之一。在德雷福事件中，饒勒斯積極為德雷福辯護，並提出德雷福其實是反猶太主義的受害者。

者傳統中，能夠真正導引出來的思想與態度力量是什麼，這個傳統本身已不再引人注意，它不過是馬克思主義的各種左翼分子式、宗派式或派系式的版本罷了。

然而，基於某些明顯的原因，無政府主義者的問題仍然是共產主義者運動的心腹大患。特別是那些在十月革命以前，政治性勞工運動幾乎全由無政府主義者包辦，而社會民主運動微不足道的世界；或是如拉丁美洲的大部分地區，無政府-工團主義者在一九二〇年代仍保持著他們的力量與影響。一九二〇年代的赤色國際勞工聯盟，曾在拉丁美洲費盡心力解決這些問題；或是直到一九三五年，共產國際還發現巴西共產黨（該黨的原始成員完全都是由前無政府主義者構成）中，「無政府-工團主義的餘孽，尚未被完全剷除」等事實，其實都不令人意外。雖曰如此，當我們思考無政府-工團主義在這塊大陸上的重要性時，也應該了解這些問題的誕生，似乎讓共產國際在一九二九到一九三〇年代的大蕭條後開始給予一點正視。共產國際對各地共產黨關於這方面的批判，主要是認為，他們竟然沒有因無政府主義者及無政府-工團主義者組織的迅速崩潰，以及前者成員對共產主義與日俱增的認同，而有效地壯大。[9]

簡言之，自由派運動已被當成正在迅速消逝的力量，不會再引發什麼重大的政治問題。但這種心安理得的想法是正確嗎？在職業工會運動中，老的傳統也許真的沒有比共產黨人官方文獻中所記載的強，但相當明顯的，像古巴的煙草工人聯盟，雖然是由無政府-工團主義轉而接受共產主義者的領導，但該組織的職業工會運動或成員與好戰派的態度，卻從未改變過。[10]我們實在有必要好好研究一下在前無政府－工團主義者的舊陣營，以及他們所接續經營的共產主義者職業工會運動裡，究竟帶有多少老習慣與老實踐的復燃餘燼。

事實上，西班牙是唯一一個在大蕭條後，無政府主義還能在勞工運動中維持主要地位的國家。當時——直到西班牙內戰為止——共產主義與之相較，只能算是吳下阿蒙。在第二共和以前，共產黨人對西班牙無政府主義者所採取的立場，並沒有國際上的重要性；然而到了人民陣線與內戰時期，卻又演變成一個過分龐大、複雜的問題，以致無法隨便寫寫。因此，我不打算在此討論這點。

9 「在群眾中不滿的增長，以及他們對統治階級、帝國主義的攻擊，日益堅持，使得社會主義者、無政府主義者，以及無政府－工團主義之間的步調不一，愈形尖銳。最近這段時間，對於與共產黨人結成聯合戰線之需要的認識，已經十分普遍地在其各個階層的部眾中，深植了根基。同時，加入革命同盟以及共產黨行伍的傾向，也日漸強烈（特別是在古巴、巴西、巴拉圭地區）。第六屆世界代表大會之後，南美以及加勒比海美洲地區的勞工運動中，無政府－工團主義的特殊分量，已經顯著地衰落。在某些國家裡，無政府－工團主義者中最優秀的分子已經加入了共產黨，舉例來說，像阿根廷、巴西、巴拉圭和古巴……而在其他國家中，無政府－工團主義者的影響力日趨薄弱，乃係伴隨著社會主義者與改良主義者組織（阿根廷），亦即『國內的改良主義黨派們』（墨西哥、古巴）的聲勢日隆而致。」見《共產國際第七屆世界代表大會公報》(*Die Kommunistische Internationale vor dem 7. Weltkongress*)，頁四七二。

10 關於這點，我要感謝尚．史都小姐的指點，她正在準備一篇以古巴的煙草工人為主題的博士論文。

布爾什維克們對無政府主義者的基本態度，是認為後者是一群被誤導的革命分子，與根本就是布爾喬亞毒藥的社會民主主義者完全不同。如同季諾維也夫在對該國無政府主義者分外眼紅的義大利人講話時所強調的：「在革命時代裡，瑪拉替斯達要比德亞拉岡那好，雖然他們行事其蠢無比，但畢竟是革命分子。我們與工團主義者以及無政府主義者並肩作戰對抗克倫斯基，以及孟什維克們。藉著這個方法，我們動員了數以千計的勞工。在革命的時代裡，任何人都需要革命分子。在屬於革命的期間裡，我們必須接近他們，與他們團結為一股政治力量。」[11]布爾什維克們這種相當慈悲的態度，可能是由兩種因素所造成：無政府主義者在俄國相當不重要；以及十月革命後，無政府主義者與工團主義者，紛紛明顯而積極地準備倒向莫斯科，直到雙邊聯盟條件明顯談不攏。這無疑也跟無政府主義與工團主義之後的迅速崩潰有關，這使他們除了在很小及極少數的國家之外，漸漸失去了在勞工運動中的影響力。「我一生中只見過少數的無政府主義者，或與彼等交談過。」列寧在共產黨的第三次代表大會裡曾這樣表示。[12]對布爾什維克們而言，無政府主義永遠只是個微不足道的，或地方性的問題。在一份一九二二到一九二三年的共產國際正式刊物裡，也顯示相同的態度。文中提到了一九〇五年無政府主義者的出現，並認為事實上，他們與所有的群眾運動都沒有接觸，而且在反動勢力得逞時，也「同樣地被消滅掉了」。一九一七年，無政府主義者集團出現在該國所有重要據點裡，但是除了一些直接的行動外，他們和大部分地區的群眾運動，都沒有接頭，更難以在任何地區取得領導權。「在反對布爾喬亞政府方面，他們實際上擔任的是布爾什維克陣營裡『左派』與臨時編制、毫無章法的角色。」他們的鬥爭欠缺獨立的重要性。「來自無政府主義者陣營的個人，都對革命提供了重大的貢獻；許多無政府主義者參加了俄國共產黨。」十月革命把他們劃入了「蘇維埃分子」這邊；有些加入了布爾什維克，其他的，則仍維持和善的中立，而那些「必然」反對蘇維埃權力的無政府主義者，則分裂為各式各樣、有時還頗為詭異的派系，不過終皆默默無聞。在克隆斯達特崛起時期活躍的非法無政府主義者集團，現在也幾乎完全消聲匿跡。[13]以上就是在共產第三國際裡的領導班子在評斷無政府主義者與工團主義者問題時，所看到的景象。

毫無疑問的，不論是布爾什維克們或俄國境外的共產黨，都不會為了拉攏自由主義分子，而在觀念上採取妥協的態度。在共產國際第二次代表大會裡，代表西班牙全國勞動聯盟的安吉爾・皮斯塔那[14]發現他自己被孤立了，而且他的觀點也遭到反對。第三次代表大會則花了很長一段時間，討論與工團主義者和無政府主義者之間的關係，把他們與共產黨之間的

11 Paolo Spriano, *Storia del Partito Communista Italiano*, vol. 1, p. 77.
12 *Protokoll*, Hamburg, 1921, p. 510.
13 'Jahrbuch fur Wirschaft, Polirik und Arbeiterbewequng' (Hamhurg), 1922-3, pp. 247, 250, 481-2.
14 編註：安吉爾・皮斯塔那（Ángel Pestaña），一八八六～一九三七，西班牙無政府－工團主義者。

界線劃得更清楚，普遍認為這是由於共產黨內的某些風潮，以及在義大利占領工廠後，無政府主義者及工團主義者的影響力日益增長等雙重壓力所導致。[15]列寧在此時介入調解，他認為在目標上——即廢除剝削和階級制度，可以與無政府主義者達成協議，但在原則上——即「無產階級專政和在轉型時期運用國家的力量」，則絕無妥協的可能。[16]然而，伴隨著對無政府-工團主義者觀點日趨嚴厲的批判，卻是對於該運動本身正面的評價，特別是在法國。即使到了第四次代表大會時期，工團主義者在法國的優勢，仍與社會民主主義者，甚至與前社會民主派共產黨人，有著顯著的不同。「我們必須在工團主義者集團中，尋找建立共產黨所需的諸多要素，特別是在工團主義者集團裡最好的那一部分。這很奇怪，但是千真萬確。」（季諾維也夫）[17]等到第五次代表大會結束，也就是「布爾什維克化時期」，對於無政府-工團主義的負面批判，很明顯地開始比對該運動正面的讚許聲音大得多——在此之前，這些批判因為與對抗托洛茨基主義、盧森堡主義和其他共產黨內部歧異分子的批判混在一起，並沒有顯示出其特殊的政治目標。[18]當然，除了在某些特殊地區，無政府主義與工團主義在此之前早就已經迅速凋萎了。

因此，當我們第一眼看到在一九三〇年代中期的國際共產運動中，反無政府主義的宣傳內容似乎已發展得相當系統化時，會覺得很驚訝。在這段時期我們可以看到的手冊出版品，例如在法國，「共產主義原理」系列中有《馬克思與恩格斯論無政府主義》（一九三五），還有一本顯然頗富爭議性的《俄國無政府主義之歷史》，作者是雅洛斯拉夫斯基（英國，一九三七）；另外值得一提的還有史達林在他的《蘇聯共產黨簡史（b）》（一九三八）[19]中關於無政府主義的討論，與前面提到一九二〇年代初期的記述相較，明顯地使用了較多負面的語氣。

西班牙的局勢是這種反無政府主義者情緒復甦的最重要理由。自一九三一年開始，該國在國際共產戰略中日趨重要，一九三四年後就更不用說了，從羅哲夫斯基那本特別針對西班

15 *Decisions of the Third Congress of the Communist International*, London, 1921, p. 10.

16 *Protokoll*, Hamburg, 1921, p. 510.

17 *Fourth Congress of the Communist International. Abridged Report*, London, 1923, p. 18.

18 參閱馬林斯基所言：「舉例來說吧，我們認為，所謂的托洛茨基主義，與個人主義式的普魯東主義，有許多雷同之處……羅斯默和莫納特會在他們所領導的、與共產黨作對的新組織中，使老舊工團主義的想法，混合著對俄羅斯托洛茨基主義的擁戴而興復，確實不是偶然。」（《共產國際》（*The Communist International*），英國版，第十號，新編系列，頁五十八）

19 「至於無政府主義者，這群人最初並沒有什麼顯著的影響力，現在都四散紛飛到瑣瑣碎碎的團體去了，有些人與犯罪分子、小偷和皮條客搞在一塊，成了社會的糟粕；而其他的，則『本於信念』變成了剝削者、洗劫農民與小鄉紳，侵占勞動者俱樂部的房屋與基金；而有一些仍然直接了當地加入反革命分子的陣營，矢志編織他們作為卑賤布爾喬亞的巢穴。他們全部都反對任何形態的當權者，特別是針對勞工與農民的革命當權者，因為他們知道，一個革命的政權，是不會容許他們去搶奪人民，或是偷竊公共財產的。」（頁二〇三）

牙全國工會聯盟的詳盡論著中，就可獲得證明。[20]然而，一直到西班牙內戰時期，西班牙的無政府主義者問題，仍被認為沒有像社會民主主義者的問題那麼急迫；特別是在一九二八年與一九三四年六月到七月之後，進入共產國際政策的時期。可以預見的，在這段時期，共產黨的官方檔案中一大堆的參考資料，都只是針對西班牙社會主義者所犯下的錯誤而發。然而，在西班牙內戰期間，局勢改變了，而且是很明顯的改變，像雅洛斯拉夫斯基那本著作，就是瞄準了西班牙：「在那些勞工們現在必須就無政府主義者教條與共產黨人教條間選擇其一的國家裡，他們應該知道在這兩條革命之路中作出何種選擇。」[21]

不過，其他讓反無政府主義者論戰再度復甦的原因，或許只是很小的原因，也應該在這裡提一提。從常常被引用或重印的基本文件——一九二九年史達林對巴枯寧所謂的類無政府主義的批判——與其他參考文獻，可以清楚發現無政府化傾向被責難的主要原因，是他們「忽視了由資本主義過渡到社會主義時期裡，國家的存在」（史達林）。這種為史達林主義時期強力發展國家傾向的辯詞，與馬克思、恩格斯還有列寧對無政府主義的古典批判，似乎有異曲同工之處。

總而言之，布爾什維克們對於作為理論、戰略或組織運動形式的無政府主義與無政府-工團主義的敵意，是明確且無法妥協的；而所有在共產黨人運動中朝這個路線「走偏了方向」的，也都遭到了嚴峻的拒斥。基於現實上的理由，這種「走偏了方向」或被視為如此的作為，自一九二〇年初期開始，不論是在俄國國內或國外，都不再具有重要性。

但是，布爾什維克對於真正的無政府主義者和無政府－工團主義者的態度，卻有著令人吃驚的和善。它決定於三個重要的原因：

（一）布爾什維克相信，大部分無政府－工團主義的勞動者都是革命分子；他們在客觀上以及某種適當的條件下，都是共產主義對抗社會民主主義主觀上的盟友，也是潛在的共產主義者。

（二）在緊接著一九一七年後的幾年內，許多工團主義者，甚至無政府主義者，都無疑受到十月革命的熱力感召。

（三）無政府主義與無政府－工團主義的群眾運動，在他們所有但為數不多的老陣營裡，毫無疑問地正在快速沒落中。

基於如上理由，自一九二〇年初之後，布爾什維克對那些他們權力所能控制之少數地區（即使是在共產黨地方黨部較弱的地區，也多半不會有什麼問題）以外的無政府主義問題，顯得漠不關心。然而，由於西班牙在其後受到全世界的矚目，同時或許也是為了賦予史達林

20 A. Lozovsky, *Marx and the Trade Unions*, London, 1935(first edn. 1933), pp. 35-6 and especially pp. 146-54.

21 E. Yaroslavsky, *History of Anarchism in Russia*, p. 10.

主義者所發展出的專制與恐怖國家集團理論以正當性，使得反無政府主義者的論辯，在大蕭條到西班牙內戰最末階段的這段時間復甦起來。

一九六九

8

西班牙的局勢背景
The Spanish Background

伊比利半島有問題卻苦無解決之道，這種情勢在「第三世界」不足為奇，甚至可說是習以為常，但在歐陸卻十分稀少。不論是艱困或承平的時期，大部分歐陸的國家基本上都會擁有一個穩固且可能持續的經濟與社會結構，以及既定的發展方向。幾乎整個歐陸的問題，即便是相當嚴重且根本的問題，都是為了解決之前的問題而產生。在西歐和北歐，他們的問題主要是來自成功的資本主義者發展；在東歐（其中多數地區在一九四五年前與西班牙的局勢相似），則是基於蘇維埃形態的社會主義而生。而這兩種形態的基本經濟與社會模式都不像是暫時性的，例如至今似乎還是如此的國家之內、或國家之間的關係模式。比利時的資本主義或南斯拉夫的社會主義，或許會改變，甚至可能是十分根本的改變；但很明顯的，這二者絕對不會像為了維繫佛來明們和華倫們，或各種相互猜忌的巴爾幹國家主義者們，因共存所設計的複雜特別治理模式般，遇到一丁點兒挑釁就崩離潰散。

西班牙不一樣。資本主義在這個國家裡已經失敗了好幾次，社會革命亦然，即使它持續地具有迫切性，並不時地爆發一下。西班牙的問題來自於它過去的失敗，而非成功。該國的政治結構要不是根本就不存在，不然就是如曇花一現；即使自一八〇八年算來，持續最久的佛朗哥政權（連一八七五到一八九七的卡諾伐斯時代所創下的紀錄都被他給打破了），顯然也注定是臨時性的。它的未來如此捉摸不定，以致於連回復過去的君主世襲制度都成為一種被慎重考慮的政治願景。有識的觀察家都知道，西班牙的問題，早在十八世紀就已經顯露出端倪。曾經有人提出各式各樣的解決方法，有些甚至還被採用；問題是它們都全軍覆沒了。西班牙從未能夠穩定下來。依照該國自己的標準，他們十九世紀其實就已經在經濟與社會上經歷極大的變遷，而任何一個看著這個國家過去十五年來進展的觀察者，也會明白把過去拿來和一九三六年的狀況相提並論，是多麼不符現實。（一個亞拉岡的農村聚落就足以說明這一切：如果我們計較的只是鄉間的曳引機從兩部增加為三十二部，自動車從三部增加到三十八部，銀行的分行由一間都沒有增加到六間的話。）然而，該國在經濟與社會上的根本問題，並未解決，該國與歐洲其他發展較快的（或是轉型較為徹底的）國家之間，仍存有一段差距。

雷蒙・卡爾以其優異的著作，使目前所有其他關於十九到二十世紀西班牙歷史書籍都黯然失色。[1]他將上述問題歸咎於西班牙自由主義的失敗；也就是歸咎於本質上屬於資本主義經濟發展的失敗，一個布爾喬亞-議會政治體系的失敗，以及一個以我們熟悉的西方發展模式的文化與智識的失敗。他同樣完美地，或許是更有價值地，將西班牙社會革命的失敗也歸咎於同樣原因。卡爾認為，如果自由主義從來沒有真正成功的機會，那麼基於這個理由，社會革命成功的可能性應該就會多很多。不管我們如何看待在拿破崙時代、在一八三〇年代（卡爾分析這段時期真是才氣縱橫）、或一八五四到一八五六年、或一八六八到一八七四年所發生過的大動亂，都不能否認從一九三一到一九三六年，確實爆發過社會革命。這場革命的爆發並非受益於任何國際條件，而這在一八四八年以後的西歐，算是非常獨特的例子。

然而它失敗了；而且不單是、甚或不主要是由於其敵人所獲的外援造成的。任何人都不會去低估卡爾所正確提及的，當下事實的重要性，諸如義大利與德國的支援、英法「不介入」的態度，以及共和政體一心等待來自軸心國而非蘇維埃的支持，或是共和政府非凡的軍事成就。如果是在不同的國際局勢之下，共和政體毫無疑問可以贏得勝利。但不可否認的是，西班牙內戰是一場雙重的鬥爭；它同時要對抗武裝的反革命力量，以及存在於革命內部巨大的、而且最後才發現其實是致命的弱點。從法國的雅各賓黨到越南的一般民眾，所有成功的

1 Raymond Carr, *Spain 1808-1939*, Oxford, 1966.

革命都證明了，其擁有戰勝與革命一樣久、甚至更久的內亂之能力。但西班牙共和政府並沒有做到這點。

關於這個國家十九世紀、以及其基本社會和經濟地位的歷史，有許多是因其鮮為人知而無法作進一步可靠的分析，然而，西班牙自由主義的失敗，並不是一件多神祕的事。「在一七五〇到一八五〇年間，西班牙傳統農耕結構的改變，是藉著重整傳統經濟制度而達成；但它只是擴張了生產的空間，並沒有做任何根本上的改變。」（頁二十九）（卡爾解釋這是因為土地的貧瘠與資本來源的缺乏，不得不然；但此說並非全然可信。）而它的結果就是讓西班牙的人口一直維持快速增長的狀態，只是這種增長不是因為工業或農業革命，而是穀物耕植大量增加所致；然而，這種增加也使得土地不斷耗損，西班牙內陸變得比之前更像一片荒蕪的半沙漠地帶。照理說，農業凋蔽引發的政治效應應該就是農民革命了吧。「十九世紀，政客們受到有權力的小麥同業組織之威嚇；到了二十世紀，他們則因來自這塊廣大土地上的革命威脅而恐懼。」其他可大量出口的經濟作物（例如柳橙），如果沒有成本極高的投資，很難普遍推廣，況且即使投資也未必有效；卡爾極度懷疑灌溉是否可行，也認為造林的可能性很低。西班牙的工業更是處於邊陲，在世界市場上沒有競爭力，而必須倚賴脆弱的國內市場以及帝國的餘緒（特別是像加泰隆尼亞這類地區）。自由派的巴塞隆納政府之所以如此激烈地反對古巴獨立，正是因為他們有百分之六十的出口是以古巴為對象。而加泰隆尼亞與巴斯克的中產階級，也還稱不上西班牙資本主義的基礎。維拉已經告訴我們，加泰隆尼亞的商人們並沒有能力掌控國內經濟政策的方向，以致於必須退居僅能謀求自保的自治體，而共和政府對他們與巴斯克商人終究也只能睜一隻眼閉一隻眼。

在這樣的情況下，自由主義的經濟與社會基礎，以及它在政治上的打擊力道，都顯得極為薄弱。就像其他許多低度發展國家一樣，有兩股政治上的積極力量：生存在城市陰暗處的那群小布爾喬亞，以及軍隊。後者是讓來自相同階級、精力充沛的成員們歷練的機構，也是白領失業者中最有力量的組織化部門所形成的軍事職業工會。他們必須仰賴國家，因為光靠經濟無法雇用他們。「檄文起義」（pronunciamento）是伊比利半島的奇特產物，其規矩倒是十分傳統，它在十九世紀前半取代了自由派的政治，後半葉變成「一種為將軍們所設計的投機事業」；到了二十世紀則完全脫離了自由主義。

革命開始於一場檄文起義，或卡爾所謂的「原始的地方革命」——也就是庶民革命，從一個城鎮擴散到下一個城鎮；或二者皆有也不一定。這些戰鬥的窮人數量不多，殺傷力卻極強。地方上的貴族階級從社會革命無時無刻存在的危險中，退回「委員會舞台」，全國性的貴族階級就更不用說了。此時，地方的勢力變成由貴族階級與選舉出來的代表、或兩名平民組成的**執政團**所掌控，國家政府早就垮台了。「最後的階段是重新課稅，一個『代表』革命的部會專司其職，而其由中央政府所控制。」凱爾楠在一份針對一八五四年的專題研究裡，鉅細靡遺地描述、並解釋了這個過程。[2]當然，在十九世紀，無產階級幾乎是沒有辦法在巴塞隆納城外生存的，這使得該城變成了西歐的一座古典革命都市。不過，農民們長久以來在政治上不是很有能力，要不就變成了卡爾派分子，也就是趨附那些極端反動的政客，而且基本上是嫌惡城市人的那種。

因此，西班牙的自由主義被硬擠進了「原始的革命」這個難以動彈的狹窄縫隙：沒有「原始的革命」，就什麼都不會被改變，但又必須刻不容緩地挫挫它的銳氣。一輛車子若在重踏油門後馬上又得剎車，勢必開不了多遠。布爾喬亞們處心積慮的最佳打算，就是讓某些政權獲得權力，如此資本主義者的發展力量才能繼續擴張；但後者永遠是貪得無饜的。他們最常做的就是藉由結合至少二到三種「官方」政治力量：包括軍隊、皇室，以及「官方」政黨，成就一些計畫以消弭社會革命或極端的反動派。正如卡爾告訴我們的，這就是西班牙式的政治模式：一八四〇年代是軍隊結合政客，一八七五年後的皇室結合了政客，一九二〇年代在李維拉一世統御下的軍隊則與皇室結合。離開另外二者，皇室就會垮掉，例如一八五四年，一八六八年和一九三一年的情況；而當皇室威權不存在的時候，就會出現「非常時期的軍事獨裁」。

然而，佛朗哥並不單只是阿方索的後繼者。在二十世紀，社會革命的力量比十九世紀更為強大，因為革命取得了兩項新且堅實的資產，即農民革命和勞工運動，而同時仍保有其「原始」的資產。但這二者的失敗，也成為西班牙歷史上最主要的難題，而其或許將有助於我們了解許多其他低度開發國家。這個失敗，必須歸因於無政府主義者。

這麼說並不是表示，西班牙革命之所以如此沒有效率到令人難以置信，必須完全歸咎於一個歷史偶發事件，也就是西班牙受到巴枯寧的思想移植，要比馬克思思想更深。（這也不完全是個偶然事件。在十九世紀的低度開發國家中，文化的孤立性本就即為明顯，以致常有許多在世界大部分地區不甚重要的思想，到了這裡就變成了影響深遠的顯學，例如在西班牙的某種克勞斯哲學，或是在墨西哥以及巴西的奧古斯特・孔德的政治學。）西班牙在地理與歷史上的現實，說明了它一向反對全國性的協同運動，但擁有與其同樣廣大領土、甚至國內紛爭更多的國家，例如南斯拉夫，卻能做得到。西班牙**農村聚落**形成一個自給自足的宇宙，長久以來藉由鄉民的直接行動，形成定期的公民投票，完成攸關全體的變革。但其他的國家也同樣了解極端地域主義的現象，比方說義大利。不過正如同卡爾告訴我們的，所有的西班牙式革命，不論其揮舞的意識形態旗幟為何，都保持著一種古裝的家常形態。如果在一九三一到一九三六年將「貝爾蒙特的大老爺們」(Belmonte de los Caballeros)之類的亞拉岡人鄉鎮組織起來的，是西班牙全國勞工總同盟，而非社會主義者的西班牙勞工總同盟，是否會有不同的作為，

2 V. G. Kiernan, *The Revolution of 1854 in Spanish History*, Oxford, 1966.

頗令人懷疑。無政府主義在這方面倒是如魚得水，因為他們對只是替西班牙革命黨人的傳統政治習慣黏貼標幟，就已沾沾自喜。然而，政治運動並沒有必要接納原本環境的歷史性格，雖然不加以留意，勢必造成徒勞。無政府主義之所以是個災難，就是因為它沒有試圖改變西班牙原始反叛的形式，反而刻意去支持它。

它讓窮人們的傳統無能症取得了正當性；它甚至讓就算是依其革命形式，也應該屬於一種實踐活動的政治，變成道德的體操訓練，一種個人或集團效忠、自我犧牲，英雄主義或自我改造的表現，以唯有為了革命才值得戰鬥的說辭來矯飾其在獲致具體成果上的無能；以任何牽涉到組織和紀律的行為都有辱其名的詭辯，來遮掩其革命的失敗。對研究民間宗教的研習者而言，西班牙無政府主義真的是一幕深刻的、進行中的場景——它真的可說是某種特殊宗派的千禧年論；但研究政治學的研習者不是這樣看的，它以一種令人難以置信的盲目堅持，棄政治機遇於不顧。之後雖有將它導引進一條較不具自殺性格路徑的企圖，但為時已晚，誠然這條路在一九三六年仍足以遏止佛朗哥將軍的竄升。然而，即使在當時，他們也沒能竟其功。象徵無政府主義者中的好戰派，以及投身真正作戰所需之組織與紀律的高貴歹徒杜魯蒂[3]，不正是被他自己的一個忠誠同志給幹掉的嗎。

這並不是要否認西班牙無政府主義創建了勞動階級運動，並且維持其作為一個真正革命性運動的不朽功勛。社會民主主義，甚至是近幾年來共產黨人的職業工會，都很少能夠避免精神分裂或是對其社會主義信念的背叛；因為為了現實的目標，例如在作為職業工會的好戰派或領導者時，他們必須在相信資本主義體系將持續不墜這個假設下行動。然而西班牙全國勞工聯盟並未如此，雖然這樣並沒有使它符合職業工會分子的要求，成為一個特別有效的團體；而且整體看來，從布爾什維克三年，即一九一八到一九二〇年，一直到西班牙內戰爆發後這段時間，它拱手讓了不少陣地給西班牙勞工總同盟，除了那些敵手完全被無政府主義打手勢力以及長久以來傳統給驅逐出境的地區，例如加泰隆尼亞與亞拉岡。不過，西班牙的勞動者和農民們還保持著革命的個性，而且都能在時機來臨時採取革命的行動。當然，他們並不是唯一對顛覆行動還保持著反應能力的人。在許多其他國家，勞動者是由共產黨人或不妥協派社會主義者兩種傳統所訓練出來的，在沒有人阻止他們的時候，他們的反應方式都頗為相似，但就在一九三〇年代中葉以前，在國際共產黨人的運動中，這種反應卻被積極地抵制了。

必須再次強調，不論是西班牙社會主義者或共產黨人，都無法推卸西班牙革命失敗的責任。共產黨人被一九二八到一九三四年國際政策裡的極端宗派主義綁手綁腳，一九三一年君

3 編註：布維納文托拉・杜魯蒂（Buenaventura Durruti），一八九六～一九三六，西班牙無政府主義者，在西班牙內戰期間扮演重要角色。一九三六年十一月於馬德里戰役中遭到槍擊身亡。

權制度倒台的時刻，正是推動聯合戰線的大好機會，但他們卻不被允許（或者是老大不願意）去執行，直到幾年後才獲得允許。至於以他們當時的脆弱，是否真能有效採行這個戰略，則又是另一回事了。一九三四年後，社會主義者從機會主義見風轉舵，到在戰略上採取盲目的不妥協主義，不但沒有聯盟左翼，反而使右翼變得強大。因為對右翼來說，他們顯然比無政府主義者更危險（後者從來都只被視為一種尋常的治安問題），理由有二，他們有良好的組織，以及讓他們進入共和政府，將會造成更嚴重的反動勢力。

儘管如此，無政府主義者仍難卸其主要責任。在軍方起事之初，共和政府內多數地區勞動者的基本傳統都還沒有受到破壞，這種根深柢固的傳統是很難動搖的。何況他們可能仍然是共和政府左派裡最重要的運動者。他們沒有能力「製造」所夢想的革命，但當人民戰線政府決定運用一切手段，包括武裝人民，把社會動盪的情勢轉變為革命，以對抗軍事叛變時，他們就是主要的、也是首位被號召的對象。在武裝自衛隊中，無政府-工團主義者毫無疑問是先鋒號召的優勢力量，他們在加泰隆尼亞、亞拉岡和地中海沿岸等地（包括馬德里在內），推動建立共和政府核心偉大的「蘇維埃化」過程中（這是依世界對此的原始定義而言），居於主導地位，也無庸置疑。

至此，無政府主義者已使革命稍具雛型或規模，將軍們一直想阻止，事實上反而變成在煽動它。不過對抗將軍們的戰爭還是得打，而他們卻無法在軍事或政治上有效對抗將軍們。

這對大多數外部的觀察者和志願軍而言，顯然都是如此，特別是在加泰隆尼亞與亞拉岡兩地。事實證明，他們連要拿來構築城市街道防線的六萬隻來福槍都難以取得，那些亞拉岡前線的地下力量與地下武裝團體所需要的機關槍與坦克車，就更不用提了。無政府主義者的作戰方式是否真的無效，最近有個由自由派歷史學者組成的新學派（其中包括了智識讓人仰之彌高的諾姆·杭士基），開始對此表示懷疑。他們拒絕承認唯有共產黨人才能以實際且有效的策略達成目標，他們迅速擴張的影響力的確有助於反省這個事實。不幸的是，他們無法否認這個事實。戰爭就是應該打贏，如果西班牙革命沒有勝利，不管它是多麼具有啟發性、甚至功能性，都只是另一部英雄式挫敗的戲碼，就像巴黎公社一樣。而這才是真實發生的事。共產黨人的政策本來是那種會贏得戰爭的政策，只是他們太晚取得力量，同時也未曾有效克服他們原來欠缺群眾支持的困境。[4]

總而言之，對研究政治學的研習者來說，西班牙或許只是個開場白，它要大家小心自由派的身段（不管有沒有配備手槍與炸彈），以及像費雷爾這種吹噓「我寧可當個反叛者，而

4 他們之所以應該遭受責難，不光是因為他們讓自己陷入了史達林的祕密警察所導演的、於事無關的暗算中，也因為他們不但抵制了不尋常或反創造性的革命暴力，也抵制了革命本身。但是他們究竟喜歡那一種革命？在宣傳品上卻不見說明。不過，重要的是，他們為了得勝而戰，而且如果沒有勝利，革命無論如何都會完蛋。如果共和政府還存在，他們的政策或許還有更多值得批判之處，但現在卻只剩下純學院的差事了。

不願成為革命家」的人。不過，作為一個歷史學家，仍有義務對無政府主義如此不正常的力量，以及那些無效的「原始」革命主義，稍作解釋。要歸咎於西歐馬克思主義者對農民的那種出了名的忽視，以致將這麼多農村都拱手讓給巴枯寧分子嗎？還是要歸咎於小規模產業與前工業化次無產階級的頑固？這些解釋都不能完全令人滿意。那麼，是由於西班牙的孤立，使得西班牙的自由派們逃過了那場從一九一四到一九二〇年使法國與義大利的自由派垮台、讓共產黨群眾運動有機可乘的危機嗎？或是由於在西班牙勞工運動中，是如此令人匪夷所思地欠缺知識分子，使其成為二十世紀低度發展國家中不尋常的特例？知識分子都是民主主義者、共和主義者、文化上的民粹主義者，或許還特別是反教權主義者，而且的確在某些反對運動中，十分活躍；但是在他們當中，卻很少有社會主義者，更完全沒有無政府主義者。（不論何時，他們的角色都是很有限的——卡爾說得對：即使讓全西班牙人都好好受教育，它也不會成為一個愛讀書的國家。除了在馬德里，咖啡桌或小社團並不是一種全國性的政治活動。）總之，西班牙革命運動的領導集團的確都因少了知識分子，受害甚深。但目前除了臆測外，我們實在沒法子替它找答案。

然而，我們還是可以把西班牙自發性的革命精神，放進一個比較寬廣的視野，近來像馬累伐奇斯[5]之類的一些作者已經開始這麼做了：社會革命並不是被製造出來的，他們是偶發後繼續發展出來的。因此，常被馬克思主義者和他們的對手套用在軍事組織、戰略與計謀之上的種種暗喻，其實是一種積極誤導。然而，若不具有建立一個全國性武力或政府的能力，也就是說，若是無法有效地統整全國並加以指揮，革命是不可能成功的。在那些完全欠缺上述條件的地方，一些原本可發展成社會革命的運動，就可能淪落為累積各個地方性社會暴亂的全國性風潮（就像一九六〇到一九六三年的秘魯），或者是崩解為自相殘殺的無政府時期（就像一九四八年後的哥倫比亞）。而這就是馬克思主義者所批判的，無政府主義政治戰略的困局，不論那些名義上的巴枯寧主義分子或其他意識形態論者，是否真的相信隨時隨地都會有產生自發性的武裝暴動。自發性確實有能力推翻一個政權，或至少加以癱瘓，但對任何一個比無政府式的、自給自足農村更進步的社會來說，它並不是一個適當的替代選項；除非在一個情況下，那就是假設國家與現代經濟生活的力量都已遠離這個地區，不再干擾這個自治鄉民社區的平靜。但這種情況不會發生。

一個革命黨或革命運動可藉由許多路徑，使其在真正取得政權之前，或在過程中，成為一個潛在的國家政權。中國、越南，以及南斯拉夫的共產黨，都能夠在長期的游擊戰中做到這點，而藉由這個過程，他們取得了國家權力；但我們這個世紀卻又證明了，這些都只能算

5 E. Malefakis, *Agrarain Reform and Peasant Revolution in Spain*, New Haven and London, 1970。這本書應當成為所有研究西班牙革命研習者必讀之作。

是例外。在俄國，一個能聰明領導的布爾什維克黨，成功地使自己在一九一七年二月到十月之間，成為具有決定性的政治力量——資本化城市中的勞動階級與某些軍事武力部門——的領導者，以及國家權力爭奪戰中唯一有力的競逐者。當它拿下了政府的核心，便立刻用之——當然，是費盡千辛萬苦與付出慘痛代價——來擊潰那些無法如此統整武力的反革命軍隊，與地方或地區性的反對勢力。某個程度來說，等於是一七八九年與一八四八年成功法國革命的翻版：它在攻下了首都城市後，隨著舊政權的瓦解，以及反革命勢力無能建立一個有效的、替代性全國中心據點，坐穩了大位。但如果各鄉鎮地方不能一致投效，再加上一個具有替代性的反革命政府也已整裝完畢，那就會如同一八七〇到一八七一年的巴黎公社，終不免走向末日。

一個革命的形成，可能要經過一段顯然相當複雜且晦暗衝突的漫長時期，其間必須（在單一社會力量的霸權下）與某種強大的地方權力基礎，形成一個相當穩固的階級同盟。墨西哥革命在歷經十年充滿殺戮的內部鬥爭之後，成為穩固的政權，就是歸功於日後將成為國內中產階級的人群，與（位居其下的）城市勞動階級相互結合，從北方一個堅穩的權力基地，逐步征服全國。[6]在這個架構下，只要對具革命性的農村地區，和許多幾乎是獨立的軍頭，作出必要的讓步，一個穩固的政權就可以在二十年內或是之後，一步一步地建立起來。在索諾拉的基地就是這樣自己建立起來的。

對革命而言，最艱困的情況或許並非顛覆性危機與群眾騷動最初帶來的驚嚇；而是它被期待可以產出的政治改革。一九三一年，西班牙王權的崩潰並不是社會革命的成果，而是各個政治階級的人們都朝向認同一個普遍的看法：西班牙應該脫離王權統治。新的共和主義者在群眾壓力下，本已決定性地被推向左派運動——說得明確點，就是被推向農民革命。但在最有可能、卻也最害怕其發生的一九三一年，它並沒有發生。保守的社會主義者或許想、也或許不想把群眾組織起來。共產黨人與無政府主義者確實想這麼做，只是他們才剛出手就失敗了。我們不能簡單地將失敗歸咎於他們。為什麼「西班牙全國工會聯盟與共產黨人的生力軍們，一般說來，與普遍的農民情緒格格不入，直到一九三六年，這兩個組織都還是奠基在原來的城市之中」(馬累伐奇斯語)，這種情況是既有可避免的，也有——可能更為嚴重——無法避免的理由。事實上，「農民的叛變是在一九三三年後始成為一股顯著的力量，而不是在一九三一年，那個它本可能在政治上形成更大作用的時刻」。一九三三年後，它反而引發了與革命勢力同樣有力——到頭來還比革命勢力更有力——的反動勢力。當大部分成功的革命在建立他們的霸業時，西班牙的革命卻無能善用這歷史性的時刻；也就是當它潛在的、或實際遭遇的敵人們士氣低落、組織潰散，無法確定如何是好的時刻，白白浪費了光陰。

6 從奧夫雷貢時代，一直到一九三四年，墨西哥總統幾乎毫無例外地，都來自索諾拉州。

最後，當它爆發時，遇上了一個已經完整動員的敵人。這或許是無法避免的。不過，除此之外，它還面臨著生存的戰爭，而且已被證明是無法獲勝的。但後者或許就不是不可避免的了吧。結果使我們，特別是在我們之中屬於該世代的那些人，只能在記憶中尋找一個曾經做過的、不可思議的夢境，一個英雄主義的史詩，屬於一九三〇年代曾經年輕過的族群的伊里亞德。但是，除非我們認為革命只是一連串的夢境與史詩，否則實在應多作分析，而非只作那些英雄式的懷想。

一九六六

9

對無政府主義的一些反省
Reflections on Anarchism

當前對於無政府主義研究興趣的復甦，是一個奇特的、乍見令人頗覺突兀的現象。如果是十年前一定不會出現這種現象。在那個時候，作為一個運動、一種意識形態的無政府主義，看起來就像是現代革命和勞工運動發展史中，已被蓋棺論定的一章。

無政府主義某些時候像是一個屬於前工業化時期的運動，當然它很確定是屬於第一次世界大戰與十月革命以前的運動；不過西班牙除外。在西班牙，無政府主義則是在一九三六到一九三九年的內戰期間才被消滅。也許有人會說，無政府主義跟他們的好戰分子常試圖去謀刺的國王與皇帝們，一起消失了。即使在那些它曾經一度建立起重要政治勢力的地區——法國、義大利、拉丁美洲，也沒有什麼能阻止，或甚至延緩其迅速且不可避免的衰敗。不過，一個知道去何處尋找線索、心思細密的研究者，或許仍然能夠在一九五〇年代發現某些無政府主義者，以及不少前無政府主義者；例如對詩人雪萊有興趣的，不難尋得一些蛛絲馬跡。（非常特別的，這個革命分子中最浪漫的學派，要比任何人，包括在雪萊自己國家裡的文藝批評家，都對這個在英國浪漫派中最具革命性的詩人來得死心塌地。）我試圖與巴黎的西班牙地下無政府主義者中的活躍分子們接觸，以了解這個時代。他們和我約在蒙馬特白色廣場旁的咖啡座。這裡有會讓人回想起屬於波希米亞人、反叛與先鋒派等等年華久逝的景物，選在此處未免有點太刻意。

無政府主義並未像其他意識形態一樣，遭遇戲劇性地沒落，因為它也從未受到同樣的歡迎——至少在知識分子之間，這個理當對思想最有興趣的社會階層。或許，文化界常有些耀眼的巨擘們會自稱無政府主義者（除了西班牙，這倒相當令人好奇），但是他們之中的大部分，都只不過是廣義的（或像畢沙羅和希涅克[1]這類比較狹義的）藝術家罷了。不管怎麼說，甚至在十月革命以前，無政府主義對知識分子的吸引力，從未能與，比如馬克思主義，相提並論。除了克魯泡特金[2]，我們很難想像非無政府主義者，能從哪一個無政府主義者的理論裡讀出真正的興趣來；而事實上無政府主義者的理論，似乎也進入不了真正屬於知識分子的殿堂。他們認為自由化的共產主義，就是以自治性的消費合作社作為革命分子最終目標的信念，其實是來自馬克思主義；而且，即使是老派的空想社會主義者，關於公社本質的思考，也比大部分的無政府主義者來得深入且具體。就算是號稱無政府主義者最具威力的知識武裝——對馬克思主義所內含的專制與官僚化危機的戒懼，也並非他們獨有。「非官方」的馬克思主義者和各式各樣社會主義的成員，都曾對此提出同樣有力，且更重要的知識論辯。

簡單地說，無政府主義主要的訴求是情感性的，不是知識性的。這種訴求並非一無可取。每個曾經研究過、或與真正的無政府主義運動有過關係的人，都會被其經常製造出來的理想主義、英雄主義、犧牲、崇高的道德，以及與它密不可分的，屬於烏克蘭的馬諾夫希納[3]，或西班牙獻身的職業殺手和教堂縱火者的暴行，深深撼動。我想，除了那些已經發現無政府主義者無法共事，卻又必須在政治上活躍其左右的人之外，一般人對其反對國家與組織的極端主義，以及他們對投入推翻當今社會的集體認同，都無法不表示歎服。唐吉軻德的故鄉西班牙，的確適合作為無政府主義者的最後堡壘。

我聽過最感人的事蹟是在幾年前，一個被加泰隆尼亞警方格殺的無政府主義恐怖分子的

1 編註：卡米耶·畢沙羅（Camille Pissarro），一八三〇～一九〇三，法國印象派畫家；保羅·希涅克（Paul Signac），一八六三～一九三五，法國印象派畫家。希涅克、畢沙羅皆為無政府主義者，皆有參加由秀拉領軍的「獨立藝術家協會」（該協會傾向「無政府共產主義」〔Anarchist-Communism〕），兩人亦曾贊助無政府主義者創辦的《新時代報》。

2 編註：彼得·阿列克謝耶維奇·克魯泡特金（Peter Alexeyevich Kropotkin），一八四二～一九二一，俄國革命家和地理學家，無政府主義重要代表人物之一，「無政府共產主義」創始者。

3 編註：烏克蘭革命叛亂軍（The Revolutionary Insurrectionary Army of Ukraine），俗稱「馬諾夫希納」（Makhnovshchina，或Makhnovshchyna），也稱「黑軍」，是一支主要由烏克蘭農民和工人組成的無政府主義軍隊；其曾試圖在一九一八到一九二一年烏克蘭革命期間，組建無國籍的「無政府主義社會」。

墓誌銘，而這是由他的一位同志、完全不帶任何嘲諷的口吻轉述給我聽的：「當我們年輕的時候，共和政府被建立了，我們不但俠氣干雲，而且擁有崇高的道德理想。於今我們已垂垂老矣，但他卻不然。他是個與生俱來的游擊隊員。是的，他是一位來自西班牙的唐吉軻德。」

相當令人欽佩，但卻也相當無藥可救。我們幾乎可以肯定地說，就是由於無政府主義如此無能，讓我們這一代的人——在西班牙內戰時期已邁入成年的那些人——注定得拒絕它。我仍記得，在戰事一開始的時候，庇里牛斯山脈的小城普伊格塞爾達裡有個小小的革命共和政府，擠滿了自由的男人和女人、槍，以及永無休止的討論。有幾部卡車停在廣場上，那是為了戰事準備的。有誰覺得想要前往亞拉岡當地的前線作戰就可以跳上去；一輛卡車載滿了，就駛往前線。你可以想像，這些志願軍們要是反悔了，當然還是可以跳下車來的。「它是一個壯觀的場面，但它絕對不是戰爭。」（Cest magnifique, mais ce n' est pas la guerre）這句名言，應該就是針對這種局勢所發出的感歎。它真的太奇特了，但這個經驗帶給我主要的影響，是讓我花了整整二十年去準備意會西班牙的無政府主義將只是一齣悲慘的鬧劇。

當然還不只如此。然而，再多的同情，也改變不了無政府主義作為一個革命運動已經失敗了的事實；它幾乎可說是為了失敗而設計的。

誠如有關現代西班牙最佳著作的作者，傑洛德．布瑞楠[4]所言：少數人（社會主義者）在阿斯圖里亞斯一場單純的示威，就要比已經七十年的無政府主義者的革命行動更讓西班牙政府震驚；因為後者只是製造了一場大了點的、警察常見的治安問題罷了。（事實上，之後的研究也顯示，在巴塞隆納炸彈案發生頻率最高的年代裡，整個城市也只有不到一百名警察在維持公共秩序，人數並沒有顯著地增加。）無政府主義者在革命運動上之無能，難以在此細細說明，而且，在所有讓這種意識形態扮演著政治上重要角色的國家裡，都是如此。這裡並不是要清算這筆罪狀，我只是想說明，今天關於無政府主義研究興趣的復甦，為何會讓人覺得是如此突兀、驚訝，與——如果要我坦白說的話——沒什麼道理。

雖然沒什麼道理，但也還不至於到無法解釋的地步。對這股無政府主義風潮的解釋中，有兩個還頗為有力，即史達林死後世界共產主義者運動的危機，以及當已開發國家中客觀的歷史元素無法使革命成為可能時，在學生與知識分子間所引發的、具革命性的不滿情緒。

對大部分的革命分子來說，共產主義的危機，事實上就是蘇聯與在它羽翼下所建立的東歐諸政權的危機；也等於就是我們所了解的，在十月革命與希特勒覆亡幾年間的社會主義體系的危機。這些政權現在有兩方面，似乎要比一九四五年之前更易遭受傳統無政府主義者的批評，因為十月革命已不再是共產黨人唯一成功的革命了！而蘇聯也不再是孤立的、脆弱

4 編註：傑洛德・布瑞楠（Gerald Brenan），一八九四～一九八七，英國作家，長居於西班牙。他最有名的作品《西班牙迷宮》（*The Spanish Labyrinth*）即是以西班牙內戰為背景。

的，以及被毀滅所威脅的。另外，也因為維護蘇聯兩個最強力的主張——它對一九二九年經濟危機的免疫，以及它對法西斯主義的抗拒——在一九四五年後也都不再具說服力。

史達林主義，這個官僚化專制國家的肥大症，似乎應驗了巴枯寧所主張的，認為無產階級專政將不可避免地變成純然的專制，而社會主義不應該被建立在這種基礎上。同時，除卻史達林主義極度惡劣的暴行，我們也清楚看出，即便沒有整肅與勞改營，這種在蘇聯推展的社會主義其實與一九一七年以前、大部分社會主義者心中的藍圖相去甚遠；同時，該國政策中的重要項目，包括經濟迅速成長、科技發展、國家安全等等，其實與社會主義、民主或自由都沒有什麼特殊的關聯。落後國家也許會將蘇聯當作其脫離現有落後困境的模式，也可能由蘇聯與其自身的經驗中得到結論，認為資本主義所領導與支持的經濟發展方式並不適用於他們的處境，但遵循中央計畫的社會革命卻是個可行的對策。不過，最主要的目標，仍是在「發展」。社會主義是發展的工具，但不是它的終結。已開發的國家已在享受蘇聯渴求中的高度生產階段，並且在許多例子中，他們的人民擁有更多自由與文化多樣性，所以幾乎不可能再以蘇聯作為其樣板；而且當他們如此做的時候（例如在捷克斯拉夫和德意志民主共和國），結果是相當令人失望的。

因此，我們似乎可再次合理地得到一個結論，這不是建設社會主義的方式。極端主義者批評家——即使他們也漸漸地變成了多數——甚至結論說，不論如何曲解或墮化，這根本不是社會主義。而無政府主義者就是那些一直採取這種觀點的革命分子，並因此使他們的想法更富吸引力。這一切就像是關於一九一七到一九四五年這段時期的重要說辭：不管蘇聯如何不完美，它畢竟還是唯一成功的革命政權，以及其他地方革命成功不可或缺的基礎等等。這段說辭在一九五〇年代聽起來已經沒有什麼說服力，到了一九六〇年代更是被人嗤之以鼻。

無政府主義流行風潮的第二個且更有力的理由，則是跟蘇聯沒什麼關係，除了很明顯的一點，就是蘇聯在一九四五年後，已不再於其他國家境內鼓吹以革命攫取政權。無政府主義流行風潮可說是起因自革命分子在非革命局勢下的困境。在一九一四年以前，以及一九五〇年代和一九六〇年代初期，西方的資本主義頗為穩固，而且看起來似乎還會繼續穩固下去，以致古典馬克思主義者分析裡最有力的論點——無產階級革命的歷史必然性，因此喪失了說服力；至少在已開發國家中是如此。但是，如果歷史一副並沒有要讓革命發生的樣子，革命怎麼會發生？

對此，無政府主義在一九一四年之前，以及當下，都提供了一個非常清楚的答案；他們的理論中最原始的部分，也是他們的資產。革命之所以降臨，是因為革命分子是如此強烈地期待革命，同時不斷地採取反叛行動，而其中總有一個會變成引爆全世界行動的火花。這種簡單的、信仰式的訴求，並非奠基在複雜的教條上，儘管這種極端的唯意志論也是可以賦予某種哲學基礎（一九一四年以前的無政府主義者經常傾向於崇拜尼采與施蒂納[5]），或是像索雷爾[6]一樣，給它一個社會心理學的基礎。（讓無政府主義者正當化其非理性主義的理論，沒多久也成為了正當化法西斯主義的理論，而這並不完全都是歷史的意外諷刺。）無政府主義者信仰的力量，是奠基在除了放棄對革命的希望，似乎沒別的選擇這個事實上。

當然，不論是在一九一四年之前或是今日，無政府主義者都不是唯一具有革命精神的唯意志論者。所有的革命分子都必須永遠相信帶頭起義的必要性，同時拒絕等待事件來為他們創造革命。某些時候來一劑唯意志論說，的確會是個特別有效的良藥；例如考茨基[7]的社會民主主義時代，以及與其相對的，對正統共產黨人革命運動推遲期待的一九五〇年代和一九六〇年代。曾有人指出列寧犯了布朗基主義的錯誤，但就像格瓦拉與雷吉斯·德勃艾[8]都曾犯過的錯誤一樣，這些指控或許有部分的正當性。然而，只要是第一次接觸到這種非無政府主義者反叛「歷史必然性」的說法，會發現它們似乎具有更大的吸引力，因為他們不會否認在製造革命、製造組織的過程中，紀律、戰術與策略等客觀因素的重要性。

雖然如此，弔詭的是，無政府主義者在今日本應比這些體系化的革命分子更擁有一個偶遇的優勢。最近，我們可以很明顯地看出，大多數聰明的觀察家們賴以評估世界各地政治前景的分析，都已嚴重失能。他們對於世界政治上幾個最戲劇化，且地位舉足輕重地區的發展，不但越來越無法有效預測，甚至大大出乎其意料之外。一九六八年法國的五月事件，或許就是一個最具震撼性的例子。理性的分析和預測，反而引導眾人走向錯誤的方向，其中甚至還包含了大部分的馬克思主義者，相對的，認為有可能在任何時候發生任何事情的這種非理性信念，反而可能比較吃香。不管如何，在一九六八年五月一日這天，就算是在北京或哈瓦那，也不會有任何人真的相信巴黎在幾天內將出現街頭戰場，結果他們很快會看到此生記憶所及的、最大規模的總罷工。在五月九號晚上，不只是正規的共產黨人反對興築街頭戰場，不少托派和毛派學生也跟他們一個鼻孔出氣，他們的理由頗為理直氣壯：如果警方真的下令開火，結果將會是一場短暫但血淋淋的屠殺。但是那些下決心勇猛衝鋒，毫不猶豫的，卻是無政府主義者和無政府主義的同路人——**情境主義者**。這個時候真正有用的，是簡單的革命分

5 編註：麥克斯·施蒂納（Max Stirner），一八〇六～一八五六，此為其筆名，本名是約翰·卡斯帕·施密特（Johann Kaspar Schmidt），德國哲學家，其著作影響後來的虛無主義、存在主義、後現代主義及無政府主義，特別是個人無政府主義。

6 編註：喬治·索雷爾（Georges Sorel），一八四七～一九二二，法國哲學家，工團主義革命派理論家。其哲學結合了柏格森和尼采的思想，認為理性受制於感性，這亦成為他創立的革命社會主義的理論基礎。他的思想對後來墨索里尼的法西斯主義有很大的影響。

7 編註：卡爾·考茨基（Karl Kautsky），一八五四～一九三八，社會民主主義活動家，亦是馬克思主義發展史中的重要人物。他同時也是《資本論》第四卷的編者。

8 編註：雷吉斯·德勃艾（Régis Debray），一九四〇～，法國記者，同時也是一位哲學家，曾在玻利維亞與格瓦拉一起進行游擊行動。

子式或拿破崙式口號諸如「衝啊，再衝啊！」(de l'audace, encore de l'ardace)，或是「好漢做事好漢當」(on s'engage et puis on voit)，也正是其中某些人的寫照。也許有人會說，這次真的只有瞎貓才有機會碰到死耗子了。

無庸置疑的，若按照統計數字來看，這種情形真的很少發生。拉丁美洲游擊運動的失敗和格瓦拉的死，都提醒了我們，光是讓一個革命發生還不夠，不管它有多麼激情，或甚至已經點燃了游擊戰火。毫無疑問的，即便是在巴黎，無政府主義的極限幾天內就已經明顯暴露出來。然而，我們也不能否認，純粹的唯意志論的確曾發揮了幾次功效。而且，它已不可避免地引發了人們對無政府主義的興趣。

是以，無政府主義在今天再次成為一股政治力量。或許，它在學生與知識分子運動之外沒什麼群眾基礎；甚至在運動之中，與其說它的影響力來自相當少數、自稱為無政府主義者的人，倒不如說，是因為它是一個持續不斷地「自發性」和基進主義的風潮。因此，無政府主義者的傳統在今天究竟有什麼價值，值得我們再三省思。

如果從意識形態、理論與革命程序這些角度觀察，它的價值仍然相當微不足道。無政府主義是對於國家、黨團與運動中的權威主義與官僚結構之危險所進行的批判，但這也只是象徵這些危險被廣泛地注意到了。因此，即便所有的無政府主義者都從地球表面消失，關於這些問題的討論，仍會一如往常地持續下去。無政府主義同時還提出了藉由直接民主制與小型自治團體來解決問題的想法。但我不認為到目前為止，它本身對這部分未來的規畫曾拿出什麼極有價值或思慮縝密的內容。就拿上述兩個想法來說，首先，很不幸的，小型自治式直接民主制度並非必然是自由派的。他們之所以能夠運作，可能只是因為所建立的共識是如此強大，以致那些沒有自願同意它的人，無法表達他們的反對意見；也可以說，是因為那些無法同意多數意見的人，都離開了社群，或是被社群排擠出去了。關於這種小型社群的運作，有不少資料可供參酌，但我還沒有在無政府主義者的文獻中看到。其次，對於那些認為未來世界將會是一個由自治小團體所構成的人，現代社會經濟制度和現代科學化技術的內容二者，都說明了它有著相當複雜的問題。這些問題或許不是無法解決，但不幸的是，他們並非靠一句簡單的廢除國家與官僚制度，或是對科技與自然科學的質疑等現代無政府主義者琅琅上口的主張，就能夠獲得解決。[9]自由派無政府主義者的理論模式，的確有可能被詮釋為與現代的科學化技術並行不悖，但不幸的是，它也將不再是社會主義者了。它將會比較接近高華

9 這種複雜性可以從無政府主義的歷史上找到一幅景象。我是從馬提尼茲．阿利爾關於一九六四到一九六五年、安達魯西亞無土地勞動者研究，這份價值斐然的作品中找出這一點。從作者悉心的質疑中，我們可以知道柯多伐的無土地勞動者，傳統上即是西班牙都市無政府主義的群眾基礎，而且他們自從一九三六年以來都沒有改變過其想法——除了在某個方面。甚至連佛朗哥政權的社會與經濟活動都使他們確信，國家是不能輕易地加以否認，而是具有某些實際上的功能。而這可以幫助我們了解，他們為什麼似乎不再是無政府主義者了。

德先生，以及他那屬於芝加哥學派的經濟顧問米爾頓．傅利曼教授的觀點，而不是克魯泡特金的觀點。（就如同蕭伯納在他很久以前一本論無政府主義之不可行性的小冊子中所說的）極端個人主義式的自由主義，在邏輯上實與巴枯寧式的無政府主義者觀點無異。

依照我的看法，很明顯的，無政府主義者對於社會主義者理論的建構，並沒有任何重要的貢獻，雖然它是一個滿有用的批判元素。如果社會主義者需要一個關於現在與未來的理論，他們仍得到別處去找，到馬克思和他的追隨者那兒，或是到更早的空想社會主義者，例如傅立葉那兒去尋找。說得更精確一點，如果無政府主義者想要做出重要的貢獻，他們必須比他們其中大部分人目前在思想工作上所做的，下更多更嚴肅的工夫。

當然，我們不能輕易抹煞無政府主義在革命的戰術和策略上的貢獻。即便無政府主義者在未來的確會和過去一樣，不太可能締造一場成功的革命。套句巴枯寧在談到農民時所說的：在革命的第一天，他們是不可或缺的；但到了第二天，他們就幾乎可以確定會是個障礙。不過，他們對於自發性的堅持，對我們而言還是深具歷史教訓。因為，這就是被古典馬克思主義所導引出之任何版本奶水養大的革命家們，最大的弱點，他們已經習慣性地認為，革命是可以在事前預知的情況下被引發的，就好像那些至少能夠作個簡報、預見、計畫與組織的事情一般。然而，在實踐上並不是這麼一回事。

再者，幾乎所有已發生或成功的偉大革命，都是「突如其來」地開始，而非計畫下的產物。他們會從看來像是普通的群眾示威中，一下子突如其來地擴大，有時候是起於對敵人的抗拒，有時候是以其他的方式——但幾乎沒有一個是以有組織的革命運動所預期的形式出現過，即使後者已經預計到將會有巨大的革命風潮。這就是為什麼一個革命分子的偉大之處，永遠是表現在察覺革命形勢中新的與突發的特質，並且施展他們的策略於其中的能力上。就像玩衝浪板的人，革命分子並非製造他想要騎乘的大浪，而是在上面保持平衡；但又與玩衝浪板的人不同——這倒真的是我們可以從無政府主義者實踐中獲取的有用革命理論——因為不久之後，他就必須停止繼續騎在浪頭，而要開始控制浪潮的方向及運動。

無政府主義提供了許多寶貴的教訓，它向來——在實踐上而非理論上——對於群眾運動中的自發性因素相當敏感。任何大型與有紀律的群眾運動，都可以讓罷工或示威發生，而且如果它夠大且夠有紀律，就能展現相當動人心魄的實力。然而，一九六八年五月十三日，法國勞工總同盟所率領的大罷工，就與數天後那場，一千萬人在沒有全國性的指揮下占領其工作場所的行動，有著天壤之別。無政府主義者與無政府化運動所獨有的組織上的弱點，迫使他們去找出察覺並確保在能製造行動的好戰分子與群眾中，自發性共識的方法。（不可否認的，它也曾以無能的策略帶領群眾進入幾個實驗，例如無須動員任何群眾就可從事的個人或小團體式恐怖活動。不過，此時無政府主義在組織上的缺點，反而不適用於無政府主義者。）

過去幾年的學生運動也和無政府主義者運動相似，至少在運動的初期階段是如此。在那個階段裡，他們不是群眾性的組織，而是由小型的、能夠不斷動員他們同學的好戰分子團體所組成。他們迫使自己去敏感察覺這些群眾的情緒，以及引發群眾動員的時機與爭議點。

例如在美國，他們就屬於一種原始形態的運動，該運動有著明顯的弱點——缺乏理論，缺乏一致的戰略觀點，缺乏一個全國性規格的迅速策略反應。當時，在一九六〇年代的美國，是否有任何其他形式的運動能夠製造、維持與發展出一個如此強大的全國性學生運動，的確值得懷疑。然而可以十分確定的是，這是在老傳統中——共產黨人、托派或毛派——那些有紀律的小型革命分子團體所無法辦到的，後者不斷試圖灌輸給群眾既定的理想與觀點，然而這樣做通常只會更加孤立他們自己，而不是動員群眾。

這些教訓，與其說是得自那些在今天已經絕少能以實踐撼動人心的、真正的無政府主義者，不如說是得自對於無政府主義運動歷史經驗的研究。在當前新的革命運動常常必須建立在、或崛起於舊運動廢墟的情勢裡，他們顯得特別有價值。因為他們使我們脫離了幻覺的陰影。最近幾年，聲勢浩大的「新左派」是值得欽佩的，不過在許多方面它不但是新的，而且是一種退化到早期較脆弱、較低發展形式的社會主義者運動，因為它不願意，或是無法受益於從共產黨宣言到冷戰時期間，這個世紀裡國際勞動階級與革命運動的主要成就。

從無政府主義的經驗中所導引出來的策略，是對於這種相對的原始性與脆弱性的反思，但他們也許就是在這種情勢當下的最佳追求目標。重要的是，要了解何時會達到這種策略的極限。一九六八年五月在法國所發生的，並不像是在一九一七年，反倒像是在一八三〇年或一八四八年會發生的那種革命。了解到所有的革命局勢在西歐的已開發國家中，不管其如何曇花一現，都有可能一再出現，是具有啟發意義的。然而，如果忘卻了一八四八年既是一個成功自發性歐陸革命的典範，同時也是迅速而且無法遏止的失敗典型的這個事實，就不太明智了。

一九六九

III

馬克思主義

Marxism

10

馬克思與英國的勞工運動
Karl Marx and the British Labour Movement

今年（編按：一九六八年），我很榮幸能夠擔任「馬克思紀念演講會」的主講人，特別選在三月十五日這天舉行，是為了紀念卡爾・馬克思的逝世。然而，今年我們不但要紀念馬克思逝世的八十五週年，以及他一百五十歲的生日，再過幾個月，他最重要的理論著作，《資本論》第一卷，也將度過出版百年之慶，還有他對勞動者影響最深遠的實踐成果，即偉大的十月革命五十週年的紀念。這幾個週年慶，沒有一個不是漂亮的整數，它們都與卡爾・馬克思息息相關，讓我們能夠有機會同時加以慶祝。另外，或許還有一個更為適當的理由，使今晚成為我們懷念這位偉大人物的一生與其作品的最佳時刻——他的名字現在已如此為世人所熟悉，以致無須再加以描述。甚至是倫敦大樞密院在馬克思生前一貧如洗時的困居之處，那裡現在已成為蘇荷區的一棟客人川流不息的聞名餐館，所懸掛之紀念牌上篆刻的文字，也都已無庸再加以贅解。

這個理由，將是馬克思，以及他對充滿矛盾的歷史之洞見，都會喜歡的理由。我們今夜齊聚一堂的時候，雖然銀行與證券交易所都已經關門了，但投資人們仍都聚集在華盛頓，記錄著資本主義社會中國際貿易與銀錢兌付體系的崩潰，並試圖力挽萬能美元的頹勢，如果他們能夠的話。未來，這個日子不是不可能被記載於史書之上，如同一九二九年十月二十四日所表彰的——一九二〇年代資本主義穩定時期的結束一樣。我們可以肯定地說，過去一週的事件，要比任何爭辯都更能活生生地證明，資本主義的確存在著本質的不穩定性；到目前為止，它仍無法克服其體系在全世界規模下的內在矛盾。而一個奉獻自己一生揭露資本主義內在矛盾的人，將會樂見這個事件中的諷刺情境；這一波美元的危機應該會在他逝世週年紀念那天，達到最高點。

今晚我的講題，與目前這個時代相去甚遠，即「馬克思與英國的勞工運動」；也就是要討論馬克思對於英國的勞工運動有什麼看法，以及馬克思對於這個運動有什麼貢獻。馬克思其實並未對英國勞工運動的問題著墨太多，至少在其晚年的那段時間；此外，雖然他對於該運動有顯著的影響，但這些影響一直都比他、或他身後那些馬克思主義者所期待的少。是以，這個講題並不是老調重彈，同時，也沒有哪個歷史學家特別有資格來談。這是一個從事現實主義分析的場合，而我也將試圖表現得現實一點。

馬克思究竟對英國勞動階級以及其勞工運動有什麼看法？

從他變成一個共產主義者，到他逝世的這段期間，英國的勞工經歷了兩個階段：憲章運動者時期的革命階段，以及在一八五〇年代、一八六〇年代和一八七〇年代繼起的溫和改良主義階段。在第一個階段，英國的勞工運動在群眾組織、政治上的階級意識、如早期社會主義發展出反資本主義的意識形態，以及戰鬥性方面，都居於世界的領導地位。到了第二個階段，它仍然在一種特殊形態的組織上引領著世界，即職業工會主義，以及其內容為單純承認「勞動階級是一個獨特區分出來的階級，其成員的利益與其他階級不同」（但並不必然是敵對的）、形式較為狹窄的階級意識。然而，英國的勞工已經放棄了推翻資本主義的努力，甚至希望。他們不僅接受了這個體系的存在，只尋求能在裡面改善他們成員的生活條件；同時也漸漸接受了布爾喬亞式自由派的理論，著眼在能做到多少改善，除了某些特殊例外。英國勞工運動已不再具有革命性，而且也幾乎完全看不到社會主義了。

毫無疑問的，這次退卻所持續的時間，比我們通常認為的要長：憲章主義並沒有在一八四八年完全消失，其後的幾年內，它仍維持著主動且重要的地位。如果我們能帶著智慧審視維多利亞中葉時期，無疑可以發現，即使退卻也可能隱含著新的躍進。多虧了那幾十年的經驗，在一八九〇年代與我們這個世紀中復甦的勞工運動，能夠更為堅強並且持續地組織化，且能造就一個真正的「運動」，而不只是連續幾場的戰鬥戲碼。不過，它在當時確實是一種退卻，馬克思並沒有機會能活到親眼目睹其後來臨的復甦。

馬克思與恩格斯對於一八四〇年代的英國勞工運動，都抱有極高的期望。不但如此，他們對於歐陸革命的期望，絕大部分是寄託在最先進資本主義國家的改變，而此改變又完全繫於以群眾規模所展開的無產階級自覺運動。不過，後者並沒有發生。英國幾乎沒有受到一八四八年革命的影響，然而，在其後一段短短的時間裡，馬克思與恩格斯仍繼續期待著英國與歐陸運動的復甦。只是，到了一八五〇年代的初期，資本主義者擴張的新時代明顯已經開始，讓這復甦更希望渺茫。即使之後再次發生一八五七年世界大蕭條，事實上也沒有讓憲章主義復甦，很清楚他們倆應該是不再對英國的勞工運動有任何期望了。事實上他們確實沒有太多期待，這點可由馬克思在其後的生涯裡，以及他們每次提到英國勞工運動時，所表達出的日益失望態度可以得知。當然，馬克思與恩格斯並不是唯二表達這種不滿的人。他們倆對一八六〇年代運動中「老憲章主義者的精神已死」的惋惜，相信也是該英雄時期的非馬克思主義者遺老，比如說湯瑪士．庫柏[1]的相同喟歎。

當我們再討論這點的時候，值得進行兩方面的觀察。第一是這個「英國勞工們明顯的布爾喬亞感染」[2]，或是「英國無產階級的布爾喬亞化」[3]，提醒我們當中許多人，想想在我們曾經生存過的那個、資本主義者突然擴張與繁榮的時期，英國的勞工運動到底發生了什麼事？當然，馬克思與恩格斯相當小心，避免像現今學院派社會學家們一樣，將「布爾喬亞化」膚淺地描述為勞動者變成了中產階級的廉價複製品，變成某種迷你的布爾喬亞。他們並未如此，而馬克思也知道他們並非如此。馬克思也不認為這場讓許多勞工自其中獲益的短暫擴張與繁榮，已經創造了一個已經，或即將消除貧窮的「富裕社會」。

雖然在《資本論》的第一卷（第二十三章第五節）中最具說服力的段落裡，確實曾討論過在資本主義者於英國大獲全勝的日子當時的窮人問題——如同國會質詢中所具體描述的。而且馬克思也接受將勞工運動納入布爾喬亞體制的做法，但他認為這是一個歷史階段，而我們也都知道它的確只是一個短暫的過渡。一個在英國的社會主義者勞工運動固已消聲匿跡，但它將會再次出現。

第二個觀察也與現在有關，就是在維多利亞中期的幾十年中，並未讓馬克思成為一個費邊主義者，或一個伯恩斯坦式的修正主義者（等於是一個披著馬克思主義者外衣的費邊主義者）。但這幾十年讓他改變了他的戰術與策略觀點。這段期間本來可能讓他對西歐勞動階級運動的短期前途感到悲觀，特別是在一八七一年之後；但他既未放棄其對解放全人類可能性的堅定信仰，也沒有不再認為前者必須仰賴無產階級運動來達成。他仍然是、而且將繼續是一個革命的社會主義者。這並不是因為他忽視了反動的趨向或是輕估了敵人的實力，他對於一

1 編註：湯瑪士．庫柏（Thomas Cooper）一八〇五～一八九二，英國詩人，同時也是憲章運動領導者之一。
2 馬克思致恩格斯，一八六三年，四月十六日。
3 恩格斯致馬克思，一八五八年，十月七日。

八六〇年代與一八七〇年代的英國勞工運動，沒有任何的幻想，而這只是因為他並不認為他的敵人在歷史上具有決定性的地位。

馬克思是如何解釋這種英國勞工運動在本質上的改變？綜言之，他認為一八五一年後的經濟發展，替資本主義撿回了一條小命——也就是說，因為那幾十年間資本主義世界的市場充分地發展，但更重要的是，因為英國資本主義對世界市場的支配或獨占。這種論點首先出現於一八五八年左右，馬克思與恩格斯的書信中——也就是在他們對一八五七年大蕭條的期望落空之後。其後也一再被提起。值得一提的是，這類論點大部分是出現在恩格斯所撰寫的書信中。因此，恩格斯也同樣期待這個世界市場獨占的結束，將會帶動英國勞工運動的基進化，而且事實上在一八八〇年代，恩格斯的確反覆注意到這兩件事情即將發生，或是可期待發生。

我想，馬克思一八八六年為《資本論》第一卷的英譯本第一版所寫的介紹，應該是該書最著名的一段文字了吧，不過馬克思在那幾年的書信裡，還是會常常兜回這個議題，有時是為了解釋何以英國社會主義者運動都復甦了，卻仍無法有效進展，雖然他多數都使用一種樂觀的語氣；可能是因為恩格斯在政治預測上比馬克思還要樂觀，也可能是因為這個分身比他的戰友更急切地期待著經濟變遷所不可避免帶來的政治效果。當然，他原則上是正確的。一八七三到一八九六年間所謂的「大蕭條」（Great Depression），確實為英國獨占世界市場畫下了休止符，也讓社會主義者勞工運動再次獲得新生。但在另一方面，他顯然低估了資本主義整體持續擴張的能力，以及英國資本主義為了自保，會藉著海外的帝國主義和一種新形態的國內政策，來對抗因其頹勢所產生的社會與政治效應。

馬克思自己並沒有花太多時間討論這些廣泛的經濟觀點——至少在一八五〇年代以後，反而比較著力思考英國的勞工漸趨衰弱所隱含的政治意義。他的基本觀點是：

> 作為世界資本的大都會，作為因此統治著整個世界市場的國家，英格蘭目前可以說是從事勞動階級革命最重要的國家；更有甚者，它的物質狀態，已經發展到相當成熟的層次，堪稱是唯一可以從事這種革命的國家。因此，共產國際最重要的工作，就是推動英格蘭的社會革命。[4]

但是，即使英國勞動階級擁有從事革命的實質條件，[5]它仍然欠缺製造革命的意願，也就是運用政治權力取得權力，而這是在一八六七年國會改革運動後，任何時刻都能做到的事。或許我們還應該補充一句，那就是這種在一八七〇年代以後，不列顛時期的馬克思與恩

4 馬克思致梅爾與伏格，一八七〇年，十月九日。
5 馬克思，《同人團體》（*Confidential Circular*），一八七〇（《全集》，十六卷，頁四一五）。

格斯曾多次堅持在英國具有通往社會主義和平之路的可行性，[6]並不是一種革命的選項，只是單純地在布爾喬亞-民主國家中「合法地除去阻擋無產階級發展的那些法律與機制」的手段；很明顯的，這種手段在非民主國家的憲政體制中一定不可能實現。它無法去除掉那些不是以法律或機構的形態阻擋勞動階級的障礙，也就是說，它無法去除掉布爾喬亞的經濟力量；而且它很容易轉變成暴力革命，因為它勢必是要推翻那些享受既得利益、尸位舊有現狀之上的人。所以關鍵點就在於，如果這件事真的發生了，布爾喬亞們將會成為一個合法政府的反叛者，就（借用馬克思自己舉的例子）如同在美國內戰期間，南方反對北方一般，而在法國大革命與從一九三六到一九三九年的西班牙內戰時期（我們還可以增加更多例子），也都有反革命分子出現。馬克思的主張並不關心在暴力與非暴力、漸進主義與革命之間，何者是最理想的選項；他關心的是勞工運動如何在任何可能的情形下，運用其所面臨的可能性。而在布爾喬亞民主制度下，議會路線很明顯是這些可能性的中心。

然而，英國的勞動階級顯然不打算利用這些可能性中的任何一個，甚至包括讓透過選舉進入國會中、個別的勞動者，組成一個獨立的工黨，或採取某種獨立的政治動作。除了等待歷史發展的長期趨勢以改變這個情況，還有不少事情可做。馬克思的著作中有個極大的好處，就是告訴我們，共產黨人能夠避免、而且必須避免犯下兩種錯誤：等待歷史發生，以及選擇違背歷史的方法，例如巴枯寧式的無政府主義和恐怖主義漫無目的的行動。

首先，必須「藉著不斷地煽動大家反對統治階級在政治上對勞動者所採取的敵對態度」，教育勞動階級何謂政治意識，[7]例如製造會凸顯這種敵對態度的場面等等。當然，這也可以說是去組訓與統治階級間的衝突，可以讓統治階級丟掉它同情的面具。因此，馬克思曾表示他樂見在一八八六年「改革」示威中，警察的暴力行為：統治階級的暴力，會提供「一種革命的教育」。因為它所孤立的當然是警察，而不是那些與警察對抗的人。馬克思與恩格斯曾嚴詞苛責費邊恐怖主義者在克勒肯維爾的行動，因為它們造成了相反的效果。

其次，必須團結所有非改革派的勞動者部門。這就是為什麼當他寫信給波特的時候（一八七一年十一月二十三日），也正與憲章主義時期的舊派社會主義遺老布隆泰瑞．歐伯里安[8]的追隨者，一起在共產國際的議會裡工作：

> 要是不管那些瘋狂的想法，他們倒是與職業工會形成一種平衡狀態。他們比較具有革

6 馬克思，《一八七二年海牙代表大會會後演說》（《全集》，十八卷，頁一六〇）；馬克思，《社會主義者原則辯論大綱》（Konspekt der Debattern über das Sozialistengesetz）（馬克思－恩格斯，《致巴貝爾、李卜克內西、考茨基與安德烈一世》，頁五一六）；恩格斯，《資本論》第一卷英譯版序言。

7 馬克思致波特，一八七一年，十一月二十三日。

8 編註：布隆泰瑞．歐伯里安（Bronterre O'Brien），一八〇五～一八六四，愛爾蘭憲章運動領導者。

命精神……他們比較少國家主義者，對於各種形態的布爾喬亞敗壞症也都算免疫。要不是這些，我們早就該把他們拋到一邊去了。

然而，馬克思將英國情勢革命化的主要祕方是透過愛爾蘭；例如，藉由間接的手段支持殖民地革命，並在這個過程中摧毀聯繫英國勞工與英國布爾喬亞之間的紐帶。馬克思承認，他原本是期待藉由英國無產階級的勝利解放愛爾蘭。[9]但從一八六〇年代後期之後，他採取了相反的看法——因為很顯然的，在落後地區與殖民國家裡的革命，將會是革命的重心，而且它們會使得都會地區革命化。（有趣的是，幾乎就在同一個時間，他開始對俄國的革命抱持這種希望，而這是晚年支持他的動力。）[10]愛爾蘭在兩個方面的確看起來像副腳鐐：它把英國的勞動階級依種族加以區分，同時藉此讓不列顛籍的勞工很明顯地能夠與他的雇主共享利益，一起剝削其他的勞工。這就是馬克思在其名言中的意旨，「一個壓迫其他民族的民族，無法獲得自由。」是以，愛爾蘭在此時可說是英國的解放之鑰，而對於整個世界的前進而言，更不只如此：

如果我們想要促進歐陸社會的發展，我們必須推動一場英國官方（亦即統治階級）的大災難，這需要給予愛爾蘭重重的一擊，它是英國最大的弱點。如果愛爾蘭陷落了；大英「帝國」便走了，而且英國到現在還在昏昏欲睡、行動遲緩的階級鬥爭，也將展開更正確的形式。不過英國仍是全世界資本主義與地主主義（Landlordism）的大都會。

我花了不少工夫在討論卡爾・馬克思對英國勞工運動之態度的細節——特別是在一八六〇年代與一八七〇年代初期，他經由共產國際而密切參與其事的那段時間。關於那些日子，他所寫的不如一般的歷史分析學家那麼多，但他卻像一個政治謀略家和策士般，深切思考著實際的政治局勢。一八六〇年代的局勢已經一去不回了，沒有任何人，尤其是馬克思本人，會認為馬克思對它該有的完整意見能夠適用於其他時期。就另一方面來說，能看到一位馬克思主義戰略大師與策士仍在發揮其影響力，永遠都是具有啟發性的——而且我們一定要記住一點，如同恩格斯常喜歡回想的，在那些少數他有機會的時候，馬克思都是一位策略大師。

正因如此，他無法「再次替英國的勞工運動充電」，而如他所察覺的，這個沒辦法注定使國際性運動的再出現，要等待非常長一段時間，而當這個運動再復甦時，英國以及英國的勞動階級，都已不再如過去那個英國還是「全世界資本主義與地主主義的大都會」的時候般，

9 馬克思致恩格斯，一八六九年，十二月十日。
10 馬克思致蘿拉與保羅・拉法格，一八七〇年，三月五日。

有扮演潛在中堅角色的可能了。當馬克思察覺到一八六〇年代的戰略已經失敗，他就不再讓自己對英國勞工運動投注太多心血。然而，到這裡我們也可以合乎邏輯地轉向關於馬克思和英國勞工的另一半問題，那就是馬克思與他的教誨，對這個國家勞工運動的影響。

首先我們必須弄清楚限制為何？——也就是這種影響在歷史上無法避免的限制可能是什麼。它不像是要在一個缺少革命經驗與革命傳統，甚至在當時、或之後的任何情況下，只能模模糊糊地指出它是具革命性的、或不具革命性的國家中，製造一個革命性的勞工運動。也不像是要製造一個由馬克思主義啟蒙和組織的群眾性勞工運動；因為當馬克思主義現身的時候，一個具有強大權力、組織良好、在政治上具有影響力的勞工運動，已經以職業工會、消費者合作社與「自由派勞工」領袖們的形式，建立了全國性的規模。馬克思主義並未出現在英國勞工運動之前；它甚至沒有與勞工運動同時發生。我們從時間上可以看出，它的生命是出現在這條道路的後三分之一段。搜尋有哪些國家的馬克思主義，比在我們國家的勞工運動裡曾經或現在扮演更重要的角色，並沒有什麼用；因為歷史的發展不會完全一致，所以我們也無法期待到處都會有相同的發展。英國的特徵是，它是一個最老的，有相當長的一段時間甚至是最成功、統領群倫的，而且幾乎可確定地說是最屹立不搖的資本主義社會；而且，它的布爾喬亞們要比任何國家都更早必須與人口中占多數的無產階級達成妥協。因此，馬克思主義的影響力無可避免地要受到這種局勢的囿限。

另一方面，我們能夠期待馬克思主義在形成英國勞動階級意識的一個新的、或更新的階段，扮演重要的角色，以領導勞工們放棄相信資本主義的持續性與可行性，而將希望擺在一個新的社會——社會主義之上。我們能夠期待馬克思主義為一個社會主義者的勞工運動，建立新的意識形態、戰術與策略。我們可以期待它建立一個領導核心，或政治先鋒隊，如果你喜歡這個字眼——在這裡我使用的是這個字的普遍意義，而不限於列寧主義者所指涉的特殊意義。這些成果會有多大、或多重要？它們在這個較大的運動中扮演的角色又有多重要？可能不是很確定也難以預測。換句話說，我們能夠期待馬克思主義對二十世紀英國勞工運動的形成，有著重要的影響，但我們同時也幾乎可以肯定地說，它不會是一個決定性的影響。這很令人惋惜，不過那是另一個問題。如果我們看歐陸的某些運動，或許就會接受馬克思主義所扮演的，其實是如此相對寒傖的角色。一開始馬克思主義對歐陸的影響可說是遠遠超過英國，讓所有的勞工運動都採取了馬克思主義者社會民主群眾政黨的鬥爭形式，然而這些運動基本上就只是與英國的中間派與修正主義相同；如果沒有更糟，譬如像在斯堪地那維亞半島的例子。

就目前我舉出的兩方面看來，馬克思影響之大，可說無庸置疑，甚至比一般所認為的要大得多。屬於右派勞工意識形態的專家們曾經絞盡腦汁，試圖從約翰・衛斯理[11]到費邊主義者中，挑選出其他有可能替代馬克思成為英國社會主義奠基之父的人，不過他們是白費心思了。衛理公會在某些特殊情況下，非英國國教派的清教徒信仰在一般情形下，固然都曾為英國的勞工運動增色不少，另外像在農場的勞動者，以及部分的礦工，也在少數幾個情形中貢獻了組織的架構與領導中堅幹部，但是他們對於運動思考與企圖獲致目的——即社會主義——的貢獻，仍屬少之又少。馬克思的分析是唯一能夠通過時間考驗的社會主義者分析，光是這一點就足以讓馬克思的貢獻領先群倫了。即使有一種對資本主義採取純然「土地均分主義」(agrarian analysis)的分析法，長久以來仍舊保持著相當的影響力，還是無法使英國社會主義的古典形式——歐文主義、歐伯里安主義等等，從敗部復活。至於費邊主義那個對資本主義的特殊分析法(即是費邊論文集中所提到的，特殊的經濟理論)，從未獲得成功過。它所苟存而成為頗具影響力的學說，只剩下將中立派勞工領袖們常常搞的那套予以較「現代化」的包裝，也就是在資本主義體制中尋求一些零碎的改良而已。

到目前為止，英國的勞工運動所發展出的，關於資本主義如何運作的理論——即關於資本主義者剝削的本質、資本主義的內在矛盾、資本主義經濟的波動(例如蕭條)、失業的原因、資本主義發展的長期趨勢(例如機械化)、經濟集中，以及帝國主義等，都是拜馬克思的教誨所賜，或是當他們的想法與這些觀點不謀而合，或被這些觀點所改變之際，接受了馬克思的教誨。

既然英國的勞工運動為社會主義發展出了一個計畫——並依賴其將生產工具、分配、交換，甚至其後的程序，包括計畫，加以社會化，它就還是一個簡化的馬克思主義的基礎。我並不是說這個運動的整個意識形態都是如此；其中有某些非常重要的部分，例如對國際問題以及和平或戰爭的態度，大部分還是奠基在一個較老的而且有力的自由派-基進傳統上。我也不是說該運動所有部分的意識形態都是如此，只是該運動的右翼領袖們，特別是當他們與政府官員走得近了點，總是會希望能從布爾喬亞的自由主義裡，學到其他經濟上的啟示資源——不論是自由派的英國工黨黨員與菲利普．斯諾登所主張的自由貿易正統學說的形態，或是早期費邊主義者福利經濟學形態的邊際效用學說，或是自一九四五年來，英國工黨中意識形態專家們的凱因斯學派分析法。但若我們真正走入草根，或藉著其他方法，去看看那些從事競選活動的男男女女，那些受薪階級，以及那些在匠鋪與工廠層次實際領導產業運動的那些人，會發現他們的理論，通常是他們的行為，反而更像正式馬克思主義者組織成員的行為。我並不是說他們是從閱讀《資本論》，甚或《價值、價格與利潤》這類作品中獲得這些理論基礎，就像美國人會在關於個人生活問題的對談中夾雜一些半調子的佛洛伊德主義，也並不是來自閱讀過佛洛伊德一樣。他們作為社會主義者的理論來自馬克思，是因為社會主義

11 編註：約翰．衛斯理（John Wesley），一七〇三～一七九一，英國基督教神學家，衛理公會的創始者。當時他為了擴展教會，帶領教眾實際上街解決政治社會亂象，將神學理念轉化成實際可行的社會運動。

的基本理論，至少是我前面列舉幾個面向，都是依馬克思主義者的形態所生成的；雖然我們必須承認，一般說來那是一種非常簡化的形態。但無論如何，馬克思主義已經成為他們政治生命的一部分。

這是相當自然的，因為馬克思主義——或可說是某種簡化的馬克思主義觀點——是在一八八〇年的復甦階段時第一個抵達英國的社會主義；是最多虔誠獻身之先鋒隊們不斷在數千個街角，拚命宣傳的社會主義；是在由社會主義者組織、勞工大學或自由論壇所開設的上千個講習課堂中，最持續不斷且普遍講授的社會主義。而且，事實上它在解析資本主義所犯錯誤這方面，並沒什麼真正的敵手。另外，同時，之所以相當自然，也因為不論過去或現在，馬克思主義者的組織都為勞工運動中的好戰分子和活躍分子，提供了可說是目前最重要的學習場所，雖然那些宗派主義者還是會時不時地對他們造成困擾。這在所有屬於不列顛的、真正的草根運動裡，都顯而易見。從年輕的約翰．伯恩斯[12]和湯姆．曼恩[13]的時代，到今天的這些好戰派，各式各樣的馬克思主義者組織，教育了許許多多的工運分子。在工業運動中僅能紮下淺根，曾經是老英國獨立工黨，以及其後繼者，也就是國會中的勞工左派，相當大的歷史弱點。相反的，與其相對的、較迷你的形式，也就是馬克思主義者的組織——不論是英國社會民主黨、社會主義工黨或英國共產黨等等，對於工運中的活躍分子，都曾有過大到不成比例的影響。不可否認，他們其中有許多人在飛黃騰達後改變了政治觀點，但若我們只討論馬克思的影響，即使是這些人，仍不能不把他們計算在內。

要描述馬克思，以及相對而言屬於極少數的馬克思主義者組織，對廣大勞工運動那種大到不成比例的影響，並不困難。馬克思主義者組織本身就常常低估了它，因為他們不是用事實來衡量，而是用他們理想中的、馬克思主義者群眾勞工運動的標準來衡量它。然而，事實上，他們在歷史上的重要性，乃在於其作為一群領導者或首腦，而不是追隨者。而到目前為止，他們的重要性並不在於將廣大的勞工群眾轉變為馬克思主義者群眾運動中的成員，或既得的選票；是他們在一個龐大的，在政治上與意識形態上異質化，但具有強大力量的階級運動中所扮演的角色。這個階級運動剛開始由階級的意識和團結所串連，之後逐漸以一八八〇年代社會主義復甦時，馬克思主義者的反資本主義為施力點。由於這種運動常陷於並非其所期待的局面，而讓身在其中的他們感到失望。但事實上，這種失望往往也是由於不實際的期待所造成的。「大罷工」（the General Strike）可說是該運動實力的一個絕佳展示；但是它仍然不是（連一丁點兒邊都沾不上）一種具有革命性質的、或革命前奏性質的局面。

12 編註：約翰．伯恩斯（John Burns），一八五八～一九四三，英國職業工會會員，同時也是一位政治家，隸屬於獨立工黨。

13 編註：湯姆．曼恩（Tom Mann），一八五六～一九四一，著名的英國職業工會會員，同時也是一位成功的組織者以及勞工運動的演說家。

正由於馬克思主義者的期望常常都是如此不切實際，使他們有時看不到真實的情況。也因為馬克思主義者之無法致勝，往往必須歸咎於那些既非他們、也不是任何人所能控制的因素，而使得他們有時會大意地忽視那些原本可以避免的失敗。馬克思本人在一八六〇年代的失敗是不可避免的。歷史學者或許可以輕易地結論說，即使擁有洞見未來的智慧、戰略上的天才或組織上的努力，在彼時也無法讓馬克思實現其戰略布局；不過，這並不表示它們是不值得追求的。另一方面，英國社會民主主義者的許多錯誤也都是可以避免的，即便歷史上有這種犯錯的趨勢。列寧所發現存在於英國社會民主黨中，宗派主義和機會主義兩者的特殊結合現象，同時也是許多在穩固資本主義下運作的馬克思主義者組織的職業危機，並不是不可避免。

當職業工會在一八八〇年代復甦之際，英國社會民主黨認為職業工會「不過是一種緩和劑」而加以排斥，若非如此，英國社會民主黨應當可以在其中扮演較為重要的角色；相較之下，它本身的好戰派還比較聰明一點。英國的馬克思主義者——除了英國社會主義工黨之外——並沒能掌握一九一一到一九一四年勞工大騷動的契機，更別說是去領導它了，雖然這是自「憲章運動」之後首次出現的、最好的機會。當時英國勞工部眾不但組織規模龐大，同時流露出強烈的反資本主義情感，甚至有某些證據顯示出其具有馬克思所冀望能喚醒的革命精神。英國的馬克思主義者把大部分的領導權拱手讓給工團主義者，以及其他我們今日稱之為「新左派」的成員們；當然，他們之中的確有不少人都曾受過馬克思主義講習班的洗禮，且應該回到馬克思主義者的組織之中，湯姆．曼恩就是個最好的例子。這種失敗的原因，出自對那些被認為是「不可能論者」的宗派主義之反動。因為他們無法在感情的層次，在不正統與經常並非動人心魄的理論，以及非理性主義的背後，還有後來世代倡議的新運動中所宣稱的「盲動好戰主義」裡，體認出另一種新層次的勞工政治意識。還好當時遇上了第一次世界大戰與俄國大革命，再次將英國社會黨從自己造成的錯誤後果中拯救了出來。

說真的，歷史總是一再以一種奇妙的方式，包括藉由證明馬克思的正確性，以及顯示出其他替代方式的不適當——不論是改良主義者或革命分子式，來彌補英國馬克思主義者所犯下的錯誤；至少在某部分是如此。它一再地顯示資本主義體制的脆弱性，而過去，這個體制的穩固性與力量，曾是改良主義者與極端革命主義者論爭的主題。因為改良主義者，以及伯恩斯坦和費邊主義者都曾宣稱，當資本主義看起來像是要與任何人所能預期的一樣長期持續下去時，實在沒有討論革命的餘地；唯一明智的途徑就是去習慣它的穩固性，並且專心致力於其中從事改良。而另一方面，極端的革命分子們則像在一九一四年以前的許多工團主義者一樣，宣稱歷史不可能將勞工們的意識提升到一個新的層次，因為歷史的發展似乎會使資本主義者繼續生存下去。所以，藉由行動的宣傳啟蒙「迷思」，以及基於革命意願的全盤努力，提升勞工意識，才是較為明智的作法。

雖然他們在批判「坐—回—去—等—著—歷—史—為—我—們—完—成—這—個—任—務」這種社會民主主義正統學說的決定論上，並不能算是完全錯誤，不過這兩劑處方的確都錯了。他們的錯誤在於，資本主義中的不穩定性與日漸增長的內在衝突，在世界大戰中、在某些形式或其他的經濟崩潰中，以及在先進國家與低度開發國家之間日增的衝突中，都曾週期式地一再出現在面前。極端左翼分子們之所以存在，並成為一股顯著的勢力，事實上就是一九一四年之前這些劇烈衝突的象徵，至今依舊如此。此外，不管歷史何時將再次證明馬克思對於資本主義的分析，比羅斯托或高伯瑞，或其他任何當時流行的顯學，在現實上都是一種更好的指標，那些既不是過分宗派主義，也不屬於機會主義的人，如果能夠避免那些長期在穩固的資本主義下從事運動的革命分子的誘惑，還是會再次倒向馬克思主義者的陣營。

因此，我們可以下這樣的結論：我們不能期待馬克思對於英國勞工的影響，會像其熱情的追隨者們所期待的那樣巨大。然而，它在過去、現在，與將來，都可能較其追隨者，以及反馬克思主義者所期待的，來得巨大。相對的，要不是英國的馬克思主義者在發展現代勞工與社會主義運動的艱苦過程中所犯下的錯誤，它也不會在過去與現在（在歷史現實主義的限制之下）比它所被期望的來得渺小；這些錯誤既是「右派」的，也是「左派」的，而且不論是大或小，這些錯誤也不只存在於任何馬克思主義者的組織。然而，我們不能叫馬克思出來為此負責。他與恩格斯對於憲章運動時期之後的英國勞工運動的期待，已經十分保守了。他們只不過是單純地期待它會再次將自己建立為一個在政治上獨立，同時屬於職業同盟者的階級運動而已。他們期待它應該建設自己的政黨，並且再次重現英國勞工作為一個階級的自信心，以及勞動階級在英國政治中具有決定性的分量。他們是現實的，所以終其一生並沒有期待太多。而事實上，勞工運動在恩格斯逝世之前，甚至連這個保守的目標都還沒有完全做到。

如果英國的馬克思主義者能在恩格斯還在世的時候聽從他的建議，本來可以做得不錯，因為他的建議在當時的確頗為可行。然而，在恩格斯逝世的幾年後，當英國的勞工運動已達到一個臨界點，此時恩格斯的建議，更不要說是馬克思的建議（他自一八七〇年代前期開始，對此主題就已甚少發表意見了），已不再與該局勢有什麼特別的關聯了。英國馬克思主義者如果想使馬克思的理論成為行動準則，他們就必須自己完成這個工作。他們必須去學習馬克思的方法，而非只學習他的理論，或任何他的後繼者的理論。他們必須對在英國資本主義裡所發生的問題，以及該運動必須在其中建立自我的實際政治局勢，建立自己的分析。他們必須想出最佳的組織方法、自己的觀點與規畫，以及他們在廣大的勞工運動中的角色。在英國，或是其他國家裡仍想追隨馬克思腳步的人們，這些都是有待你們完成的任務。

一九六八

11

馬克思主義對話錄
The Dialogue on Marxism

今天（編註：一九六六年）我談話的目的，是以下面兩個問題作為基礎來開始：為什麼馬克思主義在今日會如此蓬勃發展？以及，它今日蓬勃發展的情況如何？你或許會說，這兩個問題勢必引發另一個問題，那就是：馬克思主義在今日真的有蓬勃發展嗎？好吧。它是嗎？我想，這個答案必然既是肯定的，也是否定的。總體說來，在目前，標榜馬克思主義的社會主義者運動並非特別成功，再加上國際共產黨人運動目前尚在分裂中，嚴重地削弱了該運動。

這種削弱的情況，可能在某種程度上被其他運動的發展現象所抵消，例如在不少新興國家其民族與社會的解放運動相當貼近馬克思主義，並從馬克思主義中學習，甚至接受它，將它視為理論分析的基礎。因此，目前這個階段或許只是暫時的吧。不過，今日國際勞工運動的普遍態勢，是絕對無法讓人產生振奮之心的。

另一方面，毫無疑問地，無論是知識分子對於馬克思主義的需求，還有我在這裡應該加上一句，馬克思主義中知識分子陣容的活躍程度，過去十年來都已有了驚人的進展。不論在共產黨內或黨外，以及擁有強大的馬克思主義者勞工運動的國家內外，都是如此。例如西德和美國，雖然馬克思主義者的政治組織要嘛不合法，要嘛無足輕重，或二者兼有，但是在其學生和其他的知識分子中，也可看到某種程度的進展。如果你想做個粗略的估計，可以去觀察各種公開的馬克思主義者書籍的數量與流通情形，它們在今日有著大幅增加，我想至少要比，比方一九三〇年代來得多，甚至可說已經達到「左派書籍俱樂部」（*Left Book Club*）時的峰值。

你也可以同時從某些特定範圍的學術著作，例如歷史學和社會學，其中對馬克思以及馬克思主義普遍存在的敬意發現這一點；雖然這並不表示當馬克思被尊敬的時候，他也同時被接受了。不過，無可否認的，我們目前正活在馬克思主義蓬勃發展的一段期間，即便馬克思主義者的勞工運動可能不會永遠這樣蓬勃發展。

這種態勢的奇妙之處是，在已開發資本主義國家有史以來最繁榮的時期裡，發生這種現象；更重要的是，它是在最重要的馬克思主義者組織——即共產黨——遭受在蘇維埃共產黨第二十屆全大會裡所出現的、相當嚴重的知識質疑後所發生的。這情形，與馬克思主義最近一次在一九三〇年代與一九四〇年代的大躍進時期的情形，有極大的不同。當時，馬克思主義之所以躍進，是因為資本主義明顯陷入危機，許多人猜想那可能是它最後一次的危機，因為它陷入的是一種政治危機，當時風起雲湧的法西斯主義與第二次世界大戰即是明證，而共產黨人是最佳的反法西斯分子；更重要的是，那是直接來自蘇聯的籲求。馬克思主義因此理所當然地，透過一個強化版的共產黨，大大地向前躍進。

馬克思主義者對抗資本主義最常見的例子，就是起不了任何作用；當它好不容易讓對抗的布爾喬亞民主制度停止活動，法西斯主義馬上就取而代之。我並不是說這代表了所有對馬克思主義者的分析，但這確實是其中最一針見血的部分。不過，在今天的已開發資本主義國家裡，這三個有力的分析已不再具有那麼強大的適用性了。

為什麼在過去的十年內，馬克思主義不僅存活下來，而且甚至在許多方面重振旗鼓了呢？第一個結論顯然就是，它的力量並非仰賴諸如大量失業和經濟崩潰等資本主義最基本的失敗形式。當然，在那些顯然一定要對抗（以帝國主義，或新帝國主義形式出現的）資本主義，遍地饑饉、哀鴻盈野的國家裡，支持馬克思主義的主張是比較簡單的。但正是因為在英國和法國討論馬克思主義並不像在秘魯和印度那樣簡單，因此，我想要在今天的談話裡，把焦點集中在討論先進資本國家中的情勢。

好，現在我們已經確定，馬克思主義在今日算是蓬勃發展了，不過我們還是得審視那些它正在開始復甦的特殊情勢。直接這麼說好了，因為馬克思主義的這一波復甦，與一九三〇及四〇年代的復甦迥然不同，今日這股湧向馬克思主義的普遍傾向，勢必連帶著解組傳統上對馬克思主義者的分析。戰後接下來的幾年裡，仍然有人試圖去保衛那些老舊的說法，他們聲稱，資本主義者不會一直如此穩固。好吧，從長遠的觀點看來，這或許是可能的，但在過去的二十年裡，資本主義的確擁有了最好的時光，這是多數馬克思主義者始料未及的。對於殖民地與半殖民地人民的解放，有些人認為是一種恥辱。好吧，從馬克思主義者的觀點看來，光政治上的獨立的確不夠，而且可能會導致一種我們稱之為「新殖民主義」的、非正式的經濟宰制形態。然而，它已經根本地改變了世界上大部分地區的政治組態，這是很少馬克思主義者預測得到、或是能夠馬上準備好面對的事實。

我們之中的大部分人都認為，社會主義的躍進，將不必然是由共產黨人自己獨立完成，但它當然需要倚賴一個以蘇聯為中心所組織的全世界共產黨人運動聯合陣線的努力。但是，基於種種理由，這一個全世界共產黨人運動的內部，早已經戰雲密布，甚至幾乎要分崩離析，而我們的遺憾並無法改變這個事實。其他方式的民族或社會解放，甚至已經實現了社會主義的，都是與共產黨人毫無關係的一些殖民與半殖民國家，或是那些共產黨人微弱到無法扮演重要角色的地方。最後要提的是，史達林主義的終結，在馬克思主義自身引發了重大的危機，以及許多再思考。以上便是我的主題：「馬克思主義對話錄」的一些背景知識。

因此，這個對話將採取兩種主要的形式：即馬克思主義者與非馬克思主義者間的討論，以及各種不同的馬克思主義者間的討論，或者可以說是，同在共產黨內的，對於各種理論的、實踐的標的，採取不同觀點的馬克思主義者間的討論；又或者是（在某些十分不幸的國家裡）

兩個互為對手的共產黨支持者間，以及共產黨馬克思主義者與非共產黨馬克思主義者間的討論。這些形式其實都不是新的。舉例來說，在第一次世界大戰和十月革命中，與之後馬克思主義者運動首次發生大分裂之前，在社會民主黨派裡持續進行的辯論過程，普遍被認為是司空見慣的。

即使是俄國社會民主勞工黨，直到第一次世界大戰以前，在組織上也沒有真正分裂，雖然我們長久以來都錯誤地以為，布爾什維克與孟什維克很早就已經分裂了。同時，如同我們現在記憶所及，即使在革命之後，可以確定的是一直到一九三〇年左右，在蘇維埃共產黨與國際共產黨運動內，針對意識形態與實踐事務進行極為不同觀點間的辯論，也都被認為是正常的。誠然，馬克思主義的對話萎縮了一個世代——大約就是從一九三〇到一九五六年。

這種現象也同樣適用在馬克思主義者與非馬克思主義者間，以及馬克思主義內各種不同觀點之間。對於那些非馬克思主義者，我們相當希望能挑戰他們，告訴他們什麼是馬克思主義，去解釋它宣傳它，並與它的敵人展開辯論。但我們卻不相信自己能從他們身上學到什麼東西。如果在一場對話中，一方期待著傾聽，另一方卻不想這麼作，那便不是對話。當我們提到這類衝突時所使用的字眼，也反映了這個現象。我們常常使用所謂「意見的戰爭」，以及在知識分子的討論中誰「傾向那個陣營」，甚至——在一九五〇年代初期，宗派主義極盛時期——說是「布爾喬亞」對抗「無產階級」的科學。1

漸漸地，我們把那些除了屬於馬克思、恩格斯、列寧，還有史達林，或任何曾被承認為蘇聯正統思想之外的元素，全都掃地出門，包括除了「社會主義寫實主義」之外的任何藝術理論、除了巴夫洛夫的心理學外的任何心理學，有時候甚至是除了李森科2的生物學外的任何生物學。例如在《蘇聯共產黨簡史》中，黑格爾被踢出了馬克思主義，甚至連愛因斯坦都被懷疑，至於屬於「布爾喬亞」的一整個社會科學，就更不用說了。我們自己的官方思想愈是不能令人心服，我們就愈無法容忍一個對話；有趣的是，我們也就愈常說要「保衛」馬克思主義，而不去述說它的穿透力。當然，在過去這是很自然的。比如說，當我們故意略過托洛茨基，或聲稱他是個外國間諜的時候，我們有可能討論蘇聯的歷史嗎？最嚴重的時候，我們會寫專書或評論，來證明自己不需要去聆聽那些觀點不同傢伙們的看法。

在史達林之後，基於兩點理由，大家漸漸明白這種做法是沒有用的。首先，因為它剝奪了社會主義本身在研究與計畫上所需之重要工具，特別是在經濟與社會科學方面。（這種情勢的一大諷刺是，有些被我們自己捨棄的經濟觀點，事實上馬克思主義者早在一九二〇年代期間，就已經推行於俄國了。例如，許多的現代經濟發展理論、規畫技術，以及國民帳戶制度。）其次，因為我們讓自己大量喪失了作為一種宣傳工具的馬克思主義。在「抵抗陣線」運動的戰爭中，人民可能會基於階級的理由、或因為那裡有著對抗希特勒的最佳鬥士，而加入共產黨。他們也可能受到我們非常有效教育方法的幫助，而成為馬克思主義者。相對的，在一九三〇年代之後，很少人是因為馬克思思想中的科學力量而加入共產黨的。

至於各種不同的馬克思主義者之間的討論，似乎有整整一個世代的時間都相當難以展開。大部分的馬克思主義者都是共產黨人，要不就身在共產黨中，要不就與之非常親近。那些不是的，則都——或看起來像——無足輕重，而且事實上也多半默默無聞，因為他們無法代表任何重要的運動。另外，我們也大膽地假設，那些不再是共產黨人的，或曾經一度告別列寧陣營的，在當時也就不再繼續當一個馬克思主義者了，或其實從未是一個「真正的」馬克思主義者。在這方面，我們引發了不少問題，但它們似乎也不是什麼重要的問題。例如普列漢諾夫[3]，他曾經是俄國馬克思主義之父，而且我們也帶著欽佩閱讀了一些他的著作，

1 一位法國共產黨人，同時也是位哲學家與批評家，對於這段時期曾有如下的敘述：「在我們哲學的回憶中，我們將這個時期稱為知識分子的武裝時期，奮力地搜尋錯誤，使之無所遁形，在這段時期裡，我們哲學家都沒有寫書，而是把每本書都變成了政治學，然後，以一柄利刃將世界——藝術、文學、哲學、科學——切成一塊塊冷酷無情的階級。」（阿圖色，《保衛馬克思》〔*Pour Marx*〕，巴黎，一九六五，頁十二。）

2 編註：特羅菲姆．鄧尼索維奇．李森科（Trofim Denisovich Lysenko），一八九八～一九七六，烏克蘭人，蘇聯生物學、農學家。他是軟性遺傳的支持者，反對孟德爾遺傳學；其研究有利於偽科學的發展。

3 編註：格奧爾基．瓦連京諾維奇．普列漢諾夫（Georgi Valentinovich Plekhanov）一八五六～一九一八，俄國革命家，也是俄國第一位馬克思主義者，為俄國社會民主主義運動的開創者之一，被稱為「俄國馬克思主義之父」，是列寧的導師，曾與馬克思、恩格斯共同作序出版過《共產黨宣言》。

列寧也曾這麼做過。不過，我們並沒有讀到他與列寧持不同意見的著作，因為它們並不存在。而且即使它們存在（就像考茨基晚期的作品一般），我們也將會——這是我想當然耳的說法——判定它們必然是錯誤的，因為普列漢諾夫本人就曾毫無疑問地被歷史證明是錯誤的。相反的，我們也會認為所有在共產黨的卵翼下寫作的，絕對無可避免一定都是馬克思主義者。但這兩種想法都不正確。

在英國，由於一九五六年後有相當高比例的馬克思主義知識分子離開共產黨後，維持這種態度顯然變得不可能。例如，雖然克里斯多夫．希爾[4]不再持有黨證，我們顯然仍無法斬釘截鐵地說，他不再是個馬克思主義歷史學者了。我們也無法說服大家，說他從來就不是一個馬克思主義者。而認為他離開黨團，是因為在過去的某個時段裡他在沒有告訴任何人（包括他自己）的情況下，停止作為一個馬克思主義者，更是毫無意義的說法。我們必須學習去接受一個事實，那就是隸屬於共產黨的馬克思主義知識分子，只是那些自稱為馬克思主義知識分子中的一小部分；並非像過去那樣是壓倒性的多數。

而共產黨人運動中各種不同潮流的發展，也讓這個過時的假設顯得更無立足之處。的確，有不少前共產黨人也順理成章地成了前馬克思主義者，甚至是反馬克思主義者；這並不少見，以致似乎可以作為上述過時說法的例證。不過，同樣的，特別是在過去的十年內，我們也可以發現，有相當多的非馬克思主義者，即使沒有加入、或希望加入共產黨，仍然成為了馬克思主義者（或自稱為馬克思主義者）。事實上，要在今天做出一個簡單的聲明，也是我們過去有很多人吸其奶水長大的聲明：就是只有且唯有一種「正確的」馬克思主義，而它就是由共產黨所建立的馬克思主義，已經不可能了。

這並不表示沒有所謂「正確」的馬克思主義。只是，我們不能再用體制的觀念去定義它，同時也不再如我們過去所想的那樣，在任何情況下都能簡單地搞清楚它是否是「正確」的。當我說這個問題在馬克思主義者間沒有結論的時候，並不是說它在所有的爭論點上都不會有結論，雖然我願意說在某些（但並不總是相同）爭論點上的討論，可能必須永遠持續下去。因為馬克思主義是一種科學的方法，而在科學中，討論——以及本於科學基礎而採取不同觀點的人之間的討論——是唯一、而且能持續維持進步的方法。所有被簡單解決的問題，都會引發更多、需要進一步討論的問題。

不過我現在也想說的是，在當前，去開啟問題要比去結束問題來得重要許多，儘管在過去要結束它們可比現在簡單多了。對許多目前自稱為馬克思主義者的人，以及許多在馬克思主義者的羽翼下孵化的理論，並未遠離馬克思主義的這種說法，我不免——而且我也確

4 編註：克里斯多夫・希爾（Christopher Hill），一九一二～二〇〇三，英國馬克思主義歷史學者，專長為十七世紀英國史。

實——感到懷疑。但是這種情形同樣發生在共產黨中、或社會主義國家中的馬克思主義者，以及前二者之外的馬克思主義者身上。而且，不管怎麼說，我們同時都必須自問：在當前什麼才是最重要的？是去界定何者不是馬克思主義——它自己遲早會清理門戶的——還是去發現，或重新發現，何者是馬克思主義？我想後者才是最重要的，而且那當然是件更加困難的工作。

馬克思主義中有太多需要重新加以思考，以及重新加以發現之處，而這不只是共產黨人的任務。在後史達林時期只有提出問題，但並沒有回答它們。在這裡我嘗試引用一位法國共產黨知識分子的話來加以說明：

> 那些不只是歸罪於他，還將我們所有的各種不滿一股腦推到史達林身上的人，在發現了這個哲學教條主義的終結，並未能還給我們馬克思主義者的哲學時，將會感到倉皇失措……它帶來了一種真正的研究自由，但是也帶來了狂熱。有些人急急忙忙宣稱的哲學，只不過是對他們的解放感與自由滋味所賦予的意識形態性註解。但是這種熱度卻如向空中拋出的石頭一般，必然會直往下落。教條主義的終結，其真正的意義，是還給我們為知識資產製作一份清單的權利，讓我們清算自己的財富與貧困，去公開地發掘與形構我們的問題，去展開真正的研究這份精確嚴密的工作。[5]

共產黨人漸漸開始了解，他們過去學習去信仰、去重複的，不只是「馬克思主義」，還有列寧所發展的，在蘇聯的史達林底下被僵化、簡化，有時還被扭曲的馬克思主義。那種「馬克思主義」並不是一種已完成理論與發現的總和，而是一個發展的過程；例如馬克思自己的思想，終其一生都還在持續發展。馬克思主義無疑固然有能力提供所有答案，但是對於我們所面對的特殊問題，卻經常沒有確切的答案；部分是因為自馬克思與列寧之後，情勢已經改變了，部分則是因為它們事實上並沒有談到任何有關當時存在的、而且對我們來說相當重要的特殊問題。

而不具共產黨人身分的馬克思主義者必須了解，在史達林時期，或甚至整個共產國際時期的錯誤、過度化約與扭曲，並不表示在這段時期，以及在國際共產黨人運動中，沒有做出任何有價值和重要的貢獻。到馬克思主義之路，沒有捷徑，不管是藉助列寧以反對史達林，或是藉助馬克思，或是藉助青年馬克思以反對後期馬克思。只有艱困，與漫長，而且在當前局勢下，或許是不得要領的工作。

幸運的是，今日這些事實都已被廣泛認識，工作也開始進行了。就拿在共產黨中非常驚人的理論復興來說吧，不管在社會主義國家內、或外，這都是近年來讓人最印象深刻的。雖

5 同註一，頁二十一。

然，它曾經受到那些以史達林主義為職志的老戰友們抵制，因為他們拒絕承認曾與之共同犯下的錯誤。（這種現象在共產主義者運動本身的歷史領域裡表現得特別明顯。除了義大利共產黨鼓勵用坦白與自我批評的態度來分析自身與蘇聯的歷史，我想不出還有哪個國家的共產黨自己能寫出一本科學上可接受的歷史——法國與蘇維埃的共產黨當然也不能；還有許多，例如我們的黨，早已完全放棄撰寫自身歷史的任務了。）[6]

不少共產黨仍十分在意這種所謂襪子上的補釘。例如，羅傑．加洛蒂所說的「沒有極限的寫實主義」，仍不能解決我們過去認定屬於馬克思主義的美學理論是否有效的問題，它現在仍只允許我們去欣賞卡夫卡，或是喬伊斯，或是那些在「社會主義者的寫實主義」全盛時期被視為禁忌的作者；因為在某種無法解釋的意義下，他們也被辯稱是「寫實主義者」。在共產黨，特別是東歐的共產黨中，甚至有一種沉迷於膚淺經驗主義中的傾向，而且以宣稱「當然我們是馬克思主義者」來遮掩其後果。

我想，而且奧斯卡．蘭格[7]晚年的權威思考應該也有相同的看法，就是最近在蘇維埃經濟理論上的一些創新，並不是——或者還不是——屬於馬克思主義的，而純粹是將一點自由派的經濟理論，例如邊際效用分析，填補進那些因蘇維埃經濟學家無法完成他們的工作所留下的大洞裡。而這正是被中國人所正確地批評的地方，雖然我也承認，中國自己的解決方法，感覺像是回到昔日那種簡單的小學式馬克思主義，這種路徑其實都是在規避分析所帶來的真正問題。

然而，真實而且活躍的理論活動確實存在。舉例來說，其中最具發展性的一個現象，就是關於馬克思所謂亞細亞生產方式之討論的復甦，自從大約一九六〇年開始，在法國、匈牙利、德意志民主共和國、英國、捷克斯洛伐克、日本、埃及，與一些其他的國家，都持續在進行，而且一九六四年後，即使在蘇聯，甚至中國——雖然對其採取批判的態度——也都有發展。大家可別忘了，馬克思的這個觀念，在一九二八年（中共正在批評它的時候）與一九三〇年代初期（當它被蘇聯禁止的時候）之間，曾被國際共產黨運動所放棄，而且自彼時開始，便處於理論上一片空白的狀態。[8]

在今天討論這個問題的本質是什麼？顯然是要針對馬克思主義者的分析在今日世界的適用性；或者說，針對因為明顯地已經不能再適用舊形式的文義，必須為契合今日世界需求所

6 對於像帕門．杜特的《三個國際》（*Three Internationals*）這類致力於自我批判分析的著作，我並沒有輕忽的意思。但是它們並沒有能夠在今天可能且必須的範圍內達成目標。

7 編註：奧斯卡．蘭格（Oscar Lange），一九〇四～一九六五，是波蘭經濟學者，同時也是一位外交官。他以倡導在社會主義制度中使用市場定價工具，提供市場社會主義模式而聞名。其一度入籍美國，恢復波蘭籍後，成為波蘭聯合工人黨成員，以及集中管理經濟的信徒。

8 想了解這些討論，可參閱 G. Sofri, *Il modo di produzione asiatico*, Turin, 1969。

做的修正。[9]此外，「今日世界」必須包括社會主義與非社會主義的世界，然而很少有馬克思主義者的分析能夠鞭長及此。用政治的術語來說，就是關係著社會主義在非社會主義國家中的勝利，以及社會主義在社會主義國家中之進一步發展的觀點。這說明了有必要對一些更具理論性的問題，進行非結論性的討論。很顯然，這其中有部分與即時的或其他的政治議題，並沒有直接的，或可察覺的關聯，雖然此點並不常被發現。譬如說，不管我們最後是否斷定，中國過去的歷史在某些時代裡，可以依照馬克思的「亞細亞模式」加以分析，這對於中國共產黨政治的現在與未來，都不會有什麼改變。不過，雖然我們可以在這些辯論之中，區別出理論的與實踐的觀點，但在現實上對它們是沒辦法完全加以區別的。

在政治方面，我覺得在非社會主義國家的主要問題是，到底有多少、以及有哪些不同的道路可以通往社會主義？十月革命之後已形成一種傾向，就是基本上不論在任何時代，都只有唯一的一條道路，儘管各地的情況並不完全相同。世界共產主義者運動的集中組織，以及其後蘇共的宰制，都益加說明了這個說法的不可變性。它也正是中蘇之間討論的噩夢。這裡我們必須做兩個面向的觀察，對馬克思主義者來說，其中一個比較沒有問題。第一就是，很清楚的，通往社會主義之路不可能是相同的，譬如英國相對於巴西，或是瑞士相對於哥倫比亞；在觀點上也不可能是處處同樣光明，或通通陰霾一片。馬克思主義者的任務，就是將世界劃分為各個現實的集團，然後正確地分析各個集團裡迥異不同的進步情況，而不要試圖將任何的一致性（譬如「和平轉移」或「暴力顛覆」）通通加諸在他們身上。這在原則上不難，惟一旦涉及拋棄許多過去的分析與政策，在實踐上就非易事。

要承認即使傳統的共產黨或勞工運動，在其中都只能扮演一個次要的角色，以及可能發展出邁向解放、甚至邁向社會主義之路，則困難多了。在這裡，我想到的是像古巴、阿爾及利亞、迦納，與或許還有其他的國家。或者更簡單地說，我們應該自問，對於共產黨在社會主義進程裡所扮演角色的理論，難道不應在某些情況下拿出來再思考一遍嗎？譬如說，最近在義大利共產黨裡的討論提醒了我們，社會民主黨與共產黨在一九一四年之後的分裂，對今天的某些國家來說，是否仍有其正面意義。提出這類問題，或是視之為一個既有的問題，並不是說現在就可以提出或建議任何答案。我只是認為這些問題並不會因為對它視而不見，就可以避免得了。

事實上，不管我們喜不喜歡，在社會主義世界（以及我們現在所能想到的，在非社會主義國家中將來的社會主義），也出現不少問題。在這類國家中，出現的問題會像是最佳

9 任何對於這種評估感到懷疑的人，可以好好再讀一遍比如一九三〇年代約翰．史特拉謝的那本《你為何必須做個社會主義者》（*Why you should be a Socialist*），或是像一九五〇年代初期帕門．杜特的《英國的危機》（*Crisis of Britain*），以及同類著作，庫西寧的《馬克思主義–列寧主義基礎》（*Fundamentals of Marxism-Leninism*）等，書中有非常典型的馬克思主義者用語。

農業政策之類的經濟問題（在這方面他們大部分都曾遭遇過非常嚴重的失敗），或是經濟計畫、資源與消費財的分配等等的最佳途徑。或是像什麼才是這種國家機構裡最佳的組織形式之類的政治問題（在他們之中有不少這類的機構都遭遇到十分嚴重的難題）。它們是官僚化，或表現自由等等問題。它們同時也是國際問題，光從各個不同的社會主義國家之間關係的困難度，不就可以看得一清二楚了嗎。還有（如同陶里亞蒂在其「回憶錄」中所指出的）民族主義在社會主義國家中所扮演的角色問題。我在這裡再次提到這些問題的存在，但並不表示不能藉由歸咎於社會主義之前的殘餘勢力、歸咎於改良主義與教條主義，或主張如果事情都能被「解放化」的話，它們將會全部消失之類的舉動，來尋求任何答案。

所有這些問題都需要進行理論上的討論，以及在某些情形下，與長久既存的態度分道揚鑣（譬如對於列寧，就永遠是其中的一個選項），或進入全然嶄新領域的動機。我們一向不習慣如此，因為我們早就忘記，馬克思主義者在過去也曾如此做過。舉例而言，在俄國十月革命之後，他們必須進入一個馬克思完全沒有探索過的領域，充其量只有曾經在一些非常廣泛的句子裡提過它們，比如落後國家中的經濟發展問題等。因為馬克思主義者這麼做了，讓馬克思主義在今天成為一個持續不斷的世界性運動。畢竟，正是由於相當多後馬克思主義者對資本主義中帝國主義面向的分析，以及一九二〇年代，蘇維埃馬克思主義者主要的理論發現，也就是發現將落後國家轉變成為現代國家的路徑，方才使得馬克思主義成為今日世界中的一個真正的運動。另外，部分這些事實讓我們能返回馬克思主義者與非馬克思主義者間的對話，因為它們涉及了對非馬克思主義科學家們之成就的學習。若馬克思主義不曾僵化，它將會使自己與科學的最佳成就齊頭並進，而且無疑將走在前面。不過這點已無關緊要。因為事實上在許多方面它並非如此，因此，我們現在更要邊教邊學才行。

這將我帶到結論。我們現在正處於馬克思主義支離破碎的情況下，不論是在政治上還是理論上。為了可預見的未來，我們必須學習與之共同生存。惋惜悔恨那些它沒有支離破碎的日子，並無實益。我們正處於馬克思主義在兩方面必須加緊腳步、迎頭趕上的情況。它必須去除過去曾歷經過的，知識冰河時期的遺緒（這不表示它必須自動否認自己在那段時期所說的話和所做的每件事）。而且，我們必須吸收該科學中的最佳部分，因為我們已經不再認真思考該主題。我故意使用嚴苛的字眼，是因為這裡需要這麼用。我們必須提問也必須解答；尤其是我們應當捫心自問。我們必須準備認錯。我們必須停止假裝擁有一切的解答，因為我們顯然並沒有。最重要的是，我們必須再次學習使用馬克思主義為一種科學方法。

我們還沒有做到這些。我們已經不斷地在做與任何科學方法都不能相容的兩件事；並且不只是從史達林的晚年開始，我們在更早以前就這麼做了。首先，我們已經曉得了答案，只是藉著研究來證實它們；其次，我們將理論與政治辯論混為一談。這兩者都無藥可救。譬如我們說：「我們知道任何地方都是藉著革命的進行，才從專制主義過渡到資本主義。」因為馬克思曾如此說過。如果不是如此，那歷史可能不是由革命，而是由漸進主義與社會民主主義所推進的說法，就可能是對的。是故，我們的研究會顯示（一）一六四〇年在英國的革命是布爾喬亞的；（二）在那之前英國是一個專制國家；還有（三）在革命之後它成為一個資本主義國家。我並不是說這個結論是錯的，雖然對於（二）我相當懷疑；但是現在我沒法在這裡討論它。因為假若最後發現事實與結論不符，我們也只會說，去他的事實。

我們之所以會這麼說，要回溯到一九一四年前歷史上的理由，然而現在這些理由對我們來說，並無關緊要。而且不論這個事實是否契合共產黨人或社會民主主義者，都與馬克思主義沒什麼關係。在整個歷史上，英國勞動階級的情況沒有絕對惡化的這個事實，是契合自由派與社會民主主義者而非革命分子思想的。但我們如果為了這個理由否認事實，那我們就是傻瓜，而且不配作為馬克思主義者。馬克思主義，是藉由知識來改變世界的工具，因此作為政治家的我們使用它。它不是用來獲取政治辯論賽優勝點的手段。有許多我們最有天分的老共產黨人，浪費太多時間去當馬克思主義理論作家，因為他們無法察覺這點。

我們必須走回作為一種科學方法的馬克思主義。或許，當今世界——包括英國——的情勢中，最可期待的徵象不是別的，是有更多的馬克思主義者循著這條路徑走向馬克思主義。

而奠基於馬克思主義的社會主義，即使是在馬克思主義盡全力對自己縛手縛腳的時期裡，仍在世界上創造了極大的進步的事實，說明了它是條可行之路。

一九六六

12

列寧與「勞工貴族」的政治
Lenin and the 'Aristocracy of Labour'

下面這篇短論，是一份為恭逢列寧百歲誕辰而撰寫，討論其思想的稿件。對一個英國馬克思主義者來說，處理這個題目並不困難，因為「勞工貴族」政治這個觀念，很明顯的，是列寧自英國十九世紀資本主義歷史中所演繹出來的。由他論述「勞工貴族」屬於某種勞動階層所使用的參考資料可以發現，其內容應該完全取樣自英國（雖然在關於帝國主義的閱讀筆記裡，他也同樣在大英帝國的「白色」部分，點出類似的現象）。至於這個名詞本身，則幾乎可以確定是取自恩格斯在一八四五年所撰寫，並於一八九二年再版的《英國工人階級狀況》[1]一書中導言的句子，該文描述龐大的英國職業工會，就像是形成「一個在勞動階級中的貴族政治」。

這個字眼本身固然可能是由恩格斯所創，但其概念卻慣見於英國的政治–社會辯論之中，特別是在一八八〇年代。

1 編註：Friedrich Engels, *The Condition of the Working-class in England in 1844*, Leipzig, 1845 (1887 in English)。

一般都認為，在這個時期的英國勞動階級中包含著一個既得利益階層——一個屬於少數的，但在數量上卻相對龐大的階層——它最通常是指涉那些「技工」(artisans，也就是有技術的受雇工匠和勞動者），以及特別是那些利用職業工會或其他的勞動階級組織、自我組織起來的一群人。國外的觀察家也同樣使用這個字眼來表達此一概念，譬如舒茲-蓋佛爾尼茲[2]，而列寧就曾在其著名的《帝國主義是資本主義的最高階段》的第八章中，帶著同意的態度引用他關於此點的看法。[3]這種習慣上的指涉並不全然是對的，不過就像一般對上層勞動階級概念的用法一樣，反映出一種明顯的社會事實。馬克思、恩格斯與列寧，都沒有「發明」一種叫勞工貴族政治的東西。在十九世紀後半葉的英國，它是一個太明顯的存在，就算它曾出現在其他地方，顯然也比較不易察覺、或不那麼突出。列寧甚至推測，直到帝國主義時期，它都沒有在其他任何地方出現過。

恩格斯論述的創新處是在其他部分。他指出這種勞工貴族政治，是由於英國在工業世界中的獨占地位所造成，當這種獨占狀態結束，它也就隨之消失，或是被推近其他無產階級。關於這點，列寧可說是恩格斯的追隨者，事實上，就在一九一四之前幾年，當時英國的勞工運動正開始走向基進化，他便刻意強調恩格斯論述的後半部，而從他的文章中可以發現不少佐證，像〈英國關於一個自由勞工黨的辯論〉(一九一二)、〈一九一二年的英國勞工運動〉，以及〈在英國，機會主義的悲慘下場〉(一九一三)等。雖然列寧對於勞工貴族政治就是英國勞工運動中機會主義與「自由派－勞工主義」的基礎這點，沒有絲毫懷疑，但在彼時，他並未特別強調該論點的國際隱義。舉例來說，他並沒有在他對修正主義的社會根底分析中，明確地使用此一觀點（見〈馬克思主義與修正主義〉，一九〇八，以及〈歐洲勞工運動的差異〉，一九一〇）。而是認為，像無政府－工團主義的修正主義，都是某些中間階級，諸如小型工坊、家庭勞動者等等，在發展中資本主義的邊緣所不斷創造出來的。他們會一個一個、不斷投入無產階級的陣營，因此，小布爾喬亞的傾向，也就不可避免地會被滲透進無產階級黨團之中。

他從勞工貴族政治的知識中所導引出來的思想路線，在這個階段就有些不同了，而必須要特別說明的是，他維持著這個路線，至少部分，一直到他的政治生命結束。由此，或許我們可以連帶發現，列寧對於這個現象的知識，並不只是來自馬克思和恩格斯的著作（後者經常對英國的勞工運動加以批評），也不只是來自與他相熟的英國馬克思主義者（他在一九〇二到一九一一年之間曾旅居該地六次），還可能來自對十九世紀「貴族政治」化的職業工會，最完整、內容最詳實的著作，也就是希德尼．韋伯和畢垂斯．韋伯所撰寫的《工業民主》。[4]

2 編註：舒茲－蓋佛爾尼茲（Schulze-Gaevernitz），一八六四～一九四三，德國政治學家、經濟學家。

3 編註：Vladimir Lenin, *Imperialism, the Highest Stage of Capitalism*, Saint Petersburg, 1917。第八章章名為「資本主義的寄生性和腐朽性」（Parasitism and Decay of Capitalism）。

4 編註：Sidney and Beatrice Webb, *Industrial Democracy*, London, 1897。

當他流放西伯利亞之際，曾將這本他相當熟悉的重要典籍翻譯出來。該書也剛好讓列寧得以直接認識英國費邊主義者與伯恩斯坦之間的掛鉤。「不少屬於伯恩斯坦的論點與觀念的原始資料，」他在一八九九年九月十三日的一封回信中寫道，「是在韋伯最近所寫的那本著作裡」。在之後的許多年，列寧仍持續引用取自韋伯書裡的資料，而且在《什麼是應該做的？》的論述過程中，也特別參考了《工業民主》一書。

從英國勞工貴族政治的經驗中，可以導引出兩個命題的部分，或全部。第一個是，「所有那些對勞工運動自發性的奉承，所有『良心因素』扮演的角色與社會民主主義扮演的角色的卑躬屈膝，意味著布爾喬亞意識形態的影響力在勞工群體中增長，不論你是否贊成」。第二個是，一個純粹屬於職業工會的鬥爭，「必然是一個根據職業所進行的鬥爭，因為在不同職業中，勞工的際遇會有很大的不同，因此，為改善這些際遇的戰鬥，只能就每種職業分別展開」。（出自《什麼是應該做的？》，其中第二個主張是直接引述韋伯的著作作為論述基礎。）

第一個命題的立論基礎顯然認為，在資本主義之下，布爾喬亞意識形態是享有霸權的，除非「良心因素」刻意對其加以反動。這個重要的觀察，已經帶領我們遠遠超越僅對勞工貴族政治提出疑問的階段，因此我們已無須在這裡進一步探究。第二個命題與勞工貴族政治掛鉤較深。它主張依據資本主義中的「不均衡發展律」——即是，在同一個經濟制度中，不同的工業、區域等出現的條件差異——一個屬於純粹「經濟主義者」（economist）的勞工運動，勢必傾向將勞動階級切分為一個個「自利的」(「小布爾喬亞的」)區塊，以追求其自身的利益；為了與其雇主聯合，必要時可以犧牲其他的區塊。(列寧曾多次引用一八九〇年代，「伯明罕同盟」的例子，它企圖在許多不同的金屬產業中建立一個共同組合-經營政團，以維持價格；而幾乎可確定的是，列寧使用的這份資料應該也是來自韋伯的著作。)因此，這麼一個純粹的「經濟主義者」運動，必然會敗壞了無產階級的一致性與政治意識，並且會削弱了其革命性角色，或對之加以反動。

這也是一個非常一般性的說法。我們可以把勞工貴族政治視為這種一般性模式的特例。它在資本主義的經濟環境允許對無產階級作出明顯讓步時，篡升而起，在其中，某個勞工階層，藉著他們特別缺稀的、專門的技術，以及戰略地位、組織力量等等，為他們自己、而非別人，謀求一個顯然更好的處遇。因此，如同列寧有時所暗指的，可能在某個與十九世紀後期的英國具有同等歷史意義的時刻，勞工貴族政治幾乎就是指涉那些有效的職業工會運動。

不過，如果這種說法在原則上更為一般的話，所謂的勞工貴族政治，無疑就是列寧在使用它的時候心裡所盤算的典型。我們一再發現他使用如下的字眼：「小布爾喬亞狡獪的精神瀰漫在勞工貴族政治之中」(〈國際社會主義局的活動〉，一九〇八)；「英國職業工會偏狹的、貴族政治的、庸俗的利己主義」、「英國人自己洋洋得意於他們的『實用性』，以及他們對普遍原理的厭惡；這是在勞工運動中，狡獪精神的表現」(〈英國關於一個自由勞工黨的辯論〉）；還有「這種勞工貴族政治，將自身孤立於無產階級群眾之外，而陷入封閉、自私、狡獪的工會裡」（〈哈瑞・葵希〉，一九一三）；更有甚者，在很久以後，而且是在一份經過仔細思考的綱領性宣言中——事實上，就是在他的《共產國際二全大會關於農業問題綱領草案》（一九二〇）中，很清楚地將它們串聯了起來：

如果這些勞動者讓自己完全只關切自己狹隘的狡獪、狹隘的職業利益，而且自以為是地自限在關切並專注於改善自己的、有時是可以容忍的小布爾喬亞的際遇，則工業勞動者將無法完成他們將人類從資本主義的桎梏，與戰爭之中解放出來的世界性－歷史性使命。這就是確確實實發生在許多先進國家裡的「勞工貴族政治」，他們正是第二國際裡的那些所謂社會黨的信仰基礎。

以上引述，加上列寧早期與晚年關於勞工貴族政治的想法，自然會使我們有所聯想。所有的馬克思主義者都熟悉這些晚期的著作。它們大部分開始於一九一四到一九一七年這段時間，是列寧嘗試對戰爭的爆發，以及特別是第二國際與組成它的黨的大多數因而嚴重受創崩潰，提供一個首尾一致的、屬於馬克思主義者的解釋大全。在《帝國主義是資本主義的最高階段》那著名的第八章，以及文章〈帝國主義與社會主義中的分裂〉中，都有對之最詳盡的敘述，後者是在稍晚（一九一六年秋天）完成，意在加以補充解釋。

〈帝國主義與社會主義中的分裂〉一文並沒有那麼廣為人知，但《帝國主義是資本主義的最高階段》中的主張卻十分有名氣。該主張的內容大體是這樣：由於英國資本主義的特殊地位，「在世界市場上擁有廣大的殖民地與居於獨占者的地位」，在十九世紀中期，英國的勞動階級就已經傾向被劃分為一個勞工貴族的既得利益少數，以及一個龐大、人數眾多但卻較低的階層。較高的階層「成為了布爾喬亞們」，而就在同時，「一些無產階級心甘情願地接受布爾喬亞的收買，或至少接受他們給予的報酬而被其領導」。在帝國主義的紀元裡，這曾經純粹屬於英國的現象，現在也已經普遍出現在所有的帝國主義勢力之中了。因此，墮落為社會–沙文主義的機會主義，支配了第二國際中所有領袖黨團們的性格。然而，「今天，機會主義在任何國家的勞動階級運動裡，都將不能像在英國一樣，獲得數十年的勝利」。因為，全世界的獨占現在將要被許多競爭的國家所瓜分。這種帝國主義雖然使勞工貴族政治的現象普遍化，但也同時提供了讓它消失的條件。

《帝國主義是資本主義的最高階段》書中相形之下較為粗略的句子，在〈帝國主義與社會主義中的分裂〉裡，被延展為相當完整的主張。獨占的超級利益，它容許資本主義者「去投注一部分（而且這部分還不小！）以收買自己的勞工，建立那些屬於每個國家與其資本主義者的勞工間的同盟，以對抗其他的國家」。藉此，可以解釋勞工貴族政治的存在。這種「收買」是透過托拉斯、財政的寡頭政治、高昂的價格等等運作的。(也就像是一個資本主義與其勞工之間共同的獨占企業。)這種潛在的收買額數相當驚人——列寧估計它或許有一億法郎之多——因此,在某種情況下,該階層就是獲利者。畢竟,「至於像如何將這小小的賄賂分配給勞工的閣員們,『勞工代表們』……戰爭工業委員會的成員們、勞工幹部們、被組織在狹隘狡獪工會中的勞工們、辦公室的受雇者等等,不過是次要的問題」。這些主張的其餘部分,除了下面會再提及的之外,都只是擴大、但實質上並沒有變更《帝國主義是資本主義的最高階段》一書中的主張。

我們不能忘記列寧的分析是嘗試去解釋一個特定的歷史狀態——第二國際的崩潰——還有支持他由其中所導出的特定政治結論。他首先主張,因為機會主義與社會-沙文主義只代表了極少數的無產階級,所以革命分子們必須「走下更低與更深之處,走向真實的群眾」,其次,現在這「布爾喬亞的勞工黨」,已不可挽回地被出賣給布爾喬亞們了,它們在革命之前是不會消失的,而且也不可能會循某些路徑「返回」革命無產階級這一端,雖然在馬克思主義受到勞動者歡迎的地區,他們仍然會「以馬克思之名宣誓」。是故,革命分子們必須拒絕讓革命無產階級與勞工運動裡機會主義者的庸俗化路徑二者相結合。簡單地說,就是國際運動必須要分裂,才能使一個屬於共產黨人的勞工運動,取代一個社會民主主義的勞工運動。

這些結論適用於一個特定的歷史狀態,但是支持它們的分析卻更具普遍性。因為它固然是一個特定政治辯證的一部分，同時也是一個更廣泛的分析。對於列寧關於帝國主義以及勞工貴族政治的主張中一些曖昧不明之處，我們沒有必要字斟句酌、加以苛求。我們也可以發現，他自己已經把它的某些面向置於一旁，當成「次要的」。當然，這個主張本身在某些方面確實不夠明確，或是模糊曖昧。而這些困難大部分是因為列寧有時堅持認為，勞動階級中敗壞的部分是而且只能是少數，有時卻是以辯證的方式宣稱，相對於那些沒有被「布爾喬亞的尊貴」所「感染」的一群，只有非常少的少數，他們也是馬克思主義者所必須籲求的對象，因為「這是馬克思主義者策略的精華所在」。

首先，很明顯的，即使是依照列寧的估計，這敗壞的少數在勞動階級中，可能是一個數量相當龐大的部分，而在組織化勞工運動中，占有更大的比例。即使它像十九世紀晚期英國的勞工組織，或是一九一四年德國的勞工組織（這是列寧的描述）一樣，總額只占無產階級的百分之二十，仍無法抹殺其在政治上的影響力，列寧因為太現實了不能這樣寫，所以在他的陳述中有些遲疑。他說不是全部的勞工貴族政治都如此，只有其中的「某個階層」在經濟上向布爾喬亞靠攏（〈帝國主義與社會主義中的分裂〉）。我們並不清楚它指涉的究竟是那一個階層。書中特別指出的勞工形態，只有那些修正主義者勞工運動中的公職人員、政客等等。這些人的確是敗壞的少數——非常少的少數，而且是常常公然出賣給布爾喬亞的人，但為何他們能夠操控追隨者而獲支持？這個問題他沒討論。

其次，在關於勞工群眾的地位方面也留下不甚明白之處。很清楚的，我們不能認為被列寧視為「機會主義」基礎的、開發獨占市場之機制運作的結果，只會給勞動階級這個階層帶來利益。我們有一個好理由可以如此推論：在勞工與國家及其資本主義者之間，用以對抗其他國家的「某種像同盟般的東西」（這是列寧藉由韋伯的「伯明罕同盟」這個描述），對所有的勞工而言，都寓意某些好處，雖然這種好處對於那些在他們之中組織良好、戰略性強的勞工貴族們，很明顯地更大更多。十九世紀英國資本主義在世界市場上的獨占地位，提供了勞工貴族政治非常實質的利益，也的確沒有提供較低的無產階級階層什麼值得一提的好處。但這是因為在競爭性的、自由化的「放任主義」（*Laissez-faire*）式資本主義與通貨膨脹等條件下，除了市場機能（包括少數能夠適用它的無產階級集團的團體協約在內），沒有任何其他機制能夠將世界市場獨占的利益分配給英國的勞工們。

但是在帝國主義與獨占資本主義下的情形就不再是如此了。托拉斯、價格的平準、「（企業）聯盟」等等，都是將這些惠益更普遍分配給受影響勞工們的手段。何況，國家的角色正在改變，如同列寧所察覺的，「勞合喬治主義」（這一點他在〈帝國主義與社會主義中的分裂〉裡作了最具知覺性的討論）著重「在社會改良的形式下，保證給予聽話的勞工們相當實質的甜頭（保險等等）」。相形之下，很顯然「非貴族化」的勞工因這種改良，要比已經舒舒服服安居其位的「貴族們」受益更多。

最後，列寧關於帝國主義的理論認為，「最富裕，享有特權的少數幾個國家」變成了「其餘人類身上的寄生蟲」，也就是成了集體的剝削者，他同時建議將世界劃分為「剝削的」與「無產階級的」國家。但是這種集體剝削的利益，能夠完全被歸諸於都會無產階級中那層特權階級嗎？列寧已經敏銳地察覺到，最原始的羅馬無產階級，其實是一個集體性的寄生階級。在一九〇七年十一月關於共產國際斯圖加特代表大會的文件中，他觀察到：

> 屬於那些什麼都沒有、但又不去勞動的階級之人，並沒有能力推翻剝削者。只有維繫著整個社會的無產階級才有能力去引發一個成功的社會革命。現在我們了解到，由於一個影響深遠的殖民地政策，使得歐陸的無產階級有部分是處於其勞動並非在維繫著整個社會，而實際上是被奴役的殖民地人民的勞動在維繫整個社會的情況之下……在某些國家中，這種環境，是在替一兩個國家的無產階級感染殖民地沙文主義，製造物質與經濟的基礎；當然，可能這或許只是一種短暫存在的現象，然而我們必須清楚地認識這個罪惡，並了解它的肇因……

「馬克思經常引用西斯蒙第非常有名的一句話，大意是說古代世界的無產階級，是靠著社會的供養而生存，然而現代社會卻是靠著無產階級的供養而生存。」（一九〇七）九年之後，在〈帝國主義與社會主義中的分裂〉的探討文本中,「羅馬無產階級是靠著社會的供養而生存」,又再次被提出來。

列寧對修正主義的社會基礎之分析,通常看起來好像只是在處理一個勞工貴族政治的形成。當然,不可否認的,列寧的分析裡,對這個觀點要遠比任何其他的觀點都來得強調,而且為了政治主張的目的,幾乎刪除掉所有其他的觀點。同時,很明顯的,列寧在分析中對其他部分遲遲不肯深究到底,它們似乎都不是他在這個時候想傾注全力強調的政治重點。不過,在仔細閱讀他的作品後可以看出,他確實曾思考過這個問題的其他面向,而且他也明瞭,在一個過度單向化的「勞工貴族政治」研究法中,存在著某些困難。今天,我們既然已經可以將何者是在列寧的主張中具有持續關聯性的,與什麼是反應出他的資訊所受的限制,或是某特殊政治環境的要求,區別開來,我們就應該站在一個歷史性觀點的位置,來考察他的作品。

如果我們試圖依此觀點來評判他關於「勞工貴族政治」的作品,大概可以總結地說,他在一九一四到一九一六年的作品,比起他自《什麼是應該做的?》開始,一直到一九二〇年的《關於農業問題綱領草案》所不斷追求的深刻思路來說,是比較沒那麼完整。事實上,雖然他對於「勞工貴族政治」的分析,有許多可以適用於帝國主義時期,但是作為列寧對此問題思想基礎的十九世紀(英國)古典模型,至少已經不能再被視為關於一九一四年以前英國勞工運動中修正主義的適當指引，雖然當時它仍是勞動階級的一個階層，但它達到顛峰階段的時間，大約是在十九世紀後期與二十世紀初期。

另一方面，列寧關於職業工會運動中的「自發性」危險，以及「自私的」經濟主義等更為一般性的描述，雖然是藉由十九世紀末英國勞工貴族政治的歷史模型所描繪，至今仍然完全有效。它確實是列寧對於馬克思主義最根本的、永遠燭照後世的貢獻之一。

一九七〇

13

論修正主義
Revisionism

思想史對知識分子來說，是個迷人的主題，畢竟它所處理的，正是知識分子自己從事的行業。思想史同時也是一個極端容易誤導與令人困惑的課題，尤其當它涉及既得利益、現實政治，或是其他非理論性事務的時候，就更是如此。沒有人能夠單單根據神學上的討論，來理解東方與西方教會為何分裂；或是期待一份就紙煙與肺癌間關係的辯論所寫的純粹知識史，除了偏見與自我欺瞞的力量外，還能揭露什麼東西。馬克思留給我們最著名的提醒就是，並非意識決定了物質的存在，而是物質的存在決定了意識。這句話十分貼切地告訴我們，某些從白紙黑字看似重要的現實，事實上除了某些實用現象外，要嘛不存在，要嘛就是不重要。凱因斯的《一般理論》之能夠擊潰財政學派的正統學說，並不是因為它在知識上的優越性，而是因為大蕭條與其所實際造成的影響。

在社會主義與共產黨人運動的歷史中，「修正主義」的存在，清楚地描繪出一個孤立的思想史會造成的危險，因為它向來就是專屬知識分子的事業。但是近來一些文章、書籍和作者們所製造出來的政治傾向，卻是一種無法衡量「修正主義」實際重要性的、眾所周知的差勁標準；當然，知識分子可能不同意。基爾特社會主義雖然言詞鏗鏘有力，且如教諭般屢屢被提及，但頂多也只夠格作為英國勞工運動實際歷史裡的一個註腳；在一九二〇年代，蘇聯的托洛茨基主義固然比「右翼歧異分子」擁有更多、更能幹的代言人，但是在大學校園外，黨團中堅幹部中真正支持它的，幾乎可以確定是少之又少。因此相反的，理論家們所倚賴的數字，以及他們主張的性質，其實並沒有辦法告訴我們太多他們或許曾經投入的實際運動的種種。

德國社會民主黨幾乎槍口一致地指責伯恩斯坦，然而，事實上該黨內改良主義領袖的政策，不是比伯恩斯坦所建議的更加小心翼翼嗎？一九五六年，匈牙利的修正主義者聲言要回到一個更純粹、更民主的列寧主義，然而正如同格里夫茲先生在其一篇被收入文化自由會議的研討會論文集——《修正主義：馬克思主義思想史論文集》[1]（也是關於這個主題少數幾份值得參考的文件）書中文章所正確指出的，在那些狂熱的日子裡，匈牙利事件真正的方向，與任何形態的列寧主義都扯不上關係。簡而言之，一個對「修正主義」的研究，若是如同該書所聲稱的，是一套主要「關於馬克思主義者思想史的論文集」，應該只會讓人更為混淆，而不是更為明智。

我這樣說並不是想要否定對於這種思想研究的興趣。即使處於這種特別、且微妙的氣氛中，我們仍必須對理論家與異端邪說的發掘者兩者所具有的，那種會高估知識概念中斬釘截鐵與咄咄逼人力量的職業病，有所警覺。我們常常容易忽略人類心靈一旦接受了足夠的動機後所產生的那種，幾乎對所有理論都能賦予實踐意義的能力。要將正統馬克思主義，這個由無產階級所揭示的特殊革命宣言，轉變為一種漸進主義的、或布爾喬亞自由主義的意識形態，看起來或許不簡單。但是許多西方的社會民主主義馬克思主義者，卻藉由主張資本主義尚未讓自己邁入最終階段的極化狀態，所以革命的時機尚未到來，而將其轉變為一種漸進主義。至於俄國的「合法馬克思主義者」（legal marxists，在該書中很少被引述），則是利用馬克思曾說的，在某個歷史發展階段（他們的意思就是現在！），當自由化的資本主義在進步，就應當被鼓勵，而將其轉變為布爾喬亞自由主義的意識形態。這兩種顯然是乖張扭曲的過程，自有其歷史上的理由：地方的漸進主義者（可不像英國的費邊主義者），不願放棄他們在歐陸勞工運動中馬克思主義者組織的力量；而在俄國，由於欠缺任何有力知識分子傳統，讓做生意的人有自信以及自覺對社會有所貢獻，即使只是在有限的歷史時空之下。不過，一個理論在沒什麼改變的情況下，竟然在實踐上成就了相反的結果，這種現象對於熱衷純粹主義的歷史學者，以及那些深信「犯一次錯，學一次乖」（*post hoc ergo propter hoc*）的人來說，都應該是個

1 Leopold Labedz (ed.), *Revisionism, Essays on the History of Marxist Ideas*, London, 1962.

警惕。

將一個思想的內容與其所產生的後果混在一起，很顯然是危險的。我們都知道，在早期馬克思主義者的分析理論中，所謂的「黑格爾派」（即「異化」），曾經強烈吸引著一九五〇年代的修正主義者。它使他們能夠設想出一種反對資本主義的情境，亦即在富裕年代的舒適生活中，存在有一個「異化的社會」，同時強調馬克思的人道主義者面向，他的道德熱情與對自由的關切。不過，正如丹尼爾．貝爾先生所指出的，這是一種相當新的主張。因為，在一九三〇年代，「異化」理論在正統馬克思主義者與反對派的主張中所扮演的角色，非常微不足道，甚或根本不存在。這種對於黑格爾的反思，在《蘇聯共產黨簡史》的諸神廟裡，幾乎只有一筆帶過，評註甚少。另外，這些少數黑格爾派的馬克思主義者或親馬克思主義者，要嘛是置身於政治與黨內的鬥爭之外，例如恩斯特．布洛赫與法蘭克福集團，要嘛就是忠誠的史達林主義共產黨人，例如盧卡奇[2]與列費伏爾[3]。反過來說，假如真的要說非正統或「自由派」與「漸進主義」的馬克思主義者曾有什麼哲學上的血統淵源的話，它也會是康德派的，而不是黑格爾派的（「合法的馬克思主義者」伯恩斯坦，以及後來的科拉科夫斯基[4]都是如此），但該書裡絕少提到這個傾向。

不過，將「修正主義者」吸引到黑格爾派馬克思的，似乎並不盡然是他們在一九五〇年代想要由他身上發掘的東西——像盧卡奇本身從馬克思演繹出來的，就與自由派相去甚遠。

然而事實上他卻被認為是異端邪說，這導致他的那些飽受黨團御用作家苛責與恫嚇的擁護者，反而能夠吸引到具有批判精神的青年們。如果要從閱讀一八四四年的馬克思、或一九二三年的盧卡奇，去追溯「修正主義」，其所能發現的，恐怕會比教條派或《修正主義》一書的作者們有更大部分會是後見之明。同時，如此也將思想套用在某種政治身段上的程序過分簡化，有些是更適合，有些則是不適合。畢竟是身段需要思想，而不是思想需要身段。

這種程序似乎不是唯一會讓該書讀者感到困惑的地方。後者主要是想發現，作為一種歷史現象的「修正主義」究竟是怎麼回事。不過，如果有一本研討會論文集能夠不偏不倚地涵蓋從伯恩斯坦與托洛茨基、布哈林[5]與奧托・鮑爾[6]、盧森堡、普列漢諾夫、德柏齡[7]，到盧卡奇與狄托，而且在歷史上能夠包覆構成「修正主義」在馬克思主義正史上兩個相當短暫的

2 編註：盧卡奇・捷爾吉（Lukács György），一八八五～一九七一，匈牙利馬克思主義哲學家，傳統西方馬克思主義創始人，將物化和階級意識引入馬克思主義哲學和理論。

3 編註：昂希・列斐伏爾（Henri Lefebvre），一九〇一～一九九一，法國馬克思主義哲學家和社會學家，以開創對日常生活的批判著稱。

4 編註：萊謝克・科拉科夫斯基（Leszek Kolakowski），一九二七～二〇〇九，波蘭哲學家，以對馬克思主義的批判性分析聞名。

5 編註：尼古拉・布哈林（Nikolai Bukharin），一八八八～一九三八，蘇共早期的重要領導人之一，亦為蘇聯政治理論家、革命家、思想家、經濟學家。

時期（一個是環繞著上個世紀結束之際，一個則自一九五〇年代開始），就可能不會令人感到困惑了。這兩個時期有某些相同之處。兩者都發生在因一連串事件——特別是在西方世界資本主義所展現的實力與富裕——的出現，讓人不禁開始對於馬克思主義者所深信的，資本主義即將瀕臨崩解的預言，以及被認為是這些預言基礎的一般分析，產生重大懷疑的時刻。兩者都對應了「馬克思主義中的危機」（這個名詞為馬薩里克[8]在一八九七年所創），也就是說，對應了修正它或補充它的企圖，或是要為社會主義者的行動，尋求完整或現實的基礎。這兩段令人遲疑的時期，後來都被證明是極為短暫；而且就算它們存在，也主要出現在那些老派馬克思主義革命觀點已變得黯淡無光，或漫無目標的國家裡。沒有出現這種情形的國家，則大致上對其保持免疫的狀態。

與一八九六到一九〇五年間的俄國人一樣，波蘭人、保加利亞人與塞爾維亞人，都是階級鬥爭與革命性躍進大掃蕩等舊有真理的保衛者；同樣的，在一九五〇年代的亞洲、非洲與拉丁美洲，大部分也都沒有受到這些震撼歐陸共產黨團事件的困擾。而在這些國家中，中國人，目前作為對抗新幻惑的舊真理的保衛者，也是從共產黨人運動中去尋求、或籌建他們的助力。

另外，如同該書編者所提出的，在這兩個例子中，「修正主義者」這個標籤，不適用或不應該被適用於那些，與被接受為正統馬克思主義學說非正式分道揚鑣的論述，除了一種，就是那些在社會主義的政治拓撲學（political topography）上居於右側的學說。譬如在一九〇〇年，為了形容伯恩斯坦的馬克思主義式費邊主義，而創造了「修正主義」這個新詞，誠屬一種十分確切的表意。但是到了一九五〇年代，當教條派的共產黨領袖們急急忙忙地將這個名稱套用在所有反對者身上，並自圓其說地將他們與眾人熟悉的，包括放棄階級鬥爭、革命與社會主義連結起來，修正主義的意義就不是那麼清楚了。弔詭的是，在後者的解釋下，倒是與我們手頭這本研討會論文集有許多相同的地方。然而，很明顯的，在當前全球性的、劃分「修正主義者」與其敵手——也就是資本主義的穩定與願景、對抗老舊形態革命的漸進主義、布爾喬亞的民主制度或布爾喬亞思想的優點，以及其他類似的東西——的論爭中，所謂的「修正主義者」，應是指那些在共產黨人光譜裡靠右邊站的那群人。

當然，「修正主義者」包含了各種不同程度的調整，因此像吉拉斯先生[9]就很想將這個名

6 編註：奧托．鮑爾（Otto Bauer），一八八一～一九三八，奧地利社會民主黨人，同時也是左翼社會主義具有奧地利馬克思主義傾向的領導人，啟發了新左翼運動和歐洲共產主義。

7 編註：亞伯拉罕．德柏齡（Abram Deborin），一八八一～一九六三，蘇聯馬克思主義哲學家。其早年加入俄羅斯社會民主工黨的布爾什維克派，之後轉向孟什維克派，被譽為普列漢諾夫的傳人之一。

8 編註：托馬斯．加里格．馬薩里克（Tomas Garrigue Masaryk），一八五〇～一九三七，捷克斯洛伐克首任總統（一九一八～一九三五），捷克斯洛伐克開國三元勛之一。

詞限定在指涉那些，在理論或事實上，由原本的列寧主義轉變為與西方社會民主主義或自由主義難以區分的人。但是實際上這種區分是不可能明確的，部分是因為東歐有許多這一類的修正主義者基於很明顯的理由，喜歡以列寧主義者的主張來從事偽裝；部分是因為靜態的區分會曲解了這個目前還在昇華的思想本質；還有部分則是因為每個人都喜歡能有個修正主義者站在自己的右邊，以便藉此表彰自己的成分。當然，這種區分還是有某種意義。譬如按照古典共產黨人的討論標準，哥穆爾卡先生[10]很明顯是個右翼分子，但他卻也是個純然的共產黨員，而且似乎也願意維持這種身分。這與許多「當下」(*Po Prostu*)圈圈裡的年輕波蘭修正主義者是不可能相提並論的。

在某個面向上，這兩段劇情也當然是不相同的。一九五〇年代的修正主義，大部分都纏繞著一九〇〇年並不存在的社會主義內部問題——特別是史達林主義。它因此變得與數種社會主義運動中的傳統辯論糾纏不清、難分難解；譬如自由主義者與國家社會主義者間的辯論，還有一九二〇年代蘇維埃的論戰。這些其實都跟右翼修正主義沒有什麼原始關聯。相反的，它們經常都是由烏托邦或非烏托邦左翼分子，或是像羅莎·盧森堡與托洛茨基那種具有無可挑剔名聲的基進革命分子，以及對原始修正主義搖旗吶喊的反對者所引發的。此外，在對史達林主義的反動中，共產黨人自非史達林主義的、或前史達林主義的馬克思主義者中尋找先例和啟示，是很自然的事，而且，幾乎只要是任何被忽略的，或偏離正軌的馬克思主義者，都足擔大任。如此一來，混淆更是永無澄清之日。也因為史達林主義者的壓迫，以及托洛茨基對蘇維埃許多手法之批判響徹雲霄，使其在一些革命分子之中倍受歡迎。就在同時，共產主義運動中最能明顯代表托洛茨基派對世界革命觀點的，無庸置疑就是中國共產黨了。

這本由列帕德·拉貝茲主編的研討會論文集中所包含的研究主題，屬於隨機選取，而且其中有不少篇論文已經以各種形式出版過了。這二十七篇研究論文並沒有辦法消除上述的混淆。它所作的，是讓讀者對一些相對沒有名氣的思想家的作品、一些有趣的主張（譬如說盧卡奇的），一些包括作家、期刊，或在西方大多屬於次要團體的資料，有一個方便的概觀。除了關於印度與日本的短短兩篇外，它完全忽略了歐洲以外的世界。該書對於西方共產黨中的危機著墨甚少，只有加利先生關於義大利的那篇論文是個例外，而西方共產黨中的危機偏正是「修正主義」現象一個相當明顯的例證。柯塞教授在他那篇關於美國的論文中，確實完全成功地避免論及美國共產黨；杜威瑙德先生的論文被公認是所有論文中最具地方性色彩

9 編註：米洛凡·吉拉斯（Milovan Djilas），一九一一～一九九五，追隨狄托參加了南斯拉夫人民解放戰爭，曾擔任南斯拉夫共產黨聯盟中央執委、中央書記、國民議會議長、副總統，後因公開主張實行多黨制和西方式的民主，遭到南共聯盟開除。

10 編註：瓦迪斯瓦夫·哥穆爾卡（Wladyslaw Gomulka），一九〇五～一九八二，波蘭政治家、曾任波蘭共產主義工人黨總書記，後因被指責有反蘇傾向而遭到撤職。

的，但該文卻使我們對於法國政治局勢的認識——譬如在凝聚對共產黨不滿的過程裡，阿爾及利亞戰爭所扮演的角色——如陷五里霧中，甚至連像呂西安・戈德曼[11]、索格・馬勒[12]等領袖級的馬克思主義反對派，都略過不提。

這些省略，有部分無疑必須歸咎於編輯一本研討會論文集所無法避免的困難，畢竟這是製作一本書最快、但也最不完善的方式。另外，還必須歸咎於這本書想要表現的歷史方法中所存在的普遍侷限。我們仍期待一本能在其觀點中，將一九五〇年代的「修正主義」當成一種歷史現象的書出現。手邊的這本研討會論文集，或許能滿足業餘的「共產主義研習者」與「蘇維埃研究者」短暫的好奇心，但是它在現代共產主義文獻上所能獲得的最終評價，我想恐怕是不會太高的。

一九六二

11 編註：呂西安．戈德曼（Lucien Goldmann），一九一三～一九七〇，猶太－羅馬尼亞裔，法國哲學家、社會學家，是馬克思主義理論家。

12 編註：索格．馬勒（Serge Mallet），一九二七～一九七三，法國社會學家、政治運動者。其於一九四五年加入法國共產黨，但在一九五六年赫魯雪夫事件後後逐漸遠離共黨。一九六〇年創立聯合社會主義黨。

14

希望的原理
The Principle of Hope

在我們這個年代，人們已不信任西方世界。或許除了遇上像魯賓遜這樣好運氣，有個無人島可以遠離常軌，否則對於未來其實並不抱多少希望。對抗由人類所建造、組成的龐大機器之侵害，將人類集體愚蠢所導致的結果翻轉過來，都只是亞特蘭提斯空想派知識分子們的最高志向而已。就連飢餓者的夢，也從充滿丁骨牛排與電視益智節目的滿足感，變成了潰瘍與脂肪過多退化症的現實。小心翼翼似乎成為人們最佳的姿態；缺乏熱情則被認為是最無害的社會目標。

除了讓人類避免炸掉自己的星球，讓政治機構也在愚昧或充滿罪惡的人們之中，維持一個較為溫和的秩序，並有一點點的改變；讓靜默的休戰建立在理想與現實、個人與集體之間外，我們究竟能否期待任何更好的東西？一直到一九五〇年代末期，西方的四個主要國家，都還被歐陸那些對上個穩定的年代，也就是一九一四年前的回憶裡的家父或父執輩幻象（至少是在歐洲）所統治，或許並不是個意外吧？

在戰後西方富裕但不安全的社會中，整個世代被教育成了這種感情中年化的年代，而它的意識形態業已充塞著絕望或是懷疑論。幸虧教育現在已經沒有什麼效用。在一九五〇年代晚期，竟然還有像丹尼爾．貝爾[1]的《意識形態的終結》或塔爾孟教授[2]的《政治彌賽亞的高潮》這類，與知識分子「新左派」國際現象展現的熱情、喧囂、困惑，但充滿希望的氛圍完全不搭調的作品。或許是該迎接恩斯特．布洛赫的《希望的原理》的時候了。[3]以後的歷史學家將會發現，這部儼然且規模驚人的著作——為了證明這個主題，他花了整整一千六百五十七頁——就像過去樹立在尤斯頓車站外面的拱門一般，樹立在一九六〇年代之外：儘管不具功能性，但卻象徵性地期待著一個新的出發。

希望，是布洛赫教授的主題，而且事實上，作為一個關於人類夢境哲學家，從他完全不務正業，寫出《烏托邦的精神》（一九一八）和《托瑪士．閔澤：革命神學》（一九二一）的時候開始，便一直如此。撰寫這本書的時候（一九三八到一九四七年），正是「希望」支撐著他度過流亡美國的歲月。而現在我們看到發行於東德與西德的兩種版本，則分別修訂於一九五三年與一九五九年。

它是一本奇特、龐雜、有點荒謬，但卻又絢麗奪目的作品。英國的讀者也許會覺得它簡直就是不可思議，因為在我們的國家裡，像是我們祖父輩的老派哲學家們都知道，自己就像密西西比河沿岸大草原上、面臨滅絕危機的美洲野牛一樣，被數理邏輯家和現實問題的解疑者們狩獵著。而德國的讀者們，則可從他身上認識到一個屬於傳統德意志浪漫哲學、光輝耀眼的怪傑，誠如一位評論家不失公允地將他比擬為馬克思主義者中的謝林[4]。不過，即使是在他自己的國家，像他這樣的哲學家也已經非常少了。無庸置疑的，就像我們發現許多德國文化傳統，在東德，在教條化馬克思主義的厚殼下，要比在美國化的西德更容易生存。不管怎麼說，像布洛赫教授的哲學這般光華璀璨，堪為典範的德系表徵，竟是「跨越易北河」而來，至少已經讓一位西德的評論家「怒不可遏」。然而，他移居到德意志聯邦共和國（西德）後，卻仍還是有些形單影孤。

布洛赫教授主張的起點乃在於依其觀察經驗，他認為，人類，除了那些生性憂鬱的墨客騷人，都是某種希望的動物。會感到不滿足；會希望設想一個更普遍的狀態，讓事情能夠變得與現在不一樣（也就是變得更好），這是基本人性需求的最原始形式。而它的最高形式則是烏托邦——那是人類企求、或嘗試去實現，或至少像是一輪知識分子的煦日，高懸在他們

1 編註：丹尼爾．貝爾（Daniel Bell），一九一九～二〇一一，美國社會學家，以對後工業社會的研究而知名，他最著名的三部作品是《意識形態的終結》、《後工業時代的來臨》和《資本主義文化矛盾》。

2 編註：雅各布．塔爾孟（Jacob Talmon），一九一六～一九八〇，猶太裔波蘭人，耶路撒冷希伯來大學歷史教授，提出極權主義民主及政治彌賽亞主義。

3 Ernst Bloch, *Das Prinzip Hoffnung*, 2 vols, Frankfurt, 1959.

4 編註：弗里德里希．威廉．約瑟夫．馮．謝林（Friedrich Wilhelm Joseph von Schelling），一七七五～一八五四，德國哲學家，唯心論發展中期的主要人物，介於費希特和黑格爾之間。

的頂上的完美抽象構成。這種烏托邦並不只侷限於建造一個理想的共和體。其實，它對欲望的幻想隨處可見：在我們對完美身體的健康與美麗、對除卻病痛、年邁，甚至死亡的夢想之中；在它們所構成的無欲社會裡。人們幻想著世界可藉由對自然技術的控制而轉變。在真實生活裡最平庸實用的建築物上，夢中的大樓或城市若隱若現。失去的、或尚未發現的伊甸園黃金國烏托邦，糾纏著探險家們；夢想中的完美景緻——「一個更適合人類生存的世界」——則縈繞著詩句、歌劇與畫作。在某處一定有絕對智慧的觀點。

但是對於布洛赫教授來說，烏托邦要比「祈求、欲望的幻想、期待的意念」這個寬廣的範圍更大。它潛藏在所有為了「了解自己」的人們心中；也就是說，了解從過去到現在，我們將會知道在我們心中隱而不顯的、完整的人性理想。它潛藏在此生的永恆夢幻之中，就像浮士德所期待的，在生命中將會永久長存的一刻：「留下來吧！你是如此底美麗啊！」（Verweile doch, du bist so schon）為了將現在推進到永恆的夢想，布洛赫在音樂的藝術中，找到了它的表達方式。而它最後則潛藏在人類生命與命運限制的反抗之中，以及在反抗死亡的期待幻象裡，並於我們的宗教中，找到了一個神話性的表達方式。

但是希望、變革的欲望，與烏托邦，並不只是人類行為的基本面向而已。對布洛赫教授來說，因為它們回應了改變自然這個基本事實，而後者是導向未來的，所以它們所代表的是現實。由於生命仍在演進中，「尚未完結」，因此是具有可變性的，可以使其更完美的，它給了人類一個烏托邦的輪廓，同時也刻畫了前者的客觀相對物。在哲學界有個唯物論者的烏托邦傳統，布洛赫教授應該會宣稱自己正是它的傳人：那就是所謂的「亞里斯多德左派」（Aristotelian left），它將大師的實體（entelechy）學說，當成它的初始起點，並且發展出自我律動與自我衍生的部分。部分晚近的希臘與中世紀的伊斯蘭亞里斯多德派學者，還有所有異端論的基督教思想，以焦爾達諾・布魯諾[5]的思想為集大成，正是屬於這種傳統。黑格爾至少也有部分是如此；除了他那深思熟慮的哲學理想主義之外。其後同理，馬克思利用這種傳統，把黑格爾主義靠右樹立了起來，而在他的思想中，烏托邦傳統與烏托邦希望首度真正被適切表達出它們在實踐與哲學上的意義。因為在馬克思的思想中，願望與其實現，現在與未來之間的鴻溝，終於被填補了起來。

希望，是一個事實，但是對布洛赫教授來說，它同時也是一個可以獲致的事實。他書中的主題，不僅是對它的研究，也是對它的傳播：哲學家不只是分析家，還必須是個狂熱者。他主要的目的是教導人們正確地去希望，並且去希望正確的事物，去認識希望所寓含的意

5 編註：焦爾達諾・布魯諾（Giordano Bruno）一五四八～一六〇〇，文藝復興時期義大利哲學家、數學家、詩人、宇宙學家和宗教人物。一五九三年起，布魯諾以異端罪名接受羅馬宗教法庭審問，一六〇〇年遭處火刑。布魯諾死後獲得了可觀聲譽，尤其是十九世紀到二十世紀早期的評論者將其視為科學烈士加以紀念。

義。自然而然地，它也必須去批判那些否定希望，以及那些使希望曖昧不明、脫離常軌的東西，畢竟憧憬（*desiderium*）是如此地深植人心，縱然最悲觀的（真的，特別是那些最悲觀的）態度，也只是逸出而非否定烏托邦的主張：即使是焦慮（Angst）或者是「虛無」的概念，也是如此。真正否定烏托邦的，是創造出一個封閉而中立的世界，在其中通往完美至善的大道都被堰塞了的那些人：布爾喬亞是也。

因為布爾喬亞會藉著「修正」或是逃避，藉著瀏覽、逛逛街上的百貨櫥窗，以及《紐約客》雜誌上廣告的生活——以一個沒有欲求或悲苦的社會，來取代烏托邦；藉著警匪浪漫故事來取代反庸俗主義的生活；藉著在波西塔諾與基安蒂葡萄酒瓶裡當醉鬼的假日，來取代這尚未尋覓到的伊甸園。那裡沒有希望，只有謊言；沒有真理，只有面具。（對於像表現在荷蘭十七世紀的畫作，以及誠實而拘泥的笨伯內心裡的，屬於工業主義時期以前中產階級的理想，布洛赫教授有著欽慕與某種親切感。但是它卻無法與他所推演的烏托邦觀念契合，儘管他曾嘗試著這麼做；德霍赫畫出了「那些其中夾帶著思鄉病的小小鮮明畫作」。不過它擁有著清純與誠實，而且在其中「那街角充滿歡樂的雜貨店，讓人覺得看起來像是一個真正的寶庫」。）然而，即使是在資本主義的謊言中，仍然有真理存在，這就是希望的本質。對於一個「快樂的結局」的渴求，不管如何被商業化地利用，仍是人類對美好生活的渴求；我們相信事情總會有希望的，這種不斷自欺式的樂觀主義，總比無窮無盡的悲觀主義來得好。

因此，布洛赫教授對阻撓承認希望理論的攻詰，成為他主張中的必要部分，特別是他針對佛洛伊德學派輕蔑地加以剖視，甚至還更不屑地否定了阿德勒學派與榮格學派的心理分析。雖然他們在有些時候與曾經是馬克思主義的正統學派志同道合，但卻不能混為一談。不過，他對西方流行的批評並非沒有偏見：他固然棄絕建築上的哲學實用主義與功能主義，並且蔑視勞倫斯（對此我們不是沒有一丁點兒的同情），視其為一個「多愁善感的陽具詩人」（sentimental penis-poet），卻又偏偏珍愛著荀白克，並且欽慕著抽象畫。更重要的是，他的主張百分之百都是屬於他自己的。因此不管他的結論是什麼，布洛赫教授在哲學上的血緣都是非馬克思主義的，或至多只有三分之一是屬於馬克思主義的。

事實上，他是一個碩果僅存，但卻轉變成具有革命精神的、屬於柯立芝派時代的德意志「自然哲學家」；一個對機械理性主義的天生反叛者；一個屬於半神祕性的宇宙和諧、生命的原理、活生生的有機體，演化，相對兩極交互作用的世界天生的移民，而赫爾德、謝林，或是歌德之流，更不用說帕拉塞爾斯[6]與雅各．波墨[7]，都在其中活動著。（極為顯然地，布洛

6 編註：帕拉塞爾斯（Paracelsus），約一四九三～一五四一，中世紀瑞士醫生、煉金術士、占星師。其結合醫學與煉金術，成為今日的醫療化學，並提出人體本質上是一個化學系統的學說。
7 編註：雅各．波墨（Jacob Boehme），一五七五～一六二四，德國基督教神祕主義者。

赫教授的書對帕拉塞爾斯的引用，理應比對笛卡爾、霍布斯、洛克與達爾文這批人的引用更為頻繁。）我們必須承認，透過黑格爾，馬克思主義在這個傳統中的根底，要比通常所了解的更深。直到《反杜林論》，恩格斯還是寫出將克卜勒抬到牛頓之上的著名句子，並且為「自然哲學」的優勢論點提出一個特別的辯解。誠然，其他兩個眾所周知的馬克思主義構成要素，即英國與法國，擁有相當不同的譜系，而馬克思主義的力量，確實是依靠著「古典」與「浪漫」兩種思想傳統的結合，如果我們可以在這裡使用這兩個名詞來形容的話。不過，布洛赫教授幾乎完全是屬於「浪漫派」這邊的。

所以，這既是他作品的力量，也是其弱點。他關於自然科學的觀點，會震驚盎格魯-撒克遜的讀者們，使他們覺得是這是有如任性般的無稽，這或許是因為我們生活在一個科學中的主要進展皆為數理與詭辯的新機械主義所創造的時代。但是如果他的批判，使得科學家們震驚於其不可思議的理由，與歌德之否定牛頓的光學相同，我想，兩者都不應該被視為精神錯亂的傻子。另一方面，布洛赫教授的方法，使他能夠對於表面上看起來非理性（譬如一個充滿幻影或囈語的世界）的邏輯，擁有極大的透視能力，使其成為人類心海的領航人，並且對人類的野望，提出最深入的理解。在那裡，有藝術家的天才，而事實上布洛赫教授就是一個藝術家，具有一個重要作家的心理學洞析力與超逸絕俗的筆風，在那裡，大義微言與珠璣箴語，有如山麓淺丘般地斜倚在峰巒壯麗，緜亙不絕的主脈側翼，而尊貴華美的修辭，恰似婉轉其間的潺潺溪瀑，智慧的冰河，則攀騰高岳，晶瑩剔透又熾熱灼爍。

但他並不是一位迷失於哲學中的藝術家。他同樣是一位要求自己擁有如藝術家般技藝的哲學家，而這對他來說，是同等地重要。譬如說，他在對佛洛伊德那中產階級的先入為主觀念，從事正確分析的同時，又要隱約表達出史賓諾莎式的渴望，但又不要像「視世界有如一顆水晶球，當太陽爬上了天頂，再也沒有什麼會留下陰影」這般曖昧不明。浪漫主義告訴布洛赫教授說，依目前的數量與可變性的命題看來，總有一些難以表達的事物，然而，它們「就在那裡」，而且必須被表達出來。當金賽開始計算它的高潮次數的時候，當取樣調查在測量著它的姿態，心理學家在描述著它的機械功能，而分析家們盡其所能地大作文章的時候，愛情之中所剩下來的，仍然是意義非凡，而且不只是屬於情侶們自認的那些部分。

《希望的原理》是一本篇幅龐大、難以捉摸，而且有時候語多重覆的作品。要想簡述它的內容而不致以籠統、枯燥至極的方法將之過度簡化，恐怕相當不容易，因為它是一本擁有龐然體裁，以及百科全書般範圍的著作。(不論是馬克思主義者或其他哲學上的著作，有多少能夠對以下這些加以討論呢，除了針對音樂與中世紀繁瑣哲學的邏輯之間關係的分析，還有作為烏托邦變形體的女性主義、作為一種神話的唐璜、唐吉軻德與浮士德、十八世紀的自然法、薔薇十字會煉金術主義的提升，都市計畫的歷史、瑜伽術、巴洛克、菲奧雷的約阿基姆、遊樂園、瑣羅亞斯德、舞蹈的本質、觀光事業與煉金術士們的象徵主義。）或許，大多數的讀者會倘佯在它的多樣性與那些數量眾多的、具有深邃光華、有時十分特異，而且永遠都是那麼刺激的部分之中。雖然沒有任何讀者會無法在他身上發現，炫目的洞析力正在閃耀，或像花岡石中的雲母薄片般，深藏在長達頁餘的文句裡最精煉的金玉良言，但恐怕很少有讀者能一直跟得上作者的腳步。

然而，即使是對其抱有最強烈批判態度的，也應當試著追隨他到這趟旅途的終點，在那裡，人類的「一個被壓迫與喪失了的本質」（ein unterdrucktes und verschollenes Wesen）會發現，「真正的創世紀不在開頭，而在最後」。在那裡，布雷克將與馬克思融合為一，而異化則會終結在人類對自身真實處境的發現之中。畢竟，我們並不是天天都能有機會被如此豐碩的智慧、博學、機智與語言的帷幄提醒道：希望，以及建立一個屬於地球的天堂，都是人類的終極命運！

一九六一

15

資本論的結構
The Structure of Capital

在幾年前，一個有能力且敏銳的馬克思主義觀察家可以宣稱，提升馬克思主義理論的歷史，真的已經走到了盡頭，或是根本已經陷入了死胡同。但在今天，這個說法很明顯是不可能被接受的。在蘇聯境內，表面看似平滑、堅固凍結的史達林主義，以及統一且顯然已被整合的國際共產主義運動二者，相繼出現了裂痕，不僅是製造或反映出了，在一九三〇年代即被諭示的、且在《蘇聯共產黨簡史》中基於教育目的被巧妙簡化的系統化教條大綱裡，所同樣出現的裂痕，冰帽的溶解也同時滋潤了異端論的、宗派主義的，或僅僅是非官方論調等倖存在這個巨大冰河邊緣或下緣的各種植物。百花開始綻放，而學校內也再度展開了激辯，該激辯是以一種除年紀大到能回想一九二〇年代、或那些能追溯一九一四年以前日子的老者外，都不熟悉的態度展開。過去馬克思主義很顯然熱衷於將自己變成——而且由於不可抗力，也使它必須將絕大部分的自己變成——一個封閉的體系；與外界的溝通，則是透過一連串它沒有對外溝通之必要的手段來表示。

現在它又再次打開了大門。

如果我們將那些維持老舊正統學說不加以變動（像在中國、或其他國家裡的某些宗派主義者集團）的企圖，以及那些接受來自「布爾喬亞」世界有用的理論與技術，而不將它們整合進名義上未被修正的馬克思主義體系（像在蘇聯就曾某種程度發生過）的動作，存而不論，就像對它們的理論不感興趣，那麼我們可以概括地說，過去十年馬克思主義者的省思，是遵循著四條軌跡前進。第一，藉著檢視那些漸次堆疊在馬克思原始思想頂上的理論思考重層，嘗試展開某種類似考古學的工作，以及因此，經由該工作的各種不同階段，來追求這個偉人思想本身的提升。第二，它希望檢視或追求在馬克思主義的基礎之上不斷地被製造出來，但基於不同的理由，被官方從該思想的主幹裡排擠出去、或從未被納入主幹的，各式各樣原始理論發展。第三，它在適當的時機開始企圖與馬克思主義之外的，且同樣是在史達林主義時期遭到刻意排除的知識發展，言歸於好。最後一項是，在很長的一段時期之後，當官方的詮釋已經變得離現實愈來愈遠，它企圖再回到一種對世界進行分析（也就是說，主要是針對世界的社會、經濟與政治發展）的觀點。

在前史達林主義的馬克思主義潮流中，所謂的「中歐派」（這裡姑且借用喬治．呂德[1]的用語），是一股長期以來被證明成果特別豐碩、且十分受到反省者所矚目的潮流。在一九四〇年代以及一九五〇年代初期，極少數仍能保有一顆獨立不屈心靈清譽的共產黨人作家，大部分都屬於這個傳統，例如盧卡奇、列費伏爾，或受到義大利版本黑格爾派觀點的滋養比德國版本來得多的葛蘭西。這些中歐派，構成了部分對於進化論實證主義以及機械決定論等的熱烈反動，前者已被第二國際的理論領袖們用來限縮馬克思主義，並或多或少為在十月革命前後數年回返革命的意識形態，提供了知識基礎。因為事實上，在（曾經在一九一四年前那個時代吸收過這些對考茨基派感到厭惡的部分左翼分子的）工團主義崩潰後的一段短暫時期，所有的反對潮流，都匯聚進了布爾什維克這道唯一的瀑布裡。但自從列寧死後，他們又開始分流了，或可以說，是因為這條被慢慢且系統化修築的，名為「列寧主義」的官方理論獨霸河道，迫使其他的理論離開了主流。誠然，列寧本身的思想雖是反對「修正主義」或「改良主義」的一種再確認的革命理論形式，而且在實踐上具有最高的重要性，但它絕對不是唯一的一個。德國的盧森堡與梅林，中歐派的黑格爾主義論者，在實踐上與列寧一樣，都是革命分子，但是在思想的源頭或知識的建構程序上，他們卻絕對不是列寧主義者。

在政治上，中歐派的潮流就算不是極端左翼，也是屬於革命派的。而在社會上，與其說它是一個屬於知識分子的集合體——所有的意識形態都是如此——不如說是一群品味都趨向

1 編註：喬治・呂德（George Lichtheim），一九一二～一九七三，德國社會主義者，專長社會主義和馬克思主義的歷史與理論。

於議論、寫作與討論，而非組織與（布爾什維克式的）行動生活的男女。在理論上，它對達爾文主義與實證主義的馬克思主義觀點，比如考茨基等，最為深惡痛絕，甚至對那些可能會鼓勵決定論，而非唯意志論的成熟馬克思與恩格斯觀點也有所疑慮。即使在杜林的年輕時期葛蘭西，也曾認為十月革命是一種「對馬克思《資本論》的反叛」。在哲學上，與許多社會民主主義及修正主義的官方理論家不同，它喜歡強調馬克思的黑格爾源流，以及在當時可取得的馬克思年輕時期書寫裡的這個部分。蘭休特與梅爾在一九三二年合編出版的《早年著作》，為中歐派提供了一個後來成為他們基礎文本：《一八四四年手稿》，則是提供他們基本的運作工具：「異化」。然而，到了這個時候，政治局勢改變了。中歐派不再位居於運動中極左的位置，該位置現已被托洛茨基分子們給占據了（雖然在西方大部分像聶托這些人都指出，他們其實是盧森堡主義者）。他們那種激烈的唯意志論，他們自己對布爾喬亞科學的輕蔑，以及他們將無產階級意識理想化，也已被蘇維埃官方教條給選擇性吸收，甚至發揚光大。中歐派所還能夠維持的優勢，主要是他們將以下兩者結合起來的能力：一是對社會革命的熱情，甚至是對共產黨人如耶穌會般的戒律的欣然接受；另一個是二十世紀中葉西方知識界——例如前衛文化與精神分析——的興趣，以及與在蘇聯內部各個事件所造成的明顯潮流相反的，重新肯定馬克思中人文主義者烏托邦的馬克思主義理論版本。戰爭與「抵抗陣線」帶給他們政治上的後援，特別是在法國，他們的援兵來自具革命精神的知識分子。對他們來說，在德意志哲學上的發現（在這個事例裡，並不是靠馬克思主義作中介的），為主張人類自由，為這種主張與鬥爭、還有這批「投入型」知識分子們的功能，提供了正當性。像薩特，就是從現象學主義者的身分轉變成某種尊貴的中歐派分子，最後則是進入了他自以為是的馬克思主義中。史達林主義的崩潰，紓解了不少中歐派在共產黨人運動中日益令人無法忍受的壓力——當時，史達林主義者的理論，已經漸漸對在馬克思中的黑格爾，或其在一八四八年以前的成分，失去了容忍力——而讓後者變成了批判性共產黨思想中旗幟最鮮明的意識形態核心。一個從極左派冒出頭的思想潮流，最後竟然變成了革命運動中的右派，真是矛盾。

對此，反動的出現可說是遲早的事；它現在出現在路易．阿圖色的領導之下。阿圖色是個脫離為了巴黎知識分子名人圈而設的、偉大的烏爾姆街巴黎高等師範學校陰影的哲學家，或更難能可貴的，他是個脫離了屬於第五或第六區名人圈的哲學家。他的突然崛起，令人難以置信。說真的，在一九六五年以前，連左翼圈子裡都對他感到陌生，除了知道他有一篇討論孟德斯鳩的論文，還寫了一本費爾巴哈選集。剛剛好就在那年，在阿圖色的指導之下，三卷名為「理論」（Theorie）系列作品，首次登場；包括一本以《保衛馬克思》[2]為標題的作品選集，和兩卷主要是以阿圖色先生與他的追隨者在一個精讀的討論會上所發表的論文為內容，

2 Louis Althusser, *Pour Marx*, Paris, 1960.（中文版：《保衛馬克思》，遠流，一九九五。）

名為《閱讀資本論》的著作。[3]（這個簡潔有力的標題，是阿圖色註冊商標的一部分。）他們的成功令人震驚。如果認為作者在他出現的這個時機裡是幸運的，就是無視於他那不可忽略的天賦——這種天賦不只是將他鋒芒畢露的智慧、澄澈的頭腦與風格予以法國人式的結合而已。在阿圖色時代的拉丁區（大學區）之中，每一個自以為是的左派中等學校學生或大學生們，都是毛派，不然也都至少是卡斯楚派。薩特和昂希．列費伏爾都已成了古老的紀念碑，而在一九五六年的知識分子裡那批前共產黨人的自毀自戕，又如華德克．羅歇特[4]和羅傑．加洛蒂的「機會主義」般，令人難以理解。是以，新一代的反叛者，需要一個屬於革命分子意識形態的新觀點，而阿圖色先生就是個意識形態的強硬派，挑戰著他四周那些在政治與知識上的軟腳蝦。雖然他是一個共產黨的成員，卻選擇了極端左翼分子的代言者——弗朗索瓦．馬斯佩羅出版社，作為他的出版商，由此可見其風格。

這並未使他如同責難他的人所聲稱的，成為一個「新史達林主義者」。由《保衛馬克思》所開啟的，屬於知識分子自傳式的滔滔雄辯與感人肺腑之頁可以看出，它並未耽迷於史達林主義。該書所針對的，並非全然是「統治的體系與思想二者的感染性和難以抑制所引發的那些暴亂」(le contagieux et implacable systéme de gouvernement et de pensée [qui] provoquait ces délires，阿圖色的散文體是帶有古典傳統的），而是法國共產主義在其中成長，史達林主義又推波助瀾地將之隱匿在與法國的風尚絕對臭味相投的「政治第一」口號下，「理論的無效狀態」。它使得那些對「自限於對『偉大的引用文』中命題的註解，與貧乏枯燥的重新布局」感到不滿的哲學家，陷於某種單純是知識分子式的自衛，包括否定任何哲學的可行性，或是藉著「劃清他們自己的界線——將馬克思裝扮成如胡塞爾，如黑格爾，如人道主義與道德論的青年馬克思——而不顧遲早會使得面具與臉孔混淆不清的危險」，來與他們的專家同僚們保持某種對話。史達林主義者教條主義的終結，並未能「還給我們真正的馬克思主義哲學」。它只是反映出後者的缺席。然而（在這裡阿圖色先生小心翼翼地保留了一條已經被踩踏得相當平坦的道路，同時，也讓他本身擁有相當多自我創新的空間）它的缺席，並不能完全歸咎於法國左派知識分子的缺陷。它之所以不在那兒，是因為馬克思主義哲學是「馬克思在建構其歷史理論的非常手段中所塑造出來的，因此，還有大大加以解釋的必要」，而阿圖色先生的野心目標，就是要去解釋它。

就某個意義來說，這種態度與史達林時期的某些思想潮流有些雷同，因為那段時期的特色之一，就是對馬克思的絕對原創性，進行系統化的認證：將他從黑格爾，以及他本身的黑

3 Louis Althusser, Jacques Ranciere and Pierre Macherrey, *Lire Le Capital* (vol. 1); Louis Althusser, Etienne Balibar and Roger Establet, *Lire Le Capital* (vol. 2), paris, 1960.

4 編註：華德克・羅歇（Waldeck Rochet），一九〇五～一九八三，曾任法國共產黨總書記（一九六四～一九七二）。

格爾派青年時期，與烏托邦社會主義者中分離出來，進行嚴厲的斬斷（羅傑・加洛蒂在一九四〇年代後期，不得不依此基礎修改他那本《法國科學社會主義的起源》）。阿圖色先生同時也談到了馬克思演化中的「決裂」（coupure），而且當他與大部分的研習者把這個論點擺在一八四五年左右，看起來像是拒絕接受在《哲學的貧困》與《共產黨宣言》之前的一切，都完全是屬於「馬克思主義」的。阿圖色先生是準備要承認某些過去的思想家——包括列寧、拉布里歐拉[6]、普列漢諾夫、葛蘭西，以及追隨著評價不高的伽伐諾・德拉・沃爾佩[7]的義大利學派，歐陸馬克思主義者（已墮入了新康德主義之中），和部分蘇維埃的評論家（他們對自己分析的含義是什麼都還搞不太清楚），所開始提出的尖銳問題，例如《資本論》與政治經濟學在意圖上有何不同。[5]不過，史達林主義者的理論當然並不曾懷疑過何者才是馬克思的哲學。阿圖色先生是準備要承認某些過去的思想家——但他不認為到目前為止有令人滿意的答案。

因為**馬克思他本身也沒有提供任何答案**。正如古典政治經濟學本身並不能完全解釋它所觀察到的重點，而任由馬克思來形構它。因此，就像亞當・斯密能夠為他並非有意識地提出的問題，提供正確的答案一樣，馬克思也略過了他本身所能提供的洞析，讓我們自行發覺他要啟程前往的目的：

> 政治經濟學所未能發覺的，並不是它可能發覺但卻未發覺的某種預設存在，而是某種

它自己在其認知運作（認識 connaissance）中所製造的，且在這種運作之前並不存在的東西。它確確實實是等同於該客體的（知識的）產物。政治經濟學所不能理解的，就是它所製造出來的東西：它製造出了一個沒有問題的新答案，同時從那個新答案中，製造出一個附隨的新潛在問題。（《閱讀資本論》，第一卷，頁二十五到二十六）

馬克思本身也有著相同的弱點，就是那些在理解過程中不可避免的附隨之物。他比亞當・斯密要偉大得多，因為，當他對自己的創見無法完全自圓其說時，他會拿出「他的」問題，在這裡或那裡形構它，或許放在不同的文本中，藉由「放大能夠呈現該議題的印象」來尋求答案。然而，我們知道他少了什麼：「一個使其結構效應具有效性的概念」（Le concept de l'Efficace d'une structure sur ses effets）（同前書，頁三十三到三十四）。在發覺了這種缺憾之後，我們不能只是抱著馬克思主義哲學——這個由馬克思所建立，但他並未加以闡釋的哲學——不

5 至此，阿圖色將「前馬克思主義的」馬克思界線，一步一步地向前推進到一八四五年之前一點點的時間上；他認為在這之後，才能確確實實地被視為是非黑格爾主義的。不幸的是，這麼一來，有一大堆馬克思的著作都要被排除在外了。

6 編註：拉布里歐拉（Antonio Labriola），一八四三～一九〇四，義大利馬克思主義理論家。

7 編註：伽伐諾・德拉・沃爾佩（Galvano Della Volpe），一八九五～一九六八，義大利哲學家。

放，而是要去進一步去超越克服它，因為：

一個科學之進步，也就是說生命之進步，唯有集中全部精神，貫注在其理論的脆弱之處。就這個觀點看來，它對生命的掌握，藉助於其所未知的，多於其所知的；是在那一無所知所環伺的絕對條件之下，以及在視其為一個問題而嚴密地形構它之時。

很顯然的，阿圖色先生的分析核心，是屬於形上學的。他研習的本質，是對馬克思認知程序的發掘探索，而他的主要方法，則是一種對著作孜孜不倦，鉅細靡遺地批判式的閱讀，並且運用了所有語言學、文學與哲學等學術領域的資料。不過，他自己的批判性讀者對此的第一個回應，很可能就是他所使用的方法與概念，並不盡然是藉由那些他本身最欣賞的形上學程序，由馬克思中所萃取出來的。聲稱「當代精神分析、語言學，其他學術領域像生物學，或許還有物理學的理論，在依循其他路徑時碰到了問題，卻渾然未覺其實馬克思在很早以前就已經『製造』了該問題」，或許可信；但是基於語言學上的「結構主義」與佛洛伊德在法國所造成的新的、而且相當可觀的風潮，以致在馬克思理論中發現了該問題，也並非不可能。（其實，雖然在馬克思中很容易發現結構功能學派的元素，但是佛洛伊德對解讀《資本論》究竟有什麼貢獻，恐怕並不是那麼清楚。）但是，如果事實上這些東西真正有某種程度，是來自馬克思之外的洞析（「我們都知道，這些驚天動地的知識……屬於一些人：馬克思、尼采、佛洛伊德」〔nous devons ces connaissances bouleversantes…à quelques hommes: Marx, Nietzsche et Freud〕），不免會使人懷疑其批判的努力，只是想「宣稱什麼是潛藏在馬克思中的東西」而已。

第二個回應是，阿圖色式的分析發現，要想超越形式的馬克思思想結構，就算不是不可能，也是極為困難的。阿圖色先生明白這個特質（「我們無法涉足於將概念中詳細內容的「發展」，與事物的發展和特殊性二者劃清界線的那道無法逾越的疆界」），而且看來他是想藉著抽象的論證，來將之正當化（「我們已經證明了，將知識放在一個科學化的實踐領域中，這樣的一個科學化命題的有效性，是藉由特殊形式的相互作用來確認其為真，它保證了科學性〔scientificite〕會在製造知識的過程中出現；換句話說，是藉由將「真正」知識的性格賦予一個在知識行動之上的特殊形式。」）然而，即使這是真的，而且這種有效性的方法，可以如同適用在數學化的命題上一樣容易地（這也並非極為明顯的）適用在《資本論》上，所有的數學家也都知道，在他們所作的論證與那種或許可能被察覺是與他們的發現相吻合的真正的生活現象之間——例如像資本主義社會的演化與運行，仍然存在著相當可觀的鴻溝。即使同意阿圖色先生那種對經驗主義根深柢固而且始終如一的厭惡，我們仍會覺得，他那明顯地將任何外在的實用準據——好比過去或未來的真實的歷史發展，棄之不顧（「我們認為這結果並不會有什麼不同」〔nous considérons le résultat sans son devenir〕），是令人無法接受的。因為馬克思確實曾經處理過這些實質的難題。如果馬克思不曾如此，他就不會撰寫《資本論》，而會停留在總體論的範疇之內，而這個範疇占據了那篇精妙無比但卻被輕忽的《政治經濟學批判導言》的大部分，該書有許多部分都是阿圖色式馬克思所倚賴的關鍵作品，就像一八四四年手稿是他所否定的黑格爾派人文主義馬克思的關鍵作品一樣。

而且事實上，當阿圖色先生從馬克思主義所確立的、歷史與經濟學能辦得到與辦不到的層次(「經濟計量學中的數學化形式，勢必從屬於概念化的形式」)退身下來，轉向真實的主題對象時，他所談論的東西很少是富有新意或引人興味的。誠然，他對於通俗馬克思主義的「基礎」與「上層建築」觀點，締造了一個精彩絕倫的批判，以及一個它們間互動的正確模式。但是像這樣利用其實際的應用來自我描述的方法，仍是襲取自那些用更直接的，但較欠缺在知識上能自圓其說途徑的馬克思主義者。

當像葛德利爾[8]這樣的學者，面對馬克思所引發的歷史階段化的實質問題，譬如說，已經對「亞細亞生產方式」這個自史達林之後，在共產黨知識分子中原始思想的復興裡，一個更為有趣的知識成果的重新發現與重新分析之上，取得了領導的地位；巴里巴在其討論歷史唯物論的長篇大論(《閱讀資本論》，第二卷)裡，卻還堅守在我們或可稱之為後設史學(meta-history)的高度上。

更有甚者，雖然阿圖色先生的研究方式價值斐然，但卻簡化掉了一些馬克思的問題，例如屬於歷史變遷上的問題。他聲稱依十九世紀的發展看來，馬克思主義者的歷史發展理論並不是「演化論者」或是「歷史決定論主義者」式的，而是停留在一個穩固的「結構主義者」的基礎上：發展是所有事實上的、或可能發生的相關聯事物的總體，是由分析結果所定義的各種數量有限之不同「生產」因素的總體；在過去所真正實現的那些，一起組成了社會-經濟形態的系統。這種看法並沒有錯。然而，有人會反對這種說法，以及那些與李維史陀派的觀點大同小異的看法，因為它本身並不能解釋一個社會-經濟形態是如何轉變為另外一個形態，而只是純粹地在外圍設下無法合理解釋歷史發展的限制。而馬克思則是耗費了驚人的時間與精力，來試圖回答這些問題。阿圖色先生的工作顯示了（如果展示仍有必要的話），作為一個思想家的馬克思那驚人的理論能力，以及就字面的技術意義而言，作為一個「哲學家」的馬克思的地位與原創性，並且極具說服力地主張馬克思遠遠超越了一個單純地由觀念論過渡到唯物論的黑格爾。不過，即使他對馬克思的閱讀是正確的，也只是閱讀了部分而已。

但這並不會削減他的分析作為一種否定性批判工具的力量。不管我們對他的內容中辯證的形態，採取什麼看法（「從理論的觀點來看，與其說馬克思主義是一種人文主義，不如說是一種歷史主義」），他反對黑格爾派與一八四四年手稿對馬克思解釋的力量，是紮紮實實

8 Maurice Godelier, *Rationalité et irrationalité en economie*, Paris, 1966.

的，他對葛蘭西或薩特的思想（與他們的推論）中的某些弱點的分析，其正確性也令人印象深刻，而對包括在韋伯派理念型（ideal-types）中那種「樹立模型」的批判，更是言之有物。這有部分是必須歸因於他被《世界報》在報導法國共產黨中央委員會專門為討論他與加洛蒂先生的觀點而召開的特別會議時，稱他的個人能力為一個「具有偉大才幹的哲學家」（philosophe de grande gualité）。這種品質還可以從其他知識的面向看出來，譬如他仍然表示對某些批判對象之尊重。誠然，也是因為這些思想家明顯的是激發他熱衷研究的理由。

每個人讀他的時候，都是戰戰兢兢，而且帶著點興奮的。他吸引聰明年輕人的能力並不神奇，而且雖然有人會擔心那批一定會結集在他身邊的阿圖色學派，學究氣將難免會多於才氣，但是他闖入馬克思主義者的理論爭辯中所造成的實際效應，是可以肯定的。因為他的作法完全是依靠定義，提出問題多於回答問題：甚至否定藉由對最嚴密權威文件之仔細審讀而全然重建的正確答案，因為它們尚未被精煉。對阿圖色先生來說，馬克思與他的讀者之間的關係，是一種雙向的活動，是一種和現實一樣沒有終止的辯證衝突。我們這個哲學家很奇怪地也十分奇特地選擇了劇場中的隱喻（在《保衛馬克思》的一篇論文裡，他同時還身兼了戲劇批評家的角色）——不用說，當然就是布萊希特派劇場的隱喻——來描述馬克思所超乎自身的揭露程序（「在它的效用之中，結構所展現的形式，以及因此能指涉出結構的因果關係本身」〔ce mode de présence de la structure dans ses effects, donc la causalité structurale elle-même〕的展現

〔*Darstellung*〕），以及讀者與他之間的關係：

現在，我們能夠回想起那個極具徵候意味的名詞：「展現」，將它與「結構」（machinerie）相比較，並且依照字面的意義，當成這個結構在它的效用中的真正存在：這種如同在戲劇之中導演（mise-en-scène）般的存在形式，同時也是它本身的劇場，它本身的劇本，它本身的演員，而這個戲劇的觀眾，也只能偶然地擔任觀眾的角色，因為首先，他們不得不成為它的演員，而被一個他們不能擔任其作者的劇本與台詞，給緊緊地抓住了，因為它的本質就是一齣沒有作者的戲劇（un théâtre sans auteur）。（《閱讀資本論》第二卷，頁一七七）（譯按：義大利文版及英文版請參考第九章，頁一九三。）

不過，閱讀一本智慮聰敏又具有原創性思想著作的愉悅，不應讓我們忽視了他的弱點。阿圖色先生在研究馬克思方面，絕對不是成果最為豐碩的研究者。就如同前述討論中所提出的問題，我們甚至懷疑它是否是真正的馬克思主義者，因為很顯然地，他對許多馬克思認為相當基本的東西不感興趣，而且就如他之後的一些作品（雖然數量極少，但是漸漸地使我們看清楚了），悖離部分馬克思最鍾愛的主張。它表現了在後史達林時期重新建立的，獨立閱讀與闡釋馬克思的自由，即使是在共產黨之內亦然。但是如果要認真地進入這個程序，需要在組織體系上更為博學多聞，而阿圖色先生似乎還未能具備這點。在《保衛馬克思》與《閱讀資本論》中，他似乎真的不知道有名的《政治經濟學批判大綱》，儘管該書自一九五三年起就已經有相當優秀的德文版問市；而且我們甚至懷疑，他的闡釋是在閱讀部分他所熟悉的內容之前，就已經出現了的。就此而論，他仍然難逃史達林主義者時代後遺症的侵擾，該後遺症在許多老一輩的、學有專精的馬克思學派，與政治活躍分子和較年輕的新馬克思主義者之間，製造了一道鴻溝。

更重要的是，馬克思主義的復甦，有賴一種去了解馬克思當時想做什麼的衷心期盼，雖然這並不表示就必須同意他所有的論述。馬克思主義，一度曾是一種方法，一個理論化思考的體系，以及被它的後繼者視為權威的文本之總合，每每受困於馬克思主義者從決定他們認為馬克思應該是如此說過為起步，以及因此開始去為已經擇取的觀點尋找文本上的權威性等種種傾向。對於這種折衷主義，過去通常是藉由對馬克思本身思想演化的嚴肅研究來加以控制。阿圖色先生的發現，卻解除了這種控制，即認為馬克思的好處不怎麼在於它本身的著作，而在於容許阿圖色講出馬克思應該要講的話。我們應該擔心的是，他將不會是唯一一個用他自己的詮釋，把真正的馬克思換掉了的理論家。至於阿圖色式的馬克思或其他同類的詮釋，能否像原典一樣引人入勝，就真的是另一個問題了。

一九六六

16

卡爾・科爾施
Karl Korsch

要找一個能存活到後史達林主義時期的馬克思主義，其實就等於在找一個能存活到後史達林主義時期的馬克思主義思想家。為什麼這麼說呢？沒有什麼邏輯上的理由，只是人們（特別是年輕人）尋找一位真理導師的心理動機，就跟尋找真理一樣非常強烈而已。基於此，我們無論如何都有責任去重新發現——也幾乎可說是第一次發現——幾個饒富趣味的作者。卡爾・科爾施就是其中與我們最接近的一個。[1]在他的一生，有幾個際遇迫使他陷於曖昧幽晦的困頓中。雖然他是個屬於一九二〇年代前期的共產黨人，但他的作品卻沒有與任何理論本體的「脫軌者」掛鉤，或是在他們那個時代與《歷史與階級意識》中盧卡奇的那種異端學說不當地沆瀣一氣，對此，他倒是滿理直氣壯的。也因如此，在他所經歷的史達林時代，他沒有機會能成為任何有組織的馬克思主

1　編註：卡爾・科爾施（Karl Korsch），一八八六～一九六一，德國馬克思主義學者，被認為是西方馬克思主義奠基者之一。

義者中的精神導師，不管該組織多小。他出身的西班牙無政府－工團主義者組織，也不像是一個會有意傳授，或甚至只是想去了解，一個必須使自己非常複雜，同時又屬於高度發展學院傳統的理論家思想的團體。希特勒的勝利，埋葬了科爾施一九二〇年代的著作。希特勒也炸掉了他一九三八年在倫敦查普曼與霍爾出版社出版、歸屬於「近代社會學家」系列中的《卡爾．馬克思》庫存書；誠然在當時那股盎格魯－撒克遜馬克思主義的氛圍下，本來就沒什麼人會對這本書有興趣。

不過，一九六〇年代西德知識分子突然興起一股對馬克思主義的興趣，讓科爾施復活了。他的《馬克思主義與哲學》一書，在增添了由埃里希．格拉赫[2]所撰寫的一長篇導言，和幾篇關於一九二〇年代的論題之後，於一九六六年出版。[3]至於《卡爾．馬克思》，則在一九六七年由哥茲．蘭考重新編訂，以完整學術版本的形式發行。[4]

乍看之下，對科爾施的興趣似乎是基於一個事實，那就是，他為馬克思主義帶來了一個罕見的複合體：結合了德意志學院傳統——他本身在極右派的耶拿大學取得了令人刺眼到不太舒服的專業教席，他同時也是一個活躍的政治家、圖林根省內閣部長與德國國會副議長，以及一個狂熱的革命分子。然而，更重要的是，他是「中歐左派」的成員，該派在第一次世界大戰之前與戰爭期間，形成了一種對第二國際考茨基派正統學說的理論反抗運動，而且在十月革命之後，多少與「布爾什維克主義」結合了一段不算長的歲月。科爾施與這群極為能幹的思想家中的大部分人，有一個共同的信念，就是認為德意志社會民主主義透過其所採取的馬克思主義版本，去正當化本身在政治上的消極性，以致在實際上變成了一種屬於十九世紀保守主義者的演化主義論。左派分子必須從在政治上誤導的自然科學決定論，回到哲學上的決定論（也就是回到一八四〇年代哲學的馬克思），因為馬克思主義的正統學說在過去本來就不接受它（自然科學決定論）。這個目標並不是要將馬克思主義封閉為一個形上學的「體系」，而是要去開放它。它是要反對關於現實及意識形態（包括馬克思主義本身）不斷的——因此也是不完整的——哲學性批判，以及實證主義的完全確然性。

以系統化地將馬克思「再黑格爾化」作為代價，來回復馬克思主義哲學，究竟能獲得多大的成就，是一個值得爭議的問題，雖然這樣做對中歐左派來說，是很平常的事。不過科爾施與盧卡奇之間的一致性，也被證明只是暫時存在的而已。因為從一開始，科爾施就顯得與同時期的人在某些重要的觀點上大異其趣。一九一四年以前，他曾在倫敦發展出一種原創

2 編註：埃里希·格拉赫（Erich Gerlach），一九一〇～一九七二，德國政治人物，曾加入社會主義工人黨、德國社會民主黨，並在刊物上針對經濟議題發表文章。

3 Karl Korsch (ed. Erich Gerlach), *Marxismus und Philosophie*, Frankfurt, 1966.(English edition 1970.)（編按：此書撰寫於一九二三到一九三一年間。）

4 Karl Korsch, *Karl Marx*, Frankfurt, 1967.

的、比馬克思主義者對正統學說的批判更早的論說，其中對於革命的期待，還不如對社會主義實證內涵的期待來得多；這是他在工團主義，還有當時他所曾參加過的費邊社（這點頗令人好奇）裡面的發現。他視工團主義為一種正統的無產階級社會主義概念，或許是該概念的一種無可避免的形式。至於費邊主義者，他則認為他們是藉著對給予人民社會主義的教育，以及經由他們關於控制產業討論所獲致的「社會主義者詮釋的實證公式」二者的堅持，而把一種唯意志論者因素，引介進社會主義。

這種思想路線雖然與其他反考茨基派分子們不同，但卻能與他們達成共識。所有的左翼反叛分子都要求行動主義以及計畫，並且都反對歷史決定論，他們皆否認馬克思所謂的「因為人類能解決它，他們才會賦予自己這樣的歷史任務」，是表示這些任務的解決，將如同任務解決的可能性般自動產生。另外，他在同樣全力經營的先進工業化國家之資本主義問題上，也與這群新左派中可稱之為東歐派的人馬立場迥異。誠然，他的重新檢視是否歸因於這個事實，尚有爭議。因為馬克思主義者在低度開發國家應該做什麼，或至少應該提議什麼，從來不是個難以理解的問題。自十九世紀末就存在的問題一直是，對具有穩固的工業主義基礎，以及在可見未來不可能發生革命的國家，應該建議他們做什麼。科爾施專心致志於這個問題，儘管不幸的是，他未能提出解決之道。

科爾施在他對布爾什維克主義持續進行的理論批判上，採取了「西方式」導向，使得他即使在身為共產黨員的時期，對於俄國（藉此與他所嚮往的西方區別）大革命的興趣，也遠不如對譬如羅莎・盧森堡來得多，而且也使得他很快便放棄了對蘇聯的任何正面評價。就在這個時候，他與他的朋友，同時也是他的仰慕者貝爾托・布萊希特，分道揚鑣；同一原因，也讓他與許多中歐左派的人士形同陌路。對他來說，列寧主義與考茨基主義都大錯特錯了，而且連錯誤的理由都一樣。事實上，他正確指出列寧主義的某些重要概念，可能就是導引自考茨基的，例如社會主義是經由知識分子而進入無產階級等等。科爾施對《唯物論和經驗批判主義》在哲學上所採取的批判觀點，頗有見地。為了集中精力來保衛「唯物論」（它並不是一個很重要的爭點），列寧將矛頭指向「唯心論」這個假想敵，而將「染上自然科學色彩的唯物論者觀點」這真正的危險擱在一旁，未加干預這個曾經是布爾喬亞在哲學、自然與社會科學思想上的基本態度，同時也造就了馬克思主義本身庸俗化的主要模型。因此，列寧如此悉心刻意去維持作為一個黑格爾主義者的期盼，根本是白費工夫；他不得不回過頭來，對唯物論與唯心論二者間的對立，採取一種簡化的、事實上是屬於黑格爾之前的觀點。該觀點因而過度簡化了馬克思所謂「以黑格爾的辯證法為其支撐」的意義，並且還庸俗化了理論與實踐一統的這個概念。最後，他被導引到一種企圖阻礙馬克思主義貢獻於自然與社會、經驗科學繼續發展能力的位置之上。

科爾施認為，列寧對於實踐哲學的主張，還不如對那些照他看來基於各種理由、對黨的政策有害之哲學化傾向的批判來得多。但是馬克思主義者能夠完全依照它們在政治上的有效性或有害性，來處理哲學或任何其他領域的思想嗎？他們不能。

科爾施對列寧的批判，在不少地方還算公允，但他卻貶抑了那些讓列寧主義不只是另一個版本的考茨基派理論，而且還成為一個完全不同的歷史現象，一個低度開發世界的革命性理論的各種元素。雖然有點心不甘情不願，他承認列寧主義是一個這樣的理論，但他不認為它是一個「為當前階級鬥爭階段的實際需要，所做出的適切地理論表達」。事實上，自從他被德國共產黨開除之後，已經漸漸地把蘇聯跟法西斯主義等同起來。這兩者在一九一七到一九二三年間許多短命革命運動出現之後，確實都採取了國家化與極權化的反革命態度，並且企圖阻止革命潮再次湧現。不過，這樣一個只有在假設布爾什維克主義是一種「規避對工業無產階級在理論與實踐上之要求」，而且是反映出仍需面對製造本身的布爾喬亞革命問題的「落後東方」情勢時，才說得過去的觀點，是一個歷史的謬論。科爾施就是做了這種假設。他雖然察覺到低度開發世界裡的革命運動，但卻認為它們與工業國家中的工業無產階級間沒有什麼關係。

而這種態度造成的困難就是，他在戰後反叛風潮平息之後，在西方找不到可供推動的革命。而事實上，這讓他在西班牙的無政府-工團主義失敗之後，就完全喪失了實際的政治遠景。就像其他長久陷於挫敗、牢騷滿腹的革命分子一樣，有跡象顯示在一九五六年之後，科爾施開始覺得前景比較沒有那麼黑暗。但因為他在生命的最後幾年，並沒有寫出什麼比較實質的東西，我們也就毋須猜測他可能會如何修正他的觀點了。

不可避免的，隨著幻滅日增，「發展」馬克思主義的過程就會變成批判它的過程；甚至是對其大量捨棄到讓人懷疑剩下來的還能否被大聲稱為馬克思主義的過程。由科爾施所提出的免責聲明，可以得見。譬如說吧，辯證法（在某種解釋下）並不是一種可以像普通邏輯一樣加以掌握的「超級邏輯」，而是在革命時期裡，階級、集團與個人用以建立新的理念、拆散既存的知識體系，並且「用更具彈性的體系，或更好的是，完全沒有體系，但卻將思想完全沒有界限地、自由地適用於不斷變遷的發展過程之中」來取代前者的方法。如果我們再加上如格拉赫先生所聲稱的，「教條化的馬克思主義研究的成果，只具有歷史上有限的實效性，其發展是一種推論性的導出，而不是經驗性的導出」，這類對於馬克思大部分針對真實世界命題的否定，那麼馬克思作品實際能留下來的，恐怕將所剩無幾。能留下來的，主要是從馬克思中導引出來一種應受支持的、拒絕自我認同為某種自然科學的態度，以及一個使用這種方法以實現其目的，自我組織為黨的無產階級。沒有明確的理由能說明為什麼馬克思主義應當是，或會成為無產階級意識的外殼，而且在未來，如果革命運動真的只會在無產階級中復甦，它頂多也只是無產階級理論中的一個要素。而馬克思本身也將會被視為「僅僅是許許多多在勞動階級社會主義者運動中的先知先覺、奠基者與發展者中之一而已」。

在一個似乎「反革命」的時代裡，科爾施發現他自己與自己所指出在一八四八年後的馬克思與恩格斯一樣，遭遇到極大的困難：在現實上的革命缺乏可預見性時，是不可能維持「理論與實踐的一致性」的，因此無可避免地會出現一股由「實踐」湧向理論-經驗研究的風潮。然而，讓人極度懷疑的是，科爾施派在適應這種局面的時候，能否像馬克思主義一樣，被光明正大地稱為「仍是一個完整的社會革命理論」。它的實踐面已經降格為陳腔濫調以及空想。它的理論面則從被大部分盎格魯-撒克遜世界稱之（或許是誤稱）為形上學的東西到現代科學方法之間，鋪設了一條體系化的橋樑。例如，他認為黑格爾的方法並不完全都是那些與現代自然科學的通用原理兩相迥異的東西，因此不能視之為與經驗研究相違。還有就是科爾施於社會科學中所發現的數學模型，如同他的朋友庫爾特·勒溫[5]在心理學上的「場域理論」；或許還包括賽局理論。有句珍貴無比的常言提醒我們，涉入最深的社會科學，勢必要接受關於其真實性的考驗。至於除了作為一種傳記性的資料，科爾施派到底與馬克思主義有多少具體關聯，那就是另一個問題了。

強調科爾施這種在政治與理論分析上的進化，是有必要的，因為它是科爾施作品裡不可或缺的背景，雖然這在《馬克思主義與哲學》中（或還有在這本書第二版辯證性的導言裡）說得十分清楚，但是在《卡爾·馬克思》，這本對非專家的人而言十分難以理解的作品中，卻一點都不清楚。該書並未依循他在一九五〇年左右所表達出來的那種極端態度——不少在馬克思主義傳統下成長的思想家在那個階段都感到極度的絕望，而那種態度也是他在一九二〇年代或一九三〇年代所寫的書中才有的。然而，這些作品也都留下了依循單線發展的軌跡。對於研究馬克思，以及對馬克思主義思想隱祕不明的轉型與修正的研習者來說，並不會因此削減他們對這些書的興趣。科爾施關於馬克思這位大師的作品，不但兼具廣博與批判性的知識，同時，身為一個馬克思主義者，他對於馬克思與其追隨者之理論發展背後的歷史變遷，擁有令人敬佩的體認，以及使他的解說充滿與上一代聲勢逼人的風潮截然迥異的觀點。

因此，提醒那些被教導要去思索關於「異化」或「社會學」等字眼的年輕人們，馬克思主要還是一位經濟學家，是有用的，因為他的「政治經濟學批判」，已漸漸形成其理論中分析的主軸；至於其他的分析觀點，即使是具有洞析力或精闢見解，也越來越只是次要的了。這並不是什麼劃時代的說法，而是當《資本論》可能被某些人視為一種對知識論或社會學的系統化論述時，所必須採取的立場：「馬克思的社會唯物論科學，不是社會學，是經濟學。」

5 編註：庫爾特・勒溫（Kurt Lewin），一八九〇～一九四七，德裔美國心理學家，場域理論創始者，與早期的法蘭克福學派關係密切，常被稱為「社會心理學之父」。

而將在十九世紀末的德國與歐陸「接受」馬克思主義的歷史程序，置於一個冷靜的、衡平的，而且具說服力的分析這個先決條件之下，也同樣有其必要。科爾施證明了「修正主義」並不是對革命馬克思主義過去那種至高無上的理論與實踐，加以否定，因為它們都是正常版馬克思主義正統學說孕育出的雙胞胎，兩者同時出現，每個都是革命理論對非革命現況的回應。如此而已。

如上觀察固然有些幫助，卻也不是什麼驚天動地的理論。而且，科爾施自己賦予極大重要性的主張，很難令人為之奮然，雖然他自己顯然不這麼認為。不可否認的，在一九二〇年代，適用歷史唯物論於對馬克思主義本身的研究，是頗為罕見的，但它現在也不那麼特別了：

> 因為既存布爾喬亞社會的物質基礎，只能藉由無產階級現實的革命鬥爭來攻擊，並且撼動它，而不是推翻它，因此無產階級的革命理論，只能批判布爾喬亞時代思想在社會上的停滯形態，卻終究無法超越他們。

光承認馬克思主義「不完整」是不夠的。科爾施的說法，仍停留在陳腔濫調的階段，儘管這種陳腔濫調能夠激發那些不願意蕭規曹隨之人。就算這樣說是公允的，但我們下一步該怎麼走?在最終的分析裡,科爾施無法進一步超越這個階段,這使得他不能為馬克思主義的發展作出重要的貢獻。他的書確實值得一讀,因為他智慮聰敏且學富五車。與中歐派馬克思主義理論家們習慣性的枯燥筆調相比,他的筆鋒蘊涵著某些力量與澄明感,儘管在英譯本裡恐怕看不出這一點。雖然在他的最佳透析之中有部分,比如主要談到工團主義裡無產階級性格之類的,是他早在馬克思主義時期以前的東西,而且與馬克思主義沒什麼必然的關聯性,不過他所說的,泰半都值得聆聽。但是,時至今日,終究沒有什麼主要的理由能說明,為什麼我們非讀他不可。

如果採用他自己的以及馬克思主義的標準,來衡量這種失敗,我們或許可說,它反映出了科爾施所屬「西方」共產黨人潮流的主要困局。它在政治上是行不通的。在兩次世界大戰之間,要想當一個社會革命分子,通常意味著無論如何都得選擇布爾什維克主義,即使是以一種異端的形式。直到一九二〇年代初期,以及在直到一九三〇年代後期的西班牙,像工團主義之類的東西,看起來似乎也可以是一種選擇,但它卻是一匹駑馬,當上頭的騎士欲鞭策以馳向成功革命標的時,就已經明顯力竭。儘管馬克思主義能夠容許各種理論的適用與發展形式,以讓它從事非革命性的運作,但是對一個革命分子來說,並沒有其他的選擇。基於情感上可以理解的理由,科爾施拒絕了這種「修正主義者」的適應方式。而又因為他同時也否定了布爾什維克主義,以致於在他的紀念碑上,終究僅留下一個孤苦伶仃的,在理論與實踐上貧瘠不堪，而且一點都不悲壯的意識形態聖西門[6]。

一九六八

6 編註：克勞德·昂利·聖西門（Claude Henri de Rouvroy, comte de Saint-Simon），一七六〇~一八二五，法國哲學家、空想社會主義者。他在法國革命後對資本主義社會進行了尖銳的批判，認為人類社會為一有規律向前發展的進程，希望能實現一個由科學家、實業家和文化領袖主導的社會。但他也和他的那些理論前輩一樣，沒有找到實現社會主義的正確道路，抱憾終身。

IV

軍人與游擊隊

Soldiers and Guerrillas

17

越南與游擊戰的動力學
Vietnam and the Dynamics of Guerrilla War

這個世紀，靠著三件事就可以打贏傳統戰爭：較多的人力資源、較大的工業潛力，以及一個可以合理運作的平民治理系統。美國過去二十年的戰略，就是奠基在期待利用上面提到的第二件（三者之中最重要的），來補貼普遍認為蘇聯在該方面已占盡優勢的第一件之上。這種理論，是以認定所謂戰爭就是與蘇聯的戰爭之時代中某種算式為基礎，惟該算式有缺陷。畢竟華沙公約列強的人口並沒有比北約更多，西方陣營只是比他們更不願意以傳統方式動員自己的人力罷了。不過，這種理論在目前可能會成立，因為部分西方國家（例如法國）幾乎可以確定會在任何可能發生的世界大戰裡保持中立，而且光是中國的人口，就比所有可能一致作戰的西方列強人口還多。然而，不管上述理論是否正確，自一九四五年開始，美國就已將其財力全部投注於工業力量中的尖端技術，並試圖建立一個在單一戰爭中，比任何國家都能投入更多殺人機器與火藥的能力。

因此，當我們發現在我們這個時代裡，其實已經發展出一種贏得戰爭的新方法，而且還不僅只是傳統軍事行動中的組織與工業力量的替代品，不免要大驚失色。它就是游擊戰。而且現在被這大衛用彈弓打倒的歌利亞，數量還真的不少，例如在中國的日本人、戰時在南斯拉夫的德國人、在以色列的英國人，以及在印度支那與阿爾及利亞的法國人。目前，美國本身在南越也正接受著相同的洗禮。是以，有人想去做爆破陷阱，用來對付躲在大樹背後的小個頭們；也有人氣極敗壞地想去發掘能夠容納幾千名裝備落伍的農民、擁有全世界最強軍事武力的祕密機關。（因為認為在某處一定有個這樣的東西？）當然，也有人根本對游擊戰本身的能力表示懷疑。因為他們認為，就算美國真的受挫，也必然應歸咎於其他可量測的、可用轟炸解決的理由：應歸咎於那些真心真意與他們的南方弟兄們同仇敵愾、源源不斷偷送補給品、野心勃勃的北越人；應歸咎於膽敢與北越組成共同戰線的、恐怖的中國人；最後，毫無疑問的，當然還是應歸咎於那些俄國佬。我想，在所有常識判斷力淪喪前，真的有必要一窺近代游擊戰的本質。

游擊形式的作戰，本身並沒有什麼新鮮之處。每個農民社會對於「尊貴」的盜賊，或是「劫富濟貧」的羅賓漢，這種能逃脫士兵與警察設下的愚蠢陷阱直到被出賣為止的人，都耳熟能詳。因為沒有農民會背棄他，而且因為有許多人會向他通報敵人的動向，所以他真的也如同關於這些盜匪千篇一律的傳奇與詩歌所傳頌的，無懼於敵人的武器，而且在敵人面前來去無蹤。

在我們這個時代，這些事實與傳奇也出現在從中國到秘魯的各種文獻上。與盜賊的武力相同，游擊隊的武力也有幾個很明顯的來源，最基本的武裝支援是來自對險惡或難以靠近地域的詳細知識，加上他們在能動性、體力的韌性上，比那些追趕他們的人強得多。不過最重要的是，他們拒絕依循敵人那種集中火力、面對面的戰鬥方式。然而，游擊隊的主要資產還是非軍事的，沒有了它，他們就完蛋了——無論主動被動，他們都必須獲得當地百姓的同情和支持。任何一個羅賓漢失去這點就死定了，任何一個游擊隊也是如此。每一本關於游擊隊戰事的教科書都開宗明義地指出這點，而它也是正規軍隊在闡釋「反顛覆」作戰時所教不來的。

在古代、以及大部分的農民社會中，地方性盜匪與現代游擊隊在作戰形式上最大的差異就是，羅賓漢形式的社會盜匪，通常具有極端保守和有限的軍事目標（而且通常是非常弱小和地方性的力量）。而游擊隊集團的試煉則是出現在當它賦予自己的任務野心過於龐大，諸如推翻一個政權，或趕走占領者的正規武力；特別當它開展這項任務的地點並非國內某個偏僻角落（「解放區」），而是全國範圍的領域。直到二十世紀初期，幾乎沒有任何一個游擊隊面臨過這種試煉：過去他們都在極險峻與邊境的地區作戰（高山國家是最常見的例子），或只是反抗那些相當原始、無能的本國或外國政權。在幾場重要的現代戰爭中，游擊隊作戰也曾扮演過重要角色，不管是在一個特別有利的條件下獨自作戰，例如一八〇九年提洛爾人對抗法國；或更普通的，作為正規軍的一種輔助力量——例如在拿破崙戰爭時，或是在我們這個世紀裡的西班牙與俄國。然而，我們幾乎可以肯定的是，如果光靠他們自己，不管能拖多久，都只不過擁有騷擾的本事，例如在義大利南部，拿破崙麾下的法軍就從未因他們而遭遇任何阻擋。這或許就是為什麼直到二十世紀之前，他們並沒有引起軍事思想家多少注意的理由之一。另一個理由或許可以解釋，為何連革命軍都不太將他們放在眼裡，因為事實上，所有能獲致戰果的游擊隊，在意識形態上都還是保守的，即使他們是反社會的。只有相當少數的農民曾經改採左派的政治觀點，或追隨左翼的政治領袖。

因此，現代游擊戰的創新處不在武力上。今日的游擊隊與其前輩們相比，或許更能隨心所欲地掌握較好的裝備，但是比起他們的對手在武力上還是老樣子——差上那麼一截。（他們多數在初期都是靠著從其他方面擄獲、購置或偷竊到手的東西，作為本身獲取主要武裝力量的來源，而並不是像五角大廈繪聲繪影描述的那樣，仰賴外力的支援。）游擊隊在晉升到最高階段之前，也就是游擊武力轉化成為正規軍隊，能夠真正在正式戰場上面對、並擊潰它的對手（例如奠邊府戰役）之前，對每個傳統游擊兵團（*guerrillero*）或夥眾的領導者來說，毛澤東、武元甲[1]、格瓦拉的輝煌軍事紀錄或其他游擊作戰指南的內容，都是一種簡單的常識。

現代游擊戰的創新處是政治上的，可分為兩種。第一種是，游擊武力靠著群眾的支持，擴散到國內各個不同的地區，這在今日已更為普遍。所以能夠辨到這點，部分是它訴求於窮人對抗富人，被壓迫者對抗政府的共同利益；部分則是利用民族主義以及對外來（通常是不同膚色的）占領者的仇視。也只有軍事專家們才會相信「農民只要別人不去打擾他們」的這種傳說。其實農民才不是如此。當他們沒有食物的時候，他們就需要食物；當他們沒有土地的時候，他們就需要土地；當他們被遙遠的首都裡的大官們欺騙的時候，他們就會希望能擺脫那些大官。但最重要的是，他們要擁有做人的權利，以及當他們被外國人統治的時候，可以擺脫掉那些外國人。我們還應該加上一句，一個有效的游擊戰，唯有在能夠成功地於該國大部分領土、向多數的地方百姓提出這種訴求的國家，才有可能發生。馬來西亞和肯亞游擊戰的失敗，主要的原因之一就是他們沒有取得這種條件：兩地的游擊隊，其組成分子幾乎都是中國人或基庫尤人[2]，而馬來人（占該地多數民族）與肯亞的其他民族則大部分置身該運動之外。

第二個政治上的創新是，不只是游擊隊的支持力量呈現出民族化的傾向，就連游擊武

1 編註：武元甲（Vo Nguyen Giap），一九一一～二〇一三，越南共產黨、越南民主共和國、越南社會主義共和國及越南人民軍的主要創始人和領導者之一。

2 編註：基庫尤人（Kikuyu），肯亞人數最多的民族，約占其總人口百分之二十二。

力本身也是如此，而這是由那些具有全國性、有時是國際性規模的黨與運動所造成。游擊單位不再是一個純粹地方性的產物；它是一個固定且機動的核心架構，再在其四周建立起地方勢力的整體。他們將它與其他單位聯結起來，成為既能實施全國性的戰略，且能被改造成為一支「真正的」軍隊的「游擊隊」。他們也將它與所有不屬於戰鬥性質的全國性運動，以及特別是在政治上具有舉足輕重地位的城市聯結起來。這顯示了游擊武力的性質出現了某種根本的改變，但這並不表示現在的游擊隊是由外來的核心革命分子所組成。因為不管志願軍再多、熱情再大，游擊隊兵源的補充，仍有部分受到一些技術條件的限制，其中之一，就是許多潛在的外來兵源，特別是那些來自城市的知識分子和工人，根本就資格不符：他們缺少那種只有參與過游擊行動，或過過農民生活才會有的經驗。或許，游擊隊都是由一群核心幹部發起，但即使是一個像共產黨組織這種完全外來的力量，靠自己在一九四五年後的（西班牙）亞拉岡也只能維持個幾年，後來也不得不開始有系統地從地方百姓中尋求兵源的補充。成功的游擊武力，永遠還是需要靠地方人民來組織，而且這種操作在軍事上的好處多的說不完，就像格瓦拉說的，因為地方的人民「有他能私下求救的朋友，這個朋友了解這塊土地，以及會發生在這裡所有的事情。同時，他還額外擁有一種保衛自己家園的熱情」。

不過，如果游擊武力真能形成外來幹部與地方兵員的混合體，它就會被徹底改造成不同的東西。它不只會擁有前所未有的凝聚力，經由系統化的教育（文字上的，與戰鬥技巧上的）所發展出來的紀律與道德，以及政治上的訓練，還將擁有前所未有的長程移動能力。「長征」，把毛澤東的紅軍從中國的一端帶到另一端；而狄托的黨羽們也在遭遇相同的失敗後，展開了相同的遷徙。游擊隊不管走到哪裡，都會遵奉游擊戰的主要守則，而我們光從字面就可以看出，這些守則是正規武力所無法遵守的：（一）對於地方民眾所供應的任何物品，都要支付相應的代價；（二）絕不強暴地方的婦女；（三）不管到那裡都釋放出土地、帶來正義與學校；（四）在生活上或其他方面，絕不比當地居民享有更好的條件。

像這樣作為一個全國性政治運動的一部分，並且在獲得群眾支持的條件下進行作戰的武力，已經證明了他們本身是極度頑強的。處於顛峰狀態下的他們，就算面對正統的軍事動員，也已完全立於不敗之地。根據在馬來西亞與其他地區的英國反顛覆專家們的估計，即使在後者不是很有利的情勢下，要擊敗一個游擊隊員也得要有十比一的懸殊差距才有可能；也就是說，在南越，至少要有大約一百萬名的美國人和越奸才有辦法。（在現實上，光是八千名馬來西亞游擊隊員，就已經讓十四萬名士兵與警察們動彈不得了。）美國現在也發現，正規的軍事方法的確無用武之地，除非沒有可供作散彈坑的水田，否則炸彈根本起不了作用。「官方」與外來的武力很快地察覺到，與游擊隊作戰唯一的方式，就是攻擊他們的基地，也就是攻擊一般老百姓。為了達到這個目的，各式各樣方法都被建議過，一開始是老套的納粹式手法，把所有的平民都當成潛伏的游擊隊員，接著出現的是稍具選擇性的屠殺和凌虐，最新的方法則是綁架所有村民，並且將他們集中在村落圍柵改成的要塞，期望能藉此奪去游擊隊不可或缺的補給與情報資源。向來喜歡藉技術性手段來解決社會問題的美國武力，看來是比較偏好摧毀廣大地區上的所有東西，可能希望能將在這個地區內所有的游擊隊員都跟其他活著的不論是人類、動物或植物，一起消滅掉；或是希望所有樹木和灌木叢都能直接氣化掉，只留下一個個游擊隊員站在那兒，一眼就可找到，然後就能把他們像真正的士兵一樣炸個粉身碎骨。在那些遵循這條路線所實際展開的嘗試中，貝利．高華德提出用核子彈來對越南叢林進行枯葉戰術的計畫，其實也不算什麼極度荒唐的建議。

這類手段的問題在於，它讓當地百姓支持游擊隊的意志更加堅定，並且提供了後者源源不絕的兵力。是以，反游擊的政府接著便打算利用改善當地百姓的經濟與社會狀況，來個釜底抽薪，就像從前普魯士腓特烈．威廉一世的那種方式，據聞他在柏林會緊追在臣民之後，用拐杖毆打他們並咆哮著：「我要你們愛我。」但當人民的妻子兒女還在過著水深火熱的日子，要讓他們相信自己的處境正在改善，並沒那麼簡單，特別是當人民是有尊嚴地過著揮汗如雨的生活的時候（依越南人的標準）。

反游擊的政府常常說的比實際上做的多，比如要發放土地給人民。不過，就算他們真的做到了這類一系列的改革，也不必然會贏得農民的感激。因為，被壓迫人民所要的，不僅是經濟上的改善。最頑強的反叛運動（其中最明顯的當然是越南的運動），都是結合了民族與社會因素的運動。對於一個既要求麵包，同時也要求獨立的人民，不能只靠著比較慷慨地給他們麵包，就能讓他們妥協。英國在一八八〇年代，藉著結合鎮壓與經濟改革，來處理帕聶爾[3]與大維[4]領導的愛爾蘭革命騷動，並不是沒有成功——但最終還是無法阻遏一九一六到一九二二年將他們掃地出門的愛爾蘭革命運動。

雖然游擊隊通常都有幾個有效避免輸掉戰爭的方法，但是它們贏得一場戰爭的能力，仍然是有限的。首先，它絕對無法完全以全國性的規模，在所有地方實施游擊戰略，這就是為什麼在某些國家，例如馬來西亞和緬甸，游擊戰會失敗或部分失敗。在一個國家或地區內部因種族、宗教等理由產生的分化與仇恨，也會把游擊隊的基地限制在部分人民這邊，而拱手自動讓另一邊成為反游擊行動的潛在基地。舉一個明顯的例子：在一九一六到一九二二年，主要利用游擊戰形式的愛爾蘭革命，在二十六個州都成功了，但唯獨在北愛爾蘭失敗，即使有來自南方的一個共同戰線以及他們積極的或消極的幫助，也無濟於事。(可是，英國政府絕對沒有將這種同仇敵愾當成藉口，去轟炸香儂大壩以逼迫都柏林政府停止侵犯

3 編註：查爾斯．帕聶爾（Charles Parnell），一八四六～一八九一，愛爾蘭獨立運動領導者。
4 編註：邁克．大維（Michael Davitt），一八四六～一九〇六，愛爾蘭獨立運動領導者。

自由世界。）

話說回來，在某些時候，也可能有那種人民因為沒經驗、或缺乏有能力的核心幹部，反而使一個本來規模龐大且基地廣布的游擊顛覆行動，慘遭弭平。在安哥拉發生的狀況就是一個例子。某些國家的地理環境或許能夠助長地方性的游擊行動，但要發動協同的游擊戰爭，就難上加難（譬如某些拉丁美洲國家）。也有可能是該群人民的數量實在太少了，以致無法在欠缺有力外援的情形下，以直接行動來對抗有志一同壓迫他們的占領國，贏得獨立。庫德族或許就是這種情況；他們雖然擁有出色且頑強的傳統游擊戰士，卻從無法獲得獨立。

除了每個國家各自不同的在地困境，還有城市方面的問題。不論城市的居民對這個運動有多支持，不論游擊隊的領袖與城市之淵源有多深，城市——特別是首都城市，往往是一個游擊隊最後才能攻克，或在最壞的打算下，最後決戰的地方。中國共產黨通往上海與廣州之路，是經過延安而來的。義大利與法國的「抵抗陣線」，則是及時發動城市的反叛行動（巴黎，一九四四年；米蘭和杜林，一九四五年）；相對的，直到聯軍抵達前的最後一刻都沒這麼做的波蘭人（華沙，一九四三年），就被殲滅了。現代工業、運輸與管理的力量，只有在這種力量於土地紮根不深之處，才能長期地被中立以待。像切斷一、兩條公路或鐵道這種小騷擾，在行旅艱困的鄉下地方，固足以癱瘓整個軍事行動與管理，在大都市可就沒辦法。游擊，或其他類似的行動，在都市裡固然也完全可以行得通——畢竟，有多少銀行的搶劫犯曾在倫敦落網？——而且，近期也的確有些例子可以證明這一點，例如一九四〇年代後期的巴塞隆納，以及不少拉丁美洲的都市。但這頂多就等同於某種生活上的騷擾，而且也只能製造出一種對該政權效能產生信心危機的普遍氛圍，或是把在其他地方可能發揮更佳效用的軍事武力與警察給牽制住而已。

最後，游擊戰最大的限制就是，除非它變成正規作戰，不然就無法獲勝。這表示它必須在敵人最強悍的所在，與其短兵相接。除了在那些真的是被軍事武力以血肉長城死守的強硬據點，對一個廣受支持的游擊運動而言，要將官方武力從鄉下地方清除乾淨，讓政府或占領者至多只能控制幾條主要的通路或鐵路，同時僅能以空運或無線電連接（而且只有在白天）孤立的都市與要塞，其實相當簡單。真正的問題是在這個階段之後。教科書中對這種游擊戰的終極階段，都給予相當的關注，也就是中共與越南如何在對抗蔣介石與法國的戰爭中，獲致精彩的勝利。然而，這些成功不應包括那些被誤信的概括化原則。游擊隊的真正力量，不在於他們將自己改造成正規武力以驅逐其他傳統武力，而是在於他們的政治能量。就像在中國和越南，當人民不再支持政府，地方政府往往就面臨崩潰，特別是當大量棄守轉移給游擊隊的消息傳來之際；而游擊隊的一個重大軍事勝利，會使得這種崩潰變得更加公開。卡斯楚的軍隊並沒有贏得哈瓦那，但當它顯示自己不只能占領馬埃斯特臘山脈，還能拿下在聖地牙哥省的首府時，巴帝斯塔的政府機構就立刻垮台了。

外國的占領軍比較沒那麼脆弱，也比較不會成效不彰，縱使他們可能知道自己正在打一場贏不了的戰爭，而且縱使他們必須用極端不成比例的代價，來維持自己脆弱的據點。要停止這種勞民傷財遊戲的決定，自然是令人難堪的，而且永遠會有些好理由可以拖延這個決定，因為外國軍隊被決定性地擊敗的事例，委實極少發生，即使是像在奠邊府戰役那樣的地方行動裡。所以美國人現在仍然留在西貢，明目張膽、平安無事地狂飲波旁酒，除了偶爾或許會在咖啡館裡挨顆炸彈。他們的縱隊仍然大大方方、隨心所欲地在這個國家內恣意橫行，陣亡數也不會比家鄉裡交通事故的死亡人數多多少。他們的飛機愛在哪裡丟炸彈，就在那裡丟，而且也還有某個能夠被稱為「自由」越南的總理存在；雖然你很難預料隔天這個總理是不是又會被換成另外一個。

所以，總是有人會說，只要多加把勁，就能改變這種均勢：更多的軍隊、更多的炸彈、更多的屠殺或暴行、更多的「社會任務」。在這方面，阿爾及利亞戰爭的歷史為越南戰爭作了見證。當一切都已經結束之際，還有五十萬穿著制服的法國人在那裡（以對抗總數九百萬的回教徒，或是一個士兵對抗十八個當地住民；而且尚未將前法裔的當地白種人計算在內），而軍隊還在要求更多，甚至到讓整個法國共和國政府垮台為止。

在這種情況下，很難減少損失，但也有毫無任何其他更明智選擇的情形。有的政府就能比別人早一點做出選擇。英國政府恰恰在其軍隊支撐不住前，從愛爾蘭與以色列撤兵。法國人在越南苦鬥了九年，在阿爾及利亞耗了七年，最後還是鎩羽而去。不然還有什麼其他選擇？老式的地方性游擊，或在邊境的游擊行動，就像蠻族採取的邊境突襲那樣，只要靠幾種輕便的裝備，就能在不影響到一個國家或其占領者的正常生活下，將其孤立或包圍起來。可以派些空軍聯隊（這是兩次大戰間英國在中東最喜歡使用的裝備）偶爾炸一炸叢林，可以建立一個軍事前線地帶（例如在印度西北的老前線），而且在某種極端的情況下，政府會策略性地暫時讓部分偏遠且動亂不安的地區武裝自己，僅去監視這個麻煩是否有擴張趨勢。不過，在今日的越南，或一九五〇年代後期的阿爾及利亞，這些方式顯然是行不通的。如果一群人民不想再被老舊的方式統治下去，那就沒什麼好說的了。當然，如果像日內瓦協定所提出的，讓越南在一九五六年能夠舉行大選，或許就不需要付出這麼高的代價來發現其人民的觀點了。

不過，上述所言，能否讓反顛覆行動家們鬆一口氣？宣稱游擊戰是成功革命的獨家祕訣，或認為對當今游擊戰的期望，只有在有限的幾個相當低度開發國家裡才有現實性，都是極度愚蠢的說法。那些「反顛覆」學的理論家固然因此可如釋重負地認為，他們不會總是輸，但這並不是重點。當一個游擊戰基於幾個理由真正成為全國性的，而且是廣布全國的，並且將官方的行政部門從廣遠的鄉下驅趕出去時，擊敗它的機會便等於零。毛毛[5]在肯亞被擊敗了，但這對在越南的美國人一點幫助都沒有；當我們記起肯亞現在已經獨立了，而毛毛也被認為是這個民族鬥爭中的先鋒隊與英雄時，就更覺得沒有幫助了。緬甸政府從未被游擊隊所推翻，但這對在阿爾及利亞的法國人也沒有幫助。詹森總統的問題在越南，不在菲律賓，在越南的局他就是輸了。

在這種局勢裡所剩下的，就只是幻象與恐怖。今天華盛頓在政策上的自圓其說，在阿爾及利亞都有前車之鑑。法國官方的發言人告訴我們，一般阿爾及利亞人都是站在法國這一邊的，即使不是真正的前法裔，他們所要求的，也只是和平與安寧，卻被阿爾及利亞民族解放戰線給恐怖主義化了。事實上，我們每個星期都被告知局勢已經有所改善，已經穩定了，下個月我們將會看到秩序的力量重新取得優勢，他們需要的只不過是再多幾千個士兵，以及再多幾百萬法郎。我們被告知，只要截斷其外國庇護所與資源的供應，叛亂很快就會弭平。於是那個庇護所（突尼西亞）被炸了，而邊界則被嚴密地封鎖起來。我們被告知，只要能剷除在開羅的回教徒顛覆大本營，就可以一勞永逸了。於是法國人便在埃及開戰。最後，我們被告知，或許確實有某些人真正希望把法國人趕走，但是因為阿爾及利亞民族解放戰線顯然並不代表阿爾及利亞全體人民，他們只是一幫意識形態的滲透者，與他們談判，對阿爾及利亞人十分不公平。我們被告知，必須保護少數人以對抗恐怖。我們唯一沒有被告知的是，如果有必要，法國會使用核子武器，因為法國在當時並沒有任何核子武器。最後結果是什麼？結果是，今日阿爾及利亞已由阿爾及利亞民族解放戰線統治。

要讓幻象成真的手段，便是恐怖，特別是——從事物本質看來——在對付非戰鬥人員時。靠受驚嚇的士兵來對付平民，就是一個老套的恐怖手段。士兵被這種戰爭中，任何平民都可能是敵方戰士的事實，搞到喪失了道德，而且在可恥的大型報復中達到了最高峰——毀滅整個村莊，就像納粹在利迪策與奧拉杜爾所幹的一樣。明智的反游擊行動是不會鼓勵這些的，因為它會讓當地的百姓與你完全敵對。不過這種恐怖與報復仍然發生了。另外，還有選擇性地對人犯實施酷刑以獲取情報。這種酷刑在過去或許還有些道德上的界限，但在我們這個時代已經沒有了。事實上，當我們在越南拍下了施酷刑者和受害者的照片，並且讓這些照片流入通訊社時，我們已經忘記了人性的基本反應了。

第二種恐怖是所有現代戰事的基本條件，在今日，它所瞄準的目標主要是平民，而非戰鬥人員（不會有人為了任何其他目的去發展核子武器）。在正統的戰事中，不分青紅皂白地大量毀滅，其目的就是要打擊人民與政府的士氣，並且摧毀任何正統戰力都必須仰賴的工業與管理基地。上述的任務，在游擊戰中都非常簡單，因為幾乎沒有要摧毀的城市、工

5 編註：一九五六到一九六〇年間，肯亞發生反英殖民的軍事衝突，反殖民起義團體稱為「毛毛」（Mau Mau），成員多為基庫尤人。

廠，聯絡網或其他的設備，也沒有像先進國家中容易遭受破壞的中央管理機構之類的東西。就另一方面來說，其所能獲致的成功也就愈加有限。如果恐怖政策甚至能夠說服一個單獨的地區，以致抑制了來自游擊隊的支持，並且因此把他們驅趕到其他的地方，我想，這就已經算是反游擊行動的淨利了。因此，繼續胡亂轟炸和焚燒的誘因是難以抗拒的，特別是對像美國這種能夠不用汲汲於研究游擊隊的武器與金錢補給，就可以讓越南全境生靈塗炭的國家而言。

最後，還有一個最沒有希望，同時也是自暴自棄的恐怖形式，也就是目前美國在採用的：威脅要將戰爭擴大到其他國家，除非他們能夠叫該游擊行動停止。這完全沒有一點合理的正當性。如果越南的戰爭真如美國國務院的那套藉口，是一個沒有「自發的與地方性的叛變」的「間接」外力侵略的話，那也就沒必要轟炸北越，因為越共在歷史上的地位，不會比一九四五年後於西班牙掀起游擊戰，結果一敗塗地，除了某些地方報紙上的記事與一些西班牙警方發布的消息外只留下少許痕跡的嘗試，來得重要多少。相反的，如果越南人民真的站在目前宣稱是他們政府的，不管哪個將軍這邊，或只是希望能過個平靜生活，那麼在這個國家裡，也將不會有像它隔鄰的高棉或緬甸一樣的問題，後二者過去或直到現在，都有游擊隊在活動。

但現在以及一直將會很明顯的，越共不會靜靜地離開，而且在可預見的未來，也沒有任何奇蹟會將南越變成一個穩定的反共共和國。正如世界上多數的政府都很清楚的一點（雖然有一、兩個像英國這樣，華盛頓說什麼他們就說什麼的政權），除非在遠東地區展開一場大型的傳統戰爭，在越南沒有別的軍事解決方案，而當美國遲早發現它無法贏取這場傳統戰爭時，可能將它升高為一場世界大戰。這戰爭將會有幾十萬名美軍參戰，因為即使美國的盟邦無疑都願意派遣一批象徵性的大軍或救護設備，卻還沒有笨到讓自己過度陷入這場衝突的地步。要求升高一點的壓力會增加，而且五角大廈對最具自毀性的越南幻象——也就是在最後攤牌中，可以用核子戰威脅讓北越與中國失敗，或是撤退——的信念，也會增加。

但他們有三個理由不能這樣做。首先，因為（不管電腦是怎麼說的）不會有人相信，真正關切一個穩定和平世界的美國政府，真的會在越南展開一場核子戰爭。對河內與北京來說，越南的問題極度重要，就像華盛頓方面視蘇維埃的飛彈離開佛羅里達為一極重要的爭點一樣；而對美國來說，越共只是一件攸關顏面之事，就像對赫魯雪夫來說，古巴飛彈基地只具有邊際的重要性一樣。蘇聯在古巴撤手，因為對他們來說，它不值得任何形態的世界大戰，不管是核子的或傳統的。基於同樣的理由，美國是可以從越南撤手的，如果它在乎世界和平，而且如果可能討論出某種挽回顏面的計畫。

其次，假設美國真的不準備在南越達成任何真正的和解，它的核子威脅最後還是不會有用，因為北越和中國（還有其他不少國家）會得到一個結論，再多做讓步，除了讓美國更貪得無饜，什麼都得不到。華盛頓在這些日子談了不少關於「屈辱的讓步」（Munich）的事，但卻常常忘了如果要說是一個多麼「屈辱的讓步」，還得看看另一邊怎麼想。如果說中國與北越拒絕相信，一個認為他有自由轟炸一個非交戰國的政府對他們要求的讓步，會是一個最終的讓步，該政府應該也不會意外吧。如同美國所了解的，今天的確有些國家在某些局勢中願意面對世界大戰的風險，即使是核子戰爭。對中國和北越而言，越南就是這樣的局勢，中國也已說得很清楚了。還在妄想其他可能，是相當危險的。

第三個，也是最後一個理由，對中國與北越進行核戰威脅是沒有用的，因為這種威脅較適合已工業化的交戰對象。這個假設建立在現代戰爭中，一個國家或一群人民會因為後方被擊破而不得不投降。這對中小型工業國家，或許還有某個大型工業國家（包括美國在內）來說，是必然的結果，但對一個相當未開發的國家，特別是像中國這樣巨大的國家來說，就不是必然的結果了。我們可以確定地說，中國（可不包括蘇聯）完全沒有擊敗美國的機會。然而，就任何現實的意義而言，它的地位與力量，也絕對不會被擊倒。它那象徵性的核子彈能夠被毀掉，它的工業、城市與七億人口中的好幾百萬也是如此。但是這一切一切也只能把這個國家推回韓戰時期的樣子。美國是絕對沒有足夠的人力去征服、以及占領這個國家的。

美國的將軍們（還有任何一個用工業社會的假設來計算戰爭的人）要認清很重要的一

點，對中國來說，很難相信真的會有核子威脅，或是雖然無法避免、但不會是決定性的，這很重要。雖然中國不會輕易地投身於一場大戰，特別是一場核子戰爭，即使當他們相信它是無法避免的，但這也不會對他們構成威脅。就像在韓國一樣，若非被直接攻擊或威脅，他們是不會參戰的。因此，美國的政策仍陷於進退維谷之間。擁有世界其餘國家三倍的核子彈的確聲勢驚人，但是它將無法阻止人民製造麥喬治·邦迪[6]先生所不以為然的革命。核子彈不能打贏像越南人現在所從事的那種游擊戰，然而若沒有核子彈，甚至是在那塊區域的傳統戰爭，也未必會贏（韓戰即是一個最佳寫照）。核子彈不能被當成用來贏得一場已輸掉的小型戰爭，甚或是一場中型戰爭的威脅工具，因為一般的人民可以被屠殺，敵人卻不會因此而投降。如果美國能夠與東南亞的現實狀況妥協，它將會發現美國仍是很早很早以前的那個美國——世界上最穩固的力量，沒有人想挑戰其地位和影響力，不只因為沒人能夠挑戰它，也因為它就像其他列強一樣，從過去到現在，都必須生存在一個它並不完全欣賞的世界裡。如果它不能達成這種妥協，遲早會把那些飛彈全都發射出去。而危險的是，正罹患著未成熟超級強國常見的疾病——輕微的全能論——的美國，會不去面對現實，而

6 編註：麥喬治·邦迪（McGeorge Bundy），一九一九～一九九六，美國外交和國防政策專家，一九六一到一九六六年，擔任美國國家安全顧問，被認為是越南戰爭升級的關鍵人物之一。

不知不覺陷入核子戰中。[7]

一九六五

7 雖然在這篇文章發表後，整個局勢已經緊接著美國在一九六五年升高越南戰爭的決定而改變了，我仍樂意將這篇文章原封不動地重新刊印，部分是因為其中的概論仍然是有用的，而部分則是基於為自己所做的正確預測留下紀錄的那種樂趣。

18

文人政府與軍隊在二十世紀政治上的對抗
Civilians versus Military in Twentieth-Century Politics

自法國大革命之後，所有近代政府都面臨了如何處理文人政府與軍隊間關係的問題。他們大多都不時提心吊膽會不會有一場潛在的軍事接管發生，而拿破崙．波拿巴也的確為這種現象提供了第一個近代的典範，而且維持了一段頗長時間的金字招牌，那就是「波拿巴主義」。當然，在此之前，政府與他們的軍人間就已經有過問題了；近衛軍是出了名的國王製造者，不然就是像十八世紀俄羅斯那種專殺皇帝的刺客，鄂圖曼帝國的親兵（janissary）也是如此。但看看中歐和西歐那些封建和專制國家，軍事力量與提供給這些軍官階級的貴族與鄉紳之間，關係幾乎密不可分。即使在最極端的情形，文人政府與軍隊間也不會發生政治上的衝突，因為二者根本就是同一類人，譬如都是封建貴族與鄉紳。就算發生衝突，也不過就是疆界劃分上的爭執。對於這些武裝的（也就是貴族的）叛亂勢力而言，除了具有正當性的世襲王朝，或某些假裝屬於這種世襲王朝的人外，幾乎不太可能去擁立其他人。他們或許會向王國中的特定成員挑戰，或是為了王國中的特殊安排而爭執不休，但在憲政結構上他們不會另做選擇。事實上，日本的明治維新就是一個十分明顯的例子：即使是最消極、最有名無實的正統皇室成員，也依然保有驚人的政治權力，用以對付那些藉著他的名義行統治之實、權力過大的貴族；假若他決定要使用這些權力的話。

不過，我們現在所要討論的並不是傳統的君權與專制政體的社會，而是在現代社會中作為公權力下一個特殊次部門的軍隊。他們在身分上，以及整體而言，在從社會其他部門招募來的兵源上，都與過去有所不同。同時，他們也不必然對文人政府負有一種傳統的、近乎儀式性的忠誠義務，雖然我們有時還是可以發現某種較古老關係的殘留，就如同十九世紀的普魯士與德意志帝國，陸軍軍官團（海軍就不是這麼一回事了）大部分是由容克[1]所組成，他們幾乎無法想像造國王的反是怎麼回事，因為那等同於反叛他們那個階級的磐石；至少在這個國王還能表現出他們認為國王該有的樣子時。即使是在希特勒統御下的德國，這種情況也仍以某種較為隱晦的形式繼續存在。在當時，曾以個人名義對國家元首宣誓效忠這個事實，對軍官而言，無疑具有非凡的意義。但對於逐漸傾向採取共和體制的現代國家來說，這種現象業已被日益邊緣化；畢竟在現代國家，忠誠不應該是針對一個王朝，甚或個人，而是形式上地給一個概念（「人民」、「共和國」、「憲法」之類的），以及給特定的一群人，例如政府，只要他們能夠代表這個概念。一個人要決定是否效忠共和國、人民或（如果定義得夠曖昧的）

憲法，是很容易的事；但要效忠政府，可就沒那麼簡單了。不少軍人都已矢志採取這種態度，而且在許多國家，特別是十九世紀初期以來的伊比利半島與拉丁美洲的國家，軍人們都已宣稱，基於作為人民、共和國、憲法，以及國家基本意識形態或其他價值，天職上的（*ex-officio*）守衛者，他們擁有不斷製造政變的權利。

現在，幾乎所有現代國家都採取了這個觀點，至少自拿破崙開始，文人政府與軍隊間的理想關係，就是讓後者從屬於前者；部分國家也已發展出了相當蓬勃的思想，以確保這種從屬關係，其中最普遍的當然就是那些由共產黨政府所統治的國家，因為這些國家本來就是直接從革命傳統中製造出來的。他們所想到的問題，總是特別一針見血。這些搞革命的人都知道，從造反和武裝鬥爭中產生出來的政府是很脆弱的。一九二〇年代蘇聯那場大辯論就是最好的證據，他們對於有可能發生「波拿巴主義」危險，極度敏感，因此幾乎是無條件地要求軍隊必須聽命於黨的決議。同樣的，即使在「文化大革命」期間有意脫離這種傳統的中國，似乎也在一九七一年回到了這條老路。到目前為止，共產黨政權在維護文人政府的至高地位上，可說十分成功——對此我們是毋須胡亂猜測——雖然有人說，他們將注意力全副放在軍事接管的危險時，或多或少忽略了其他的危險，至少到一九五六年仍是如此。也就是說，一

1　譯註：容克（junker），普魯士的地主貴族階級。

種「事實上」（*de facto*）被警察接管的危險，不管是公開或私下的，法國大革命的歷史本身並沒有提供可警惕的前例。在這裡，「警察」這個字眼並不是用來描述傳統的且相對保守的那種公共秩序與內政情報機構，而是某種十九世紀很少見的現象：一種龐大，而且愈來愈有力量的平行武裝部隊、行政部門和權力中心，就像德國的黨衛隊。不過，大體說來，共產黨人統治的國家仍都保有強烈的文官精神，即使像朱可夫元帥[2]這樣聞名的民族英雄，也會發現到這點。

一般說來，西方的議會民主體制本身並沒有拒絕承認軍事榮耀的宣傳價值。所以，不只是威瑪共和才會選出最耀武揚威的將軍成為總統；法國的麥克馬洪元帥[3]以及戴高樂將軍，英國的威靈頓公爵，還有以美國被選舉為總統的艾森豪為卷末的好長一份將軍總統名單都證明了，一個掛滿勳章的軍人，本身對政治也的確有所籲求。藉此也可以證明共產黨政府是多麼自我克制。總而言之，典型的西方國家——這個名詞不需賣弄學問的解釋就足已讓人理解——並沒有太多可能被好戰派接管的問題。軍人有時候對這些國家是很具有影響力的，而且也更替了政府，或是製造了讓政府能被更替的局勢，但是——雖然這點並沒有被廣為承認——他們很少**唯我獨尊**式地統治國家，也沒有自認本身就是政府的可能競爭對手，甚或控制者。

在政治上能與軍人類比的，無疑就是公務員了。公務員是一群不管自身觀點，無論如何都必須實現任何具有形式主權、以及具有制訂政治決策責任的政府期望之人。但這並不表示公務員不能故意敷衍了事，熱衷於軟性怠工，祕密地四處遊說他們的政策，或是以與他們臭味相投的方式來詮釋這種政策。這只是表示在形式上，不論過去和現在，他們都是政府的臂膀，而不是政府本身。已逝的柯本就曾舉出這點來類比於法國的軍隊。事實上，雖然法國軍隊的確數次介入政治，而且其軍官的社會背景、意識形態，以及他們的政治觀點（羅馬天主教派的與保皇黨的），在很長一段時間裡幾乎與其政治上的主子處於正面衝突的這個事實，一直都存在，但這種說法還是有相當程度的真實性。第一位的拿破崙是個大大的例外——但是也只到他掌握權力為止，之後他就是個會不時離開一下去打場勝仗的正常統治者而已。拿破崙政權下的軍隊，並沒有比其他任何戰爭製造者統治下的軍隊更重要。拿破崙三世甚至不是一個軍人，而且他的崛起與取得權力，幾乎沒有倚靠軍方幫助；軍隊會在一八五一年支持他，純粹是因為當時他已經成立了一個有效統治的政府。讓貝當元帥[4]取得權力的是德國人，不是法國人。至於戴高樂將軍，他一旦有了能力，便與那些使其獲得權力的軍方同謀者脫離

2 編註：格奧爾基・朱可夫（Georgy Zhukov），一八九六～一九七四，蘇聯元帥，被認為是二戰中最優秀的將領之一，榮獲四次蘇聯英雄稱號。一九五七年在赫魯雪夫「去史達林化」運動中因過於張揚，被解除國防部長職務。

3 編註：帕特里斯・麥克馬洪（Patrice MacMahon），一八〇八～一八九三，法國軍人，法蘭西第三共和國第二任總統（一八九三～一八七九），之後因與共和派不合，被迫於一八七九年辭職下台。

關係，並讓軍隊依照一般的方式從屬文人政府的控制，因此惹了點麻煩。他雖然在一九六八年又把他們叫回來，但很顯然地（直到現在）他們的政治野心並沒有復甦。

因此相對的，在法國這種國家裡，軍隊挾持政客們的企圖可說全都徹底地失敗了。當法國軍隊，不接受既存的、正在運作中的政府為合法的政府時，而且不管局勢如何，面不改色地在一八三〇年、一八四八年、一八五一年與一八七〇年更換了效忠的對象，都證明了其本身比政府還要脆弱。第三共和時期，軍隊與文人政府發生衝突，像布朗熱與德雷福危機那樣，當時文人政府獲勝了。[5]我想，任何人都可以放心大膽地說，一九一四年英國軍隊威脅拒絕執行愛爾蘭自治法規，並不是它自己的決定，而是自由派政府的懦弱猶疑所造成。因為後者並沒有下達堅定的命令，使得建立在服從命令原則上的軍隊，沒有命令可以服從。杜魯門一定沒有真正地被麥克阿瑟威脅過，因為在由自覺的反對派軍人反對既存政府最極端的例子裡，也就是德國軍隊將領們與希特勒的對抗，其下場是很明顯的。在西方國家，軍隊介入政府真的就只能靠玩弄政治，而在這方面最成功的將軍，並不是那些去動員自己官兵弟兄的，而是在國會委員會或議員休息室裡的那些人。事實上，戴高樂將軍能夠掌權的原因之一，就是他那極其罕見的，將自身所擁有的軍事指揮官天賦，與無比微妙（我們不要用邪門這個字）的政客身段，兩相結合的手法。這是一個半世紀以來，不斷教導著想到其他地方試試身手的法國將軍們的千金要方，但卻也很少人有能力習得這門學問。

這一切一切，都說明了軍隊在政治上是中立的，雖然不是同樣地效忠，卻仍以同樣的服從，執行職務於任何政權之中。這也是許多警察的處境，而且據聞他們也有某些是驕傲地帶著那種霍布斯式的齊全準備，等著侍候就要駕臨的任何利維坦。相信那些發現他們自己竟然分別在資本主義與共產主義的政權下，受到同一批官僚訊問的革命分子，是不太會欣賞這種政治理論的優越性的。然而，儘管軍事武力與警力都是有紀律的、科層化的、大部分穿著制服的武裝力量，也都被設計去執行政策而非制訂政策，但二者在政治行為上還是很不一樣。就拿陸軍來說吧，他們的忠誠是有限度的。他們會接受社會革命政權嗎？答案是，或許不會，雖然這個議題往往是被層層迷思所包圍。（比如我們無法確切地了解一九三六年西班牙的軍

4 編註：菲利浦．貝當（Philippe Petain），一八五六～一九五一，法國陸軍將領、政治家，曾任法國總理（一九四〇）、維琪政府元首（一九四〇～一九四四）並兼任總理。他在一戰期間帶領法國與德國對峙，被認為是民族英雄，但任法國總理時卻向德國投降，至今仍被視為叛國者。

5 編註：布朗熱事件是第三共和遭遇的第一個危機。一八八六年，原本被認為支持共和制的喬治．布朗熱將軍（Georges Boulanger，一八三七～一八九一）出任法國軍事部長，主導軍事改革，包括除去軍中保皇派。但布朗熱聲勢及權力日增，一八八九年甚至也企圖透過合法選舉奪取政權，議會擔心他會成為下一個軍事獨裁者，遂決定以叛國罪逮捕。布朗熱逃出巴黎後自殺。另一個危機是德雷福事件。一八九四年，猶太裔陸軍上尉阿佛列．德雷福（Alfred Dreyfus，一八五九～一九三五）遭控洩漏軍事機密給德國，軍方因國內反猶風氣，在罪證不足情況下，將德雷福以叛國罪終生監禁。此舉引發軍方保守派與基進共和派多年政治鬥爭。直到左派政府上台為其平反，才終於平息此一風波，但軍方也因此顏面掃地。

事武力中，有多少仍是效忠於共和政府——說不定比一般認為的要來得多；或是沙皇的軍官中，有多大比例是忠誠服勤的，或說將會忠誠服勤於蘇維埃政府。）大多數的革命之所以獲勝，是因為理應鎮壓他們的軍隊，已不再是維護秩序的可靠工具，而也因此多半選擇在前述軍事武力敗壞（或許只是暫時性的）之際起義，所以，軍隊們基本上是反對社會革命的，這點應是無庸置疑。不過，正確的說法應該是，他們或許如此。大抵說來，有證據顯示西方國家軍隊的軍官們在社會方面是保守的，而職業軍人部眾們也普遍地相當保守，與那些徵募而來的士兵完全不同。

在兩次大戰間的德國國防軍，原本就準備要效忠威瑪共和與希特勒，這些將軍們對這兩個政權其實都沒有什麼同理心，但這並不表示他們會同樣效忠於一個共產主義的政權。而且事實也說明了他們並不曾如此。一個拒絕服從像這種社會革命政權的軍隊，會用的藉口不外乎是這些政權並不代表任何秩序，只有脫序與無政府狀態，或說彼等並不是真正的政權，因為其權力與權威是受到挑戰的（常常會有這種情況）。但是不管說詞是什麼，他們最後還是會追隨著軍官團的意向而行。相對的，社會革命政府對舊政權的軍隊也沒什麼信心。照這種解釋原則，那些具有信心的，例如一九一八年的德國社會民主黨，應該可以被安全地歸類為不屬於真正的革命政府。

是以，在那些沒有經歷過社會革命（其實也真沒幾個）的已開發國家軍隊，都只有在非常例外的情況下，才會介入政治，而且也因此——到目前為止——都一成不變地向政治右派靠攏。那是什麼樣的例外呢？顯然通常必須要發生某種政治程序的崩潰。古典的模型就是，一個體制的正式規則與政治或社會現實發生衝突，而這種衝突又無法被體制所吸收：一個被外在的群眾勢力威脅到走投無路的、小型的、寡頭的政黨（似乎就是一九二〇年代與一九三〇年代日本的局勢）；或是存在著一群組織化的選民政團，選舉體系本來應該加以承認，但是統治的多數黨結構卻予以拒絕，因此製造了一連串的動盪不安。例如在阿根廷、法國和義大利，沒有任何一個穩定的政府能夠一方面利用自由選舉以及選舉產生的國會主權，一方面又在組成執政聯盟的過程中，將裴隆派分子或共產黨人一個一個剔除。如此一來，必然會出現如軍事統治（像阿根廷），強行實施（藉著軍事政變）一個貶抑國會的新總統制憲法（就如同法國），或軍事政變的威脅（如一九六〇年代中期以後的義大利）等結果。不過，我認為，在義大利的例子仍說明了，政治體制的崩潰本身，不足以作為軍事介入的唯一理由。當然，如果在這樣一個地方性的危機中存在某些被像軍隊這樣由一群專業人士，或甚可說是政治利益代表所組成的團體，認為非常嚴重的政治議題，無疑會使得整個局勢變得更具爆炸性。一場具爭議性的戰爭，如果讓軍隊覺得它並沒有獲得足夠的道德支援與物質資源，可能成為讓軍隊對消極抵抗或有意反叛的平民大開殺戒的誘因。另外，軍隊甚至會因此樂意用一個「好的」或「有能力的人」文人政府，來取代一個「壞的」或「無能的」政府，因為在已開發國家中，他們深浸在本身並非政治上的「主人」，而是「僕人」的思想，而且不管怎麼說，他們也都很清楚自己的確欠缺從事政治的條件。威瑪時期的德國國防軍寧可採取其他的解決方案，也不願意自己黃袍加身，所以它自認在一九三三年強悍的右翼納粹國家主義者聯盟中，已經找到一個令自己滿意的答案。

在這種脈絡下，所謂「軍隊」這個字眼，從實用的角度看來，應該純粹就是指「軍官團」（the officer corps）而言。理論上，在它的組成分子中，將軍最具有行動能力，因為他們的人數很少，而且通常都互相熟稔，在協調政策上因此較為容易。更重要的是，因為他們真的有能力調動大批軍隊。不過他們實際上很少採取行動（那些獲准的行動除外），部分是忌憚於那些眾所周知具有妒嫉心與野心的中級軍官，而這一點在軍事傳記文獻中都已經被指證歷歷。部分則是因為他們個人的財富畢竟是直接倚賴文人政府的供給，也就是說，倚賴著玩弄正統政治而取得。在既存的體制中，他們可以獲得的不少，而若背棄了它，會輸掉更多。比較沒有名氣的軍官可能會大有斬獲，但是他們也將會發現，雖然靠著老戰友們組成的人脈網絡，可以擴張一些自己的勢力範圍，只是一旦跨出了軍團、要塞駐紮地或小而敏銳的武力等有限的領域外，就很難再統整大家的行動。總而言之，在已開發國家，似乎不太可能發生沒有組織、或完全沒有將軍領導的政變。最危險的情況可能會是，有一些在政治上躁動且組織化的中階軍官，譬如組織了某種祕密的民族主義社團，率先嘗試進行政變或暴動。在此情形下，即使政變或暴動流產了，也會逼得將軍們出面表態安撫這些運動，畢竟後者覺得與那些不可信賴的文人政府相比，這些運動者們要意氣相投多了。至於某些為快速行動而設計的菁英分子軍團與單位，例如傘兵部隊與突擊隊所扮演的特殊角色這個問題，大概就可以不必再討論了。大體說來，在已開發國家中，介於其上級與下級間、位階不高不低的上校，可想而知應該是在政治上最危險的階級了。

至於其他不是由現役少尉以上軍官所領導的政變，不論其所擁有的軍力大小，都很稀少，即使是在低度開發國家中也是如此。至於在已開發國家，則更是極為罕見。若有任何軍隊部眾參與政治，也絕不會是軍人政治。他們之所以能參與政治，是因為他們表現得像個平民。他們最有力的武器，與平民勞動者在示威中所使用的屬於同一類，說明白一點，就是拒絕服從命令。在關鍵時刻，這種手法足以左右政府的命運。最近的一個例子，或許就是法國在阿爾及利亞的徵役士兵，拒絕跟隨他們的軍官參加反對戴高樂的小型暴亂。徵役軍人在某種程度上，對軍事政變採取一種根本上的排斥，但誰也不敢說這種排斥能撐多久。我猜或許沒辦法太久。

我們談了這麼多西方世界與共產主義國家的情況，然而在世界上許多其他地區，軍人政治仍扮演著極為顯著的角色，特別是在國家遭逢危機的時刻。這包括了一大堆所謂的「第三世界」或「低度開發世界」，也就是伊比利半島與拉丁美洲國家、伊斯蘭國家、撒哈拉沙漠以南的非洲，以及大部分的亞洲。而日本的情況則比較屬於「已開發」世界，基於這種理解，日本的軍人政治比較像一種短暫的過渡時期，而不是一種恆定的可能性。然而，關於這個國家我終究所知不多，不能妄下斷語。

在這片廣大地區中，被軍人政府統治幾乎已成為定則，從無處不見的軍隊也可看出這個趨勢，因此，要推翻軍人政府，似乎需要靠軍方本身的勢力才能夠辦到。[6]過去一百五十年來，唯一在第三世界以共和體制享有政治獨立的拉丁美洲，已經向我們展示了這種軍人政治的問題，至於其他大多數的低度開發國家，則要等到取得政治上的獨立後再過幾年才能看出這種趨勢。要列出一張在過去一百五十年間從未被軍事統治過的西方國家清單，是十分容易的，雖然在某些時候，像英國與比利時，也曾發生過嚴重的戰爭。但今日，第三世界卻僅有極少數國家是由文人政府所統治，這種文人統治局面要繼續往後維持二十年的機會，恐怕是一半一半。因為不可否認的，近期倒向軍人政府的趨勢，已經不再完全是自發性的了。

為何如此？這個問題，無法單純藉由分析軍事力量的社會組成或其共同利益來回答。他們的共同利益是絕對不能忽視的，因為隨便看一個一九六〇年代拉丁美洲國家的年度預算，軍事經費就至少占其政府年預算總數的百分之二十，或更多；而維持這種不成比例預算的壓力，很明顯地包括了國內政治裡的軍事力量（一般說來，陸軍是其中最大的一群）。他們的社會組成本身，也不足以適當地說明這個問題。因為，軍官團很少像普魯士的容克一般，完全從傳統的土地貴族階級或鄉紳集團中拔擢；或是來自一個與軍事生涯有悠久家族血緣的土豪。有時是因為這種階級並不存在，有時則是因為它們被來自不同社會脈絡的軍官團給稀釋了，像在阿根廷，就只有百分之二十三的中級陸軍與空軍指揮官是來自「傳統的」家庭。如果不考慮大部分的軍力充員自特殊的少數民族、部落或其他團體（譬如像從前的殖民政府慣於使用、有時甚至會復甦成為一個獨立的「軍事種族」之類）的特殊情況，大體來說，在低度開發國家，大多數的軍官是可以被形容為屬於「中產階級」的。只不過這種分類本身其實並沒有太大的意義。

「中產階級」或許正可以說明軍官們是充員自具有經濟政治運作力量的有產階層，就像在阿根廷，百分之七十三的陸軍與空軍將軍是來自「安逸的布爾喬亞」。[7]在這種情況下，先不論共同利益與軍事生涯特殊的形態，他們的政治觀應該與其出身的階級十分契合；也就是說，站在保守主義那邊。或更典型的，他們可能來自中產階級裡較低的階層，或較卑微的鄉下布爾喬亞，在這種情形下，軍隊就成為該階級子弟們最有可能提升其社會地位的職業。

6 這並沒有表面上看起來那麼困難。雖然在這些地區只有一個國家（哥斯大黎加）已真正地罷黜了軍事政權，而墨西哥則是默默地將其軍力降到七萬名兵員（該國人口約五千萬），結果自一九三〇年代以來，它還沒有遭遇過軍事政變。

7 José Luis de Imaz, *Los Que Mandan*, Buenos Aires, 1968, p.58.

軍官團大部分是由軍人中產階級裡那些野心勃勃、渴望晉升的成員們組成，不過，由於軍隊漸漸地被專業化並給與技術訓練，慢慢地，他們也不再完全認同既存的上流階級，如果真有這種階級的話。從文人政治的角度（如果在十九世紀，就是所謂的「自由主義觀點」），或就某種特殊的軍人意識（在二十世紀就是所謂的「納瑟主義」[8]的）觀點看來，也許會認為他們在政治上是較為基進的（或「現代化的」）。當然，也有一些真的是靠自己努力成功的軍事領袖出身自這個階級。他們普遍存在於革命期間與之後，而且一般是在長期的政治不安之中，就像在十九世紀的拉丁美洲。有時候所謂的「首領」（caudillo），是指一個靠著指揮足以包圍總統府周邊大軍，才能爬上這個位置的在地領袖。在今日，恐怕只有在尚未獨立，既沒有與其後獨立的國家領土有特殊關係的當地武裝單位，至少也沒有明顯的土著軍官集團之舊殖民地，這類靠自己努力成功，而且總是自我激勵的領袖，才比較普遍。非洲的下撒哈拉地區（sub-Saharan），就是一例。

不論這種軍官團的社會組成為何，一個不穩定的政治結構要比傾向軍事統治時，更能夠看出他們的性格。為什麼它在共產主義國家並不多見呢，畢竟後者當中某些國家在革命前也是一樣的「落後」啊。簡而言之，那是因為真正的社會革命，不但建立了一個屬於文人權力（群眾運動本身，以及聲稱得為其代言人的組織〔黨等等〕）的、令人信服的正當性，他們同時也立刻開始籌建一個深植草根的政府機器。出現在其中的軍隊，因此成為這個政權或這個黨的創造物，而非創造者；而且它只是政權創造的幾個機制中的一個而已。此外，軍隊還被賦予兩種主要的作用，而這也會使它忙個不停：那就是防衛與群眾教育。但即使這樣，也仍不能完全消除掉危險。阿爾及利亞就是個特殊的例子，在那裡「運動」並不是主流，或是「軍隊」在國家獨立之前，就已經長期獨立地與「運動」並存。或是像在玻利維亞，「運動」曾經在一九五二年的革命中大致將舊軍隊給摧毀了，但其本身卻無法控制自己的軍隊，或許主要因為二者都太過倚賴美國了。但是總括看來——而且這也適用於像墨西哥之類的國家，這種雖然不屬於共產黨，卻是真正由社會革命所產生的政權——軍隊是，或將會變成是從屬於黨，或文人組織的。[9]

然而，大部分的第三世界地區，都還未能藉由群眾運動或社會革命取得政治上的獨立。其中許多甚至還沒有取得一個現代國家所需的最根本基礎，而且事實上在非洲的大多數地

8 編註：納瑟主義（Nasserism），泛阿拉伯主義之一支，為埃及共和國第二任總統賈邁勒·阿卜杜勒·納瑟（Gamal Abdel Nasser，一九一八～一九七〇）所主張。其在政治上為一黨獨裁，「阿拉伯社會主義聯盟」是唯一合法政黨；經濟上採行社會主義計劃經濟；外交上則奉行中立和不結盟政策。

9 墨西哥的情況特別有趣，因為大部分的革命，都是由真正獨立的叛將所包辦，但經過了二十年，他們都已算不上重要的政治勢力，因此，墨西哥在一九六〇年代享受了軍事預算不超過該國GDP百分之一的果實——甚至比烏拉圭的預算占比還低。

區，新國家機構的主要功能，就像一台負責在國內製造出一批布爾喬亞或統治階級的機器，這批人過去幾乎不曾存在。在這樣的國家裡，國家的正當性並不確定。十九世紀的拉丁美洲就和二十世紀中葉的非洲一樣，甚至連國家領土該有多少大都搞不清楚，它的邊界是由歷史事件所決定，比如之前殖民地規則的行政劃分、之前帝國主義間的對抗，或像大量分封土地這種偶發的經濟因素。只有軍事力量才是真實的，因為即使是最沒效率與經驗的軍隊，其效能都足以包圍總統府，占領廣播電台和機場，而無需再徵調其他任何武力支援；而且也沒什麼其他的武力可供徵調，就算真的有，政府也有可能遲遲不肯徵調他們。何況即使是那種力量，通常也不是非常實在。就像在部分英屬和法屬非洲的失敗政變所顯示的，通常只要一個非常小的歐洲武力，就能解決掉它。（相對的，近年來許多小型暴亂都是由於外來勢力正式、或非正式的鼓動所導致。）但一般說來，第三世界是暴亂專家，因為它未曾擁有過真正的革命，而今天暴亂之所以遠遠超過從前，是因為本地的武力與外來的勢力二者都希望能避免革命。在極為稀罕的幾個軍人奪權的例子裡，則是因為雖有個現成的革命基礎，卻沒有適當的平民武力能夠加以實現。以下就來思考這種情形。

是以，不論是在先進國家或是在第三世界，軍人政治都不是某種特殊的政治形態，而是為了填補欠缺常態政治所留下空白而產生的東西。當常態政治崩潰的時候，它可以基於種種理由來建立，或重建。即使在最壞的情況下，他們也只是避免社會革命發生，把位子空出來等待遲早會出現的其他解決方式。許多拉丁美洲軍事政權，例如阿根廷和巴西，都是這種情形，或是在兩次大戰間那些波蘭的「陸軍上校」們，還有現在的希臘。如果這場軍事政變的運氣好，經濟的巨輪仍會轉動，治理的磨坊也仍會繼續運作，成功的將軍們就能退到一邊，或是留到最後，將他們的角色延伸為該國的總統、導師或解放者。如果他們沒有那樣的好運道，主要的通貨價格可能會狂跌，經濟的巨輪也會因而停止轉動，也就是說將沒有稅收，也沒有能提供融資的債款。這曾使得許多軍事統治者在他們的時代裡被淘汰出局，像一九五〇年代中期。如果這些阿兵哥的運氣更差一點，沒有經濟或機構設施在背後為其撐腰，就算軍事政府本身都沒辦法維持。這種狀況將會持續到下個陸軍上校任由他的良機來試探這場大賽為止。最落後與最依賴的國家的歷史中，都曾接二連三有過這類短命的軍事政權。

造成軍人政治這種非常負面特質的原因之一，是軍官們很少願意管理自己，或者說他們除了治理兵員之外，其實無法勝任大部分的行動，而且有時候甚至連治理兵員都不甚在行。現代軍隊雖然日趨專業化與技術化，這種特質卻仍沒有實質上的改變。我們瞧瞧在一九六四年後，巴西的軍官們開始展開治理、或試圖整飭治理行為時搞出來的一團混亂，就足以證明這點。因此，軍人政治正常的途徑應該是決定誰將成為政府，然後找些文官使其能確實步上正軌，並保留當文官們不再令人滿意時，將其掃地出門的權利，屆時或許——事實上也可能——會讓軍事政變的領導者登上總統或總理的寶座。但也可能會發生另一種情況，就是他們被迫接受扮演某種更積極的角色。

這種情況是比較罕見的。「納瑟主義」——也就是指真的發生像革命一樣的軍事政變，或至少像個重要的社會徹底改良運動，我們可千萬不能將它與落後國家裡年輕軍官們慣常對左派運動，包括基進的、民族主義的、反帝國主義的、反資本主義的、反地主等等的同情，或甚至他們與各種左派組織相結為政治盟友的準備，混為一談。近幾十年來，在美國廣泛被支持一種看法就是：從一個帝國主義的觀點看來，軍人以及其衛星國家的穩定政府，都比市民組成的政府來得可靠。這觀點部分是基於，從西方的經驗得知，這群人其實相當保守，部分則是基於外國的軍事顧問與訓練不只提供技術教育，還提供了有效的政治信念宣導。但最主要的原因，或許還是帝國主義國家所擁有的，用各種能滿足軍方自尊自大的現代化裝備與秘竅來收買他們的能力。但事實上，這種觀點已不再正確。在拉丁美洲，地方武裝勢力中某些較具革命性的元素，已經確確實實地從被北美人訓練的地方軍事菁英分子們（例如反暴突擊隊）中出現了，一九六〇年代中期的瓜地馬拉即為一例。[10]如果把軍隊當成一種「現代化」與社會革新的力量，也只有在西方模式看起來能解決他們國家問題的時候，他們才會親西方。但現在看起來在大多數國家中已漸漸不是這樣了。

然而，同時也有論者錯誤地認為，可以仰賴軍隊或其組織來帶給他們權力，這是一種相對削弱左翼運動力量的概念，但卻常常受到支持（例如在巴西與委內瑞拉就常是如此）。固然沒有來自軍方的崩潰、棄守或部分支持，革命很少成功（除非是長期游擊戰的結果），但是依賴軍事政變帶給自己權力的革命，恐怕會更令人失望。

我們還漏掉了軍人政權中幾個真正富有新意的例子——納瑟的埃及、一九六〇年後的秘魯，或許還有穆斯塔法．凱末爾．阿塔圖克的土耳其。我們可以推測他們都發生在社會革命的必要性極為明顯的國家。在那裡，幾個發生社會革命的客觀條件都已存在，但由於在這些地區平民生活的社會基礎或機構都太懦弱了，以致無力完成社會革命。在這幾個例子中，軍方，作為唯一擁有制訂與執行決策能力的可用力量，就有可能取代文人力量所空下的位置，甚至到了將他們的軍官推去做行政首長的程度。當然，只有在軍官團中擁有年輕基進或「現代化」、對中產階級不滿的成員，而這批人中識字且有合格技術的人員又夠多時，他們才會考慮採取這種行動。即使是在今天，要某些軍隊去處理屬於現代國家（這可是和前面所謂的統治不同）的事務，就像要東哥德人的戰士去處理羅馬帝國的國家事務一樣不夠格。當然，也不是沒出現過企圖發揮如革命分子般功能的軍事武力，雖然頗為罕見，況且平民革命分子並不歡迎他們的這種努力。而且，雖然他們努力的淨成果可能是實質的——一旦埃及、秘魯

10 杜契歐．利馬（Turcios Lima，一九四一～一九六六），這個瓜地馬拉共產黨游擊隊的軍事領袖，最早的職業就是突擊隊軍官。

與土耳其回復到他們各自的舊政權時，那真是令人無法想像——他們卻不會像真正社會革命的結果那樣基進。軍事基進主義永遠是第二順位的選擇；它之所以能被接受，完全是因為與其留下一個政治上的空白，不如填補它。再說，目前也沒有證據顯示它本身能夠成就一個永久的政治解決方案。

總而言之，軍人介入政治，是社會或政治失敗的表徵。在已開發國家，它是正常政治程序崩潰——在最好的情況下只是短暫崩潰——的一個表徵，或是現狀已經無法承受暴動或革命壓力的一種症候。如果是發生在共產主義國家，它也會是一種類似危機的症候，但是很少有證據能夠幫我們估算，一個國家的政治結構在此情形下會如何有效抗拒它。至於在第三世界，它則是一個不完全的、或流產革命相當安全的信號。

上述對軍人政治的負面評價，有兩種可能的例外。在非革命的國家中，軍人介入可能是為了爭取時間，以容許另一個有效的經濟制度與行政管理在沒有政治危機的腐蝕下繼續運行。在低度開發國家中，則可能是讓軍隊來取代革命黨或運動，至少暫時如此。然而，如果它成功地運作，它遲早必須停止軍事力量的身分，而且必須將自身或自身的一部分組織為一個政黨、一個運動、一個管理機構。但這兩種情形都相當罕見。在其他的情形裡，軍人們在政治上的成就往往都還是負面的。它能夠阻止革命、推翻政府，而不扶持任何東西在其位之上；甚至連「現代化」與「經濟發展」都沒有——儘管秉持技術專家治國論的軍官或曾七嘴八舌地如此討論。它能夠建立秩序，不過，與巴西人幾代篤信的座右銘相反，在這個意義下的「秩序」，與「進步」完全是兩回事。它甚至不會讓這些試圖重建秩序的將軍或軍官集團開心太久，因為只要軍官們的一個陰謀得逞，就可能吸引其他軍官如法炮製下一個。

在一九五〇年代與一九六〇年代，低度開發世界的悲劇就是，當美國與其盟邦來到這些地方，他們寧願選擇的是「秩序」，而非「進步」——包括用蒙博托[11]來對付盧蒙巴[12]，用阮高祺或阮文紹來對付胡志明，以及用任何一位拉丁美洲將軍來對付卡斯楚。目前這種政策的侷限性固然可能變得明顯，但任何人都不敢保證，它不會再誘惑那些最怕共產主義的政府。畢竟，就在同時，全球大部分地區已經變成了拉丁美洲老式香蕉共和國[13]的現代版，而且這種令人不愉快的情勢恐怕還會繼續維持好一段時間。

一九六七

11 編註：蒙博托（Mobutu），一九三〇～一九九七，曾任剛果民主共和國總統（一九六五～一九七一）、薩伊共和國總統（一九七一～一九九七），透過政變上台，在第一次剛果戰爭中被推翻，有「典型的非洲獨裁者」之稱。

12 編註：帕特里斯．盧蒙巴（Patrice Émery Lumumba），一九二五～一九六一，剛果民主共和國首任總統（一九六〇）。一九六〇年九月，當時的國民軍參謀長蒙博托發動政變，聯合國軍隊以保護為名，軟禁盧蒙巴，盧蒙巴潛逃途中遭蒙博托部隊綁架。一九六一年一月，盧蒙巴遭沖伯的叛軍與比利時傭兵部隊殺害。

13 編註：香蕉共和國（banana republic），指經濟體系屬於單一經濟（通常是香蕉、可可、咖啡等經濟作物），同時普遍擁有貪污以及強大外國勢力介入的狀況，通常是中美洲和加勒比海小國。這個詞出自美國作家歐．亨利（O. Henry，原名為William Sydney Porter）的小說《白菜與國王》（*Cabbages and Kings*）。

19

政變
Coup d'État

從馬基維利開始，聰明的觀察家們就已經開發出了一種最有效的非小說體體裁工具，就是使官方說法與政治現實出現落差。之所以說它是個有效的工具，理由有三：一是因為它頗為容易（任何人所要做的，就只是用他的眼睛而已）；二是因為政治上的現實與環繞在政治行動道德上的、憲法上的，或是司法上的甜言蜜語，往往有著不堪入目的差異；第三，也是更令人驚訝的是，當有人指出這點，一般民眾居然還是很容易就被嚇到。魯瓦克先生顯然正是這種聰明且見識廣博的觀察家。這不免讓人懷疑（就如同我們懷疑馬基維利本人一樣），他之所以對事實樂此不疲，不光是因為它的真實性，也因為它會嚇壞那些思想單純之人。為此，他才撰寫了這本探討政變、非常有力的小書，提供給那些具有潛力的起義者們，一本使用指南。[1]

1 Edward Luttwak, *Coup d'État: A Practical Handbook*, London, 1968.（中文版：《完全政變手冊》，木馬文化，二〇一一。）

從另一方面來看，這還滿可悲的，因為它把讀者的注意力從這本書真正有意義的部分吸走了，而且某個程度上是帶有偏見地看待作者的論點。無庸置疑地，這本書會被CIA，或其他有興趣迅速、有效推翻讓人看不順眼政府的團體所開設的課程列為建議閱讀資料，但或許除了某些經濟上的原理可適用於政變後的鎮壓（可參看該書有用的附錄A），它並不會告訴那些在現場的老手多少他們還不清楚，以及還沒有實施過的東西。在許多國家，這些現場老手可是包括了上尉以上的軍人與警察。對文學有興趣的陰謀家們，同樣也會受益於作者那對於不同形態、宣稱國家即將得救的分析，簡潔、一針見血，而且十分有趣。但總括來說，在倫敦或華盛頓具有讓人震驚價值的魯瓦克式資料，在布宜諾斯艾利斯、大馬士革，甚或是巴黎，都已經是一種普及常識。在那裡，人們對於街角停著武裝車的反應，是出於經驗。那些最喜歡公然大搞政變的人，並不需要魯瓦克先生來告訴他們該怎麼做。

他們是誰呢？《完全政變手冊》說得很清楚，而且它的作者也知道，他們屬於一個非常封閉的集團，因為政變都是軍事武力所發動的，而且事實上也沒有其他人能做得到這點。這個在政治上與技術上的雙重限制，把我們之中的大部分人都排除掉了。此外，儘管魯瓦克先生持相反的意見，不過政變在政治上並不是中立的。雖然軍官們——也就是政變本身——偶爾會欣賞左派，但是這樣的情形相對罕見，而且即使是在低度開發國家中，也絕對不是一種普遍性的現象。不幸的是，該書作者迴避了對這些情況的討論。軍官和政變二者的一般偏向正好是相反的。「波拿巴主義」通常會成為邁向保守陣營的第一步，或至多是軍事力量們宣示作為一個在現狀中特殊的經濟與專業壓力團體的集體自我認同罷了。

社會革命政權打從拿破崙一世時期開始，就已經敏銳地察覺出這點，因而成為永遠（至少一直到毛澤東）在政治上主張平民革命與平民至上的堅定擁護者；即使是因此犧牲了功成名就大將軍們的宣傳價值，也不在乎。長久以來，在美國或是其他地方的總統大選，就已經證明了這點。在古典社會革命中，軍隊所扮演的理想角色是被動的：它應當在關鍵時刻拒絕服從老舊的政權，並且在之後識相地自動解散。不過，對於進步的官兵們投以信任的左派（比如在青年巴帝斯塔時期的古巴，以及一直到一九六四年為止的巴西），感到失望的次數往往還是比較多。即使是紅軍，傳統上也都被小心翼翼地監視著。過去，當革命政權需要元帥的時候，他們寧可讓平民身分的黨團領袖披掛上陣。

未來想要搞政變的組織工作者們，在技術上會受到一個限制，那就是僅有相當少數的人，能夠替代搞一個政變所需要的軍官團。（少尉以下的軍官比較不可靠，而且如果試圖在軍隊中搞顛覆，只會製造革命而非政變。）而唯一能夠處理這種狀況的文官，已經存在現有的政府之中了——包括本國自己的，或是屬於某些具宰制力、影響力的外國列強，或屬於某些能夠取得與一個貧窮且落後國家類似地位的超級國際公司。這種人能夠相當輕易，且非常有效地組織一場政變，或許也是因為如此，即使這種程序或許已經比任何其他的程序製造了更多真正的改變，但由於它實在太無趣了，以致無法獲得魯瓦克先生的青睞。當然，它同時也只留下了極少的空間給那些靠自己努力成功的本土政變領袖，除非後者先在本國的政治圈裡取得顛峰的狀態。

正如作者頗具說服力的看法，任何企圖搞政變的人，都必須與他潛在的後援兵員保持強大的、團結一致的關係，以便能夠信賴其慎重考慮下的決定，即便他們最後拒絕加入他的陣營。保持這種關係的最佳方式，就是（一）成為一名軍官，以及（二）與其他的潛在陰謀家們共享某些強烈的情感紐帶，比如屬於同一個家族、夥眾、教派（一般來說，都是少數派）、結拜兄弟等等，或是同一軍團、同一軍校、社團的同志關係，或甚至是具有同一意識形態。當然，在具有悠久政變傳統的國家裡，所有的軍官都會設想一個有成功潛力的政變計畫，因此也不願意讓它們曝光。例如一度存在於古典時期伊比利半島的檄文起義，其戰術協定中業已明定，失敗這邊的人不會受到嚴厲的處罰（畢竟，某天他們可能會是勝利的一邊），如此將自己投入一次不確定冒險的風險就會大幅降低。

不過，在任何國家裡，能夠抱著成功的希望開始策畫一場政變的人數，恐怕跟能夠成為重要銀行家的人數一樣有限。像我們這樣的泛泛之輩，最好還是乖乖從事別種政治活動吧。

但是，假若我們能夠不把《完全政變手冊》這本書當成一本陰謀家的指南，我們仍可將其視為一本研究政治權力結構的著作來加以欣賞。一次政變，是三個下棋者的遊戲（在此，我們排除那些可能擁有某種有效的否決權或王牌優勢的外國勢力，或公司）：他們就是能夠製造政變的軍事力量；準備去接受政變，因而使其成為可能的政客與官僚；還有就是官方的、或非官方的政治力量，能夠直接將軍它、或根本將死它。因為一個政變的成功，主要是靠著既有國家機構與人民的無動於衷。雖然即便這兩種力量極力抵抗，它可能還是會贏，但那已不能被稱為一種政變了。佛朗哥政權在一次軍事暴亂中失敗了，但其後卻打贏了內戰。關於這三個下棋者，魯瓦克先生分別有一些有趣的東西要告訴我們。

他最拿手的是針對職業軍人的論述。他們是屬於令人好奇、與一般老百姓沒什麼接觸的祕密世界裡的一群人，以相當不同的方式工作著。非職業軍人、被徵召的或短期的軍官，以及大部分的警察，不管如何被全副武裝，還是會表現得比較像一般的老百姓——那個他終究會回去的、或在其中操作日常的身分。在平時藉由迷彩裝、訓令與操演、遊戲與無聊的活動來與其他人加以區隔，其組織建立在認為自己各階級的同袍普遍很蠢、永遠可以拿來犧牲的假設之上，並以越來越異常的勇敢、榮譽等價值觀彼此聚集，還有對一般老百姓的猶疑加以藐視等等生活特徵，使得職業軍人幾乎注定要成為意識形態上的怪胎。

如同魯瓦克先生所正確地提醒我們的，軍官團的政治觀，通常與他們的平民老闆們南轅北轍；一般而言，他們比較反動，而且比較浪漫。還有，他們並沒有被訓練去應付非常時期的狀況，而且也不習慣應付，因此，他們自然希望將之等同於平常的狀況。作者並沒有漏掉註明這點，解釋非常時期最簡便的方法，就是把它們視為另一場，政客們所一直在製造的混亂。職業軍人的境遇的確很弔詭：它可說是組合了集體的力量與個人的微不足道。經過了三十五年，連德國都還沒有完全由數百個科學家們被遣送到外國的實驗室與大學的這個打擊中恢復過來，軍隊卻已一再地藉由大量的調防、淘汰或其他方法，篩選掉其中級軍官，確實地改良了他們的效率——這一切的舉措足以讓任何人相信，除非首先整肅軍隊的領袖，否則不太能夠打贏戰爭。切記，科學家們的政治力量微不足道，但只要有好的時機，六個上校就可以推翻掉一個政府。

關於官僚，該書寫了不少，而且我們大部分人對他們也持續擁有更多的經驗，因此魯瓦克就這個主題的觀察，在認同上所帶來的樂趣，或許高於洞悉上的樂趣。另外，他有兩個觀察永遠值得熟記在心。第一，唯一一種被發現用來控制公共或私人官僚的帕金森式傾向，使它能夠無限成長的方法，就是官僚本身。這種方法包括了設立另外一個部門，「藉著阻撓所有其他官僚組織的成長，來實現其本旨」，這是一個經常由財政官僚所扮演的角色；之二，則是依賴每一個共建帝國的部門能盡其全力監控帝國潛在的敵人。

第二個觀察是，官僚們主要都是霍布斯式的機構，一旦他們察覺到一個新政權的勝利是可能的，我們就不能再指望他們會去保衛既存的政權了。這可以適用在警察，和所有國家機構的其他部門之上；當然，有一些附帶的條件。然而，魯瓦克先生沒有指出的是，這並沒有使官僚們在政治上保持中立。在義大利，軍隊和警察都沒有反對抗暴力量去推翻法西斯主義，但是，就像該國最近的事件所顯示的，由於在法西斯時期就存在的機構如此食古不化，使得現在要解決後法西斯義大利的基本問題，也幾乎變得不可能。馬克思認為，革命不能只是「抓緊了已經建立起來的國家機器，驅策它來達成他們自己的目的」，不管我們是多麼急切地想去接管它。我想，這個觀察在今天，甚至要比在一八七二年看起來更有道理。

最後要提到的是，魯瓦克先生對於政治組織與運動的評論，是具有原創性以及啟發性的。他的觀點主要是認為，我們必須將因應真實行動的運動，與全力只求象徵性行動的運動，比如為選舉而成立的組織、團體化協商的儀式，以及口頭上的政治衝突，加以區分。面對一個政變，英國勞工黨可以篤定，英國的職業工會議會也幾乎可以篤定，不會採取任何行動；但是全國學生聯盟卻可能會走上街頭，儘管沒什麼效果。相對的，你就不能期待全義大利最大的職業工會聯盟，這個與共產黨關係密切、擁有政治罷工的悠久傳統，更重要的是曾經藉由直接的群眾運動從法西斯中解放出來的組織，會同樣保持消極的態度。造反團體也不會如此，雖然許多曾經是造反性的組織，如今已經變成了機器（也就是成了利益與工作機會的分配者）。或者，像某些共產黨也不會，雖然他們可能已任憑長期的政治穩定削弱了迅速行動的能力。另外，集中化給造反性的團體帶來好處，但也有壞處；一旦他們的首腦被砍掉了，就會徹底且迅速地喪失他們的有效性。

就政變這種特殊的情形來說，能夠動的與那些不能動的政治運動之間的區別，是很具體的。因為，即使在最有利的情況下，一個政變仍可能被任何組織化的抵抗跡象所擊潰，它很快反映出這種下注於權力之企圖的弱點，同時會讓其餘的武裝與平民機構有時間可以決定，到底有沒有換邊站的理由。另外，在比較不利的情況下，它可能會面臨一個脆弱的、不確定的，或臨時湊合著建立的政權，以及有效的抵制。不過，魯瓦克先生所做的觀察的好處，要比這些多得多。我們現在生活的這個時代，各種形式的政治直接行動，再次受到已開發國家的矚目。在這些國家中，官方的政治原理，以及人民在公共事務上的實際參與知識二者，都已經排除了超法律力量的政治運作。老一輩的人，已經忘掉了政府是可以被推翻的，或是在心中排除了這種可能性，而年輕人則只相信他們辦得到，但卻不知道要怎麼做。在這些情況下，任何真正把攫取權力當成一種實務來討論的作品，就特別有幫助。

因此，魯瓦克先生的這本小書，對於引領所有年齡的團體之政治教育趕上時代潮流，幫助頗大。研究國際事務的研習者，也同樣會欣賞他那令人刮目相看的資料，特別是中東的部分；關於該地區，作者似乎知道的還不少。我們能夠帶著樂趣來讀他，是因為他擁有面無表情的筆風，還有最重要的，因為他顯示了大問題仍然可以在小書中被適當地處理，只要作家是運用文字來表達思想，而不是用文字來取代思想。

一九六八

V

暴動與革命

Insurrectionaries and Revolution

20

漢娜・鄂蘭論革命
Hannah Arendt on Revolution

對我們這群身處在有史以來發生過最多、且最大革命世紀的人來說，社會革命已經成為一種可以接受的現象。只不過，由於它們影響力的特殊本質，要對社會革命進行完整地分析，仍非常困難。因為這些革命是而且必然是，被希望與失望、愛、恨與恐懼，還有那些屬於它們自己的、以及反對者的神話組成的雲霧，所層層包圍著。畢竟，現在已經很少人還會去讀在法國大革命一百週年前寫就的關於大革命的歷史作品；而俄國革命的真實歷史紀錄，雖然有一些早期資料的編纂，也還在剛起步的階段。對革命進行科學化的研究，不等同於不帶情感的研究。我可以相當肯定的說，如果法國大革命的史料編纂有任何可供借鏡之處，那就是要在這領域有成就，必須要「投入」——簡言之，就是要同情革命。所謂投入的研究，並不必然要像莫姆森與羅斯托夫契夫一樣，埋頭鑽入那些宣傳冊子。不過在對社會革命研究的最初階段，研究者很自然會因這些充斥的宣傳冊子，而不知從何下手；有的簡單易讀，有的則會包裝得像是嚴肅的歷史學或社會學著作，因此需要加以嚴肅的批評。這些冊子的讀者群，通常並非專家，也不是認真的研習者。所以，印在漢娜．鄂蘭小姐《論革命》[1]一書封面上那四句並非來自歷史學家或社會學家，而是來自文學界人士的讚頌之詞，或許不是毫無意義。當然，對專家來說，這類冊子還是相當值得研究。問題是：鄂蘭小姐的這本著作也如此嗎？

對於研究法國大革命，以及研究其他現代革命的大多數研習者來說，答案勢必是否定的；漢娜．鄂蘭關於美國革命的研究，我無力多做評判，即便我懷疑它其實沒什麼了不起。我想，這本書的成功或失敗，並不是因為作者對於某種特殊歷史現象的發現或洞見，而是由於對她的整個概念與詮釋的興趣。然而，由於這些論述並非建立在對其試圖解釋主題的充分研究基礎上；而且看起來它們在方法上幾乎是排斥這種研究，因此欠缺結實的基礎。她有她的優點，而且是不容忽視的優點，就是其明晰易懂的風格，雖然有時會過度顯露出知識分子式的修辭，但也總能透明到讓我們感受寫作者本身真切的熱情、驚人的理解力、閱讀之廣博，以及偶爾靈光一現的洞見力量。只是看起來，這本書似乎比較適合安置在介於文學、心理學，以及美其名為社會預言之間的曖昧領域，而不是放在目前的社會科學。然而，即使是她的洞見，可能也只是像勞合．喬治對基奇納勳爵[2]的觀察一樣；說明白點，它們的光芒或許偶爾照亮了地平線，但是在那一次次的閃爍之間，卻是一片黑暗。

面對鄂蘭小姐書中的革命，歷史與社會學研究者遇到的第一個難題是，她的思想中有某種形而上的、規範性的條件，它們比較適合某些有時極明顯屬於老派的哲學理想主義。[3]她並沒有把現實的革命當成她的革命；她替自己構築了一個理想的典型，據此闡釋她的主題，剔除掉那些無法符合她的標準的革命。我們也同時可以在她的字裡行間發現，她把西歐與北大西洋，這個古典區域以外的每一樣東西，都排除掉了。譬如我們立刻可以聯想到的，中國或古巴，在她書裡連順帶一提都沒有，更別說如果她曾想到過它們，會提出什麼見解。[4]她的「革命」，是一種大規模的政治變遷，在其中，人們能有意識地在人類歷史中推動一個全新的紀元，這包括了（其實也只是順帶提一下）消滅貧窮，以及運用某種世俗化的意識形態，來表達思想。正同作者所定義的，它的主題在於「自由的出現」。

這個定義一方面讓她能夠在打了短短一回合的影子拳後，就將一七七六年之前的所有革命與革命性運動從討論中排除，儘管她付出了代價；她不可能再對實際上的革命現象進行什

1 Hannah Arendt, *On Revolution*, New York and London, 1963.

2 編註：基奇納勳爵（Lord Kitchener），一八五〇～一九一六，第一次世界大戰初期英國陸軍統帥，一九一六年赴俄途中，遇溺身亡，勞合．喬治接替其成為新的陸軍統帥。

3 參見：「在『舊世界』裡，人們夢想著公眾的自由，而在『新世界』裡，人們已經享受到了公眾的幸福——這確確實實是引發運動的事實……且在大西洋兩岸，都發展出了革命。」（頁一三九）

4 例如：「在它們的最初階段，革命的成功，總是如此令人驚訝地簡單。」（頁一二二）這是在說中國嗎？古巴？越南？還是第二次世界大戰時的南斯拉夫？

麼嚴肅的研究。剩下的部分讓她能夠繼續進行其主題中較為重要的部分，也就是針對美國與法國的革命進行一個大範圍的比較；這對於前者當然是比較占便宜的。她把後者當成其後所有革命的範本，儘管鄂蘭小姐腦子裡主要想的是一九一七年的俄國大革命。革命念念在茲建立的「自由」，主要是一種政治概念。雖然沒有被定義得很清楚——它是在作者探究的過程中逐漸成形——但這概念與被鄂蘭小姐視為革命破壞者的消滅貧窮（「社會問題的解決」），截然不同；不論其以何種形式出現，包括資本主義在內。[5]由此，我們可以想像，一個革命若讓社會與經濟因素在其中扮演重要角色，肯定會讓自己從鄂蘭小姐的殿堂裡給轟出去；因為在她的殿堂裡，多多少少排除了對這些主題的研究者有興趣探究的每場革命。我們甚至可以斷言，除了像美國革命——這種如她所言，能夠幸運地出現在一個沒有極度窮困的自由居民的國家，沒有一場革命能夠建立自由。而即便是美國，十八世紀美國的奴隸制度也曾使革命陷入一個無解的悖論中。因為，革命無法在沒有廢除奴隸制度的情況下「建立自由」，但是——根據鄂蘭小姐的主張——即使它選擇廢除奴隸制度，也不能夠完成該任務。是故，用她自己的話說，革命的基本難題在此現身：「雖然過去所有革命的紀錄都顯示了，每當試圖以政治手段解決社會問題時，無庸置疑地，都會陷入某種恐怖的狀態，而且就是這種恐怖的狀態，最後終結了革命。但我們也無法否認，當一場革命是爆發於如此窮困的情勢，要避免這種致命錯誤幾乎不可能。」

革命所要建立的「自由」，並不只是去除個人身上的束縛，或是保障所謂「公民自由」，因為（如同鄂蘭小姐所正確指出的）這些其實根本用不著任何特殊形態的政府，只需除掉暴政與獨裁就行了。[6]它看來應是包含了主動參與共和體制——公共生活的幸福與回饋——的權利與機會，一如我們自希臘時代就深信不疑的概念（頁一二三到一二四）。然而——雖然我們應該在這裡重新解釋作者的主張，而非加以附和——即使創建美國憲法的那批人夠聰明，且完全不需顧慮窮人，能夠建立一個理性避免專制與暴政的政府，但在這個意義下的「公眾自由」，仍然是一場夢。革命傳統真正的關鍵，在於它讓這場夢能繼續做下去。它靠著不斷建立能夠實現公眾自由的自發性組織，也就是那些在地方或區域裡透過選舉或直接產生的集會與人代會（蘇維埃，市民代表會），已經做到了這點；它們在革命的過程中產生，後來被黨的獨裁所壓制。這些人代會應該被賦予一種純粹**政治上**的功能。它們與政府和行政機關不同，因此，企圖讓它們經營比如說**經濟性**的事務（「管理工人」），既不可行，也注定會失敗，

5 「因為『美國』從來沒有遭遇貧困，是故，那些阻擋建造共和國之路的，是『暴發戶們的必然憤怒』，而非出自其需要。」（頁一三四）

6 然而，鄂蘭小姐隨後卻寫道：「我們也很遺憾地了解到，相較於革命曾經大勝的那些國家，從未爆發過革命的國家，將自由保護得更為周到，不論其權力者的姿態是如何地囂狂。」她似乎忘記了自己曾做過的區別。這裡的「自由」似乎正代表著她曾否定過的那個。不管怎麼說，這種論述都是大有問題的。

就算這並不是革命黨「讓『人代會』從政治領域滾出去，回到工廠老巢去」陰謀的一部分。我實在看不出來鄂蘭小姐對於誰應該去節制「公共利益事務行政」（例如經濟制度），以及如何節制的觀點是什麼。

鄂蘭小姐的主張告訴我們不少她所屬意的政府樣貌，但還有更多是她的思想狀態。作為一種政治理想的一般性陳述，它的價值在此毋須爭論。然而，就另一方面而言，我們同時必須注意的是，這些陳述的本質，不但使之無法用來分析真正的革命——至少用些對歷史學者或社會科學研究者來說有點意義的名詞吧——同時也消滅了她自己與那些對於真正革命有興趣的人之間，展開有意義對話的可能性。至於鄂蘭小姐對歷史——對革命的描述，是把它們當成一種能夠並列觀察、一種回溯式地、或是藉以評估未來的事件；她與革命之間的關係，就像中古神學家與天文學家間一樣偶然。他們都談到了行星，至少在某些地方，他們指的是相同的天體，但也不會再有其他更進一步的接觸了。

舉例來說，如果連單純的事實都不感興趣，勢必會激怒歷史學者與社會學者。本書的作者顯然不是不感興趣。這也不能被形容為不正確或是無知，因為以鄂蘭小姐的博學多聞與學術修養，應該會了解，自己選擇（其實不如說是偏愛）那些抽象解釋或詩意的感受而不選擇事實，有多不恰當。當她寫出如下的句子時：「一八七一年，即使已經是個老頭子的馬克思，卻還是充滿了革命性，熱情地迎接巴黎公社的來臨，儘管這種起義與他所有的理論和預測互相矛盾。」（頁五十八），必然知道這個句子的前半段是錯的（事實上，馬克思當時才五十三歲），至於後半段，也免不了引起一番爭論。她的措辭並不是真正史學上的措辭，比較像是一齣知識分子舞台劇的台詞，雖然這樣說，就像用史學標準評斷席勒的《唐．卡洛斯》一樣，不是很公平。她知道列寧為俄國發展所擬定的計畫——「將蘇維埃電氣化」——並沒有如她所說的那種將黨、或社會主義建設角色剔除的意思（頁六十）。但她的詮釋卻讓自己的主張顯得額外尖銳。她說，俄國革命應該由此鋪下一條屬於政治中立的科技、以及「超黨派」草根性政治體系的康莊大道。如果質疑「這不是列寧的本意啊！」就是在問一個與她屬於完全不同對話秩序裡的問題。

然而，我們能夠放過像這樣的問題嗎？當然不行。因為她聲稱自己所討論的，不光是革命的觀念，還包括某些足以辨識的事件與機構。對鄂蘭小姐而言，產生類似蘇維埃組織的自發性傾向，顯然是一個重要的契機，並且也為她的詮釋提供了證據；因此，自然有人會期待她對這類組織所採取的形式，顯示某種興趣。但她顯然志不在此。其實，就連要了解她心中到底在想些什麼都不容易；因為即便對在政治上差異甚大的組織，她的說法也沒什麼不同。她認為，蘇維埃的老祖宗（這裡指的是由代表所組成的會議，而代表則是來自諸如工廠、軍團或村莊等，由人民所組成的功能性集團），要不是法國大革命時的巴黎黨派（他們主要是讓所有市民在公共會議中進行直接民主制），就是政治性社團（即為那些常見的自願團體）。社會學上的分析或許會告訴我們，這些團體曾有類似之處，但鄂蘭小姐卻又迴避這種分析。[7]

再者，她認為「黨，還有人代會體系，幾乎屬於同一時期，很難說其早於革命。而且，它們也都是現代與革命教條的結果；也就是認為某一特定地區的居民應該享有其公共與政治領域這個教條的結果」，顯然並非「歷史的真相」（頁二七五）。如果我們將「公共領域」這個名詞解釋為大型的現代國家或民族國家，而非那些歷史上較為零散的政治組織，或許還能說這段描述的後半段有點道理；但即使如此，我們還是不能說這段描述的前半段是對的。我們或許可以說人代會是透過選舉代表的形式，但其在社群中仍明顯是一個超過某種特定規模的政治機關，他們比政黨（至少就一般意義看來，現在出風頭的可是他們）歷史悠久的多。早在一七七六年，鄂蘭小姐所謂的革命開始之前，人代會就已經作為一個革命機構而為人所熟知。新模範軍中的蘇維埃總部，十六世紀法國和低地三國的人代會，或是中世紀城邦政治中的類似組織，都是適例。至於開始「人代會制」這種說法，當然就是與一九〇五年俄國的政黨，同屬一個時期，或比它還晚；因為他們都了解蘇維埃對於各國的革命政府可能具有的意義。不過，從實用的理由看來，藉由自治性的公社機關來構建非集中化政府的理想，以及該由更高的代表組織形成的金字塔將其串連的想法，應是個極為古老的概念。

另外事實上，人代會也並非「永遠都是以政治性為主，至於社會與經濟上的主張，僅附帶扮演一個較小的角色」(頁二七八)。他們不是這樣,因為俄國的勞工與農民們並未——根據鄂蘭小姐的說法,他們也不能——嚴格區別什麼是政治,什麼是經濟。[8]更何況,就像英國與德國商店夥計們在第一次世界大戰時組織的人代會,或是在大罷工中擔負著類似蘇維埃功能的職業代表大會一樣,俄國的勞工委員會一開始也是職業工會與罷工組織的產物;也就是說,如果真要在這些活動中做區別,經濟性也肯定超過政治性。[9]第三,她之所以犯了這個錯誤,是因為有效的蘇維埃,也就是城市的蘇維埃,為了成功對抗自治區,所以在一九一七年採用的態度是將自己轉變成為一個行政機關,並且也因為這樣,明顯地超越了僅僅作為一個政治審議者的角色。事實上,也就是因為蘇維埃的這種能耐,才能讓它成為一個執行與

7 我想,她如果沒有這麼做,那麼當她在宣稱蘇維埃的代表們「並未被上級提名,也沒有來自下級的支持」,而是「自己選自己」(頁二八二)時,口氣恐怕就不會那麼堅決了罷!在農民蘇維埃,他們應該都是被有制度地選取出來的(例如由學校的教員,或某些家庭的家長中主動推薦);就像在英國,農場工人的工會代表通常都是直接選當地居民,以及當地的鐵路職員,也就是那些獨立於農民與地主之外的人。可以肯定的是,當地階級的分裂將導致某種偏好或抑制代表的選擇。

8 因為據她的看法,窮人是被「必要性」,而非「自由」所驅策;也就是說,是經濟上的動機,而非政治上的動機。事實上,這種說法也是錯的。

9 鄂蘭小姐被一個事實給誤導了,那就是,在革命最緊要的關頭,所有的組織都花了相當多的時間在進行政治上的討論。

辯論的機關；它向那些政治思想家們宣告，他們將成為新的政治體系的礎石。還不只如此，他們認為就某種意義而言，像「勞工控制」這種要求，只是人代會與類似組織在發展路線上的分歧觀點，根本不可能通過考驗。「把礦還給礦工」、「把工廠還給工人」——其實就是回到了勞工運動最初的階段，也就是對合作民主，而非資本主義生產方式所提出的要求。它保存了自古以來，在自發性群眾思想中一個相當重要的概念，也就是讓我們不得不認為它是個不折不扣的烏托邦的這個事實。在草根民主制的歷史中，公社單位間的合作制，以及其所究極進化的「組合共同體」（它是勞工中對於社會主義最早的定義），某種程度扮演了相當重要的角色。

因此，實際上，鄂蘭小姐對於她認為的、屬於革命傳統中重要機構的討論，完全沒有觸及她所意圖形容的歷史真相；也就是一個建立在被她一般化的基礎上的機構。同時，研究革命的研習者，不論是學歷史的、學社會學的，或是那些搞政治體系與政治機構分析的人，都會被她書中其他那些長篇大論給搞昏了頭。她敏銳的思緒，偶爾會替文獻帶點神來之筆，包括那些政治學理論的古典文獻。她對於心理學上的動因，以及個人的心理動機與機制，有相當多深入的看法——例如她對羅伯斯比的討論，就可能讓人獲益匪淺；而且，她有一種乍看洞析一切的靈光，也就是說，她偶爾也會有些看似為真的主張，帶給讀者衝擊和啟發，不過前提是，這些主張不需要特別建立在證據，或論辯之上。但也僅止於此。況且，光有這些是不夠的。無庸置疑，或許有些讀者會覺得鄂蘭小姐的書十分有趣且獲益良多；不過我想，研究革命的歷史學或社會學研習者，不會是其中之一。

一九六五

21

暴力的法則
The Rules of Violence

在一九六〇年代晚期所有時髦的字眼中，「暴力」，可說是最流行，也最沒意義的一個。每個人都在談論它，但卻沒有人去思考它。一如美國全國暴力原因與預防委員會近期出版的報告裡所指出的，一九六八年出版的《國際社會科學百科全書》中，並沒有以「暴力」這個字眼為主題的辭條。

它顯然是個既時髦又曖昧的字眼。大部分會去閱讀書名像《暴力的年代》（多半是一些象徵主義者的詩集）或《暴力兒童》（它所談論的，是一種在身體上相當平靜的狀態）般書籍的人，應該都能明白這個世界有暴力存在，但它與自己的關係卻是陌生的，或是個無法理解的謎。除非刻意為之，否則大多數人終其一生，並不會親身遭遇「企圖傷害某人身體，或對財物予以破壞」（這裡使用的是美國委員會所下的定義）之類的經驗；甚至不會擁有能夠「以暴力之實或威脅加諸他人，致使從事其所不欲之事」的「力量」。

一般我們會從幾種不同的方式感受到身體的暴力，一種是直接的，另外三種是間接的。直接的暴力，像是無所不在的交通意外——對大部分的犧牲者來說，它是偶發的，並非出自故意，無法預測，自然也不能控制；而這也是大多數只往返於住處與辦公室間的一般人，唯一會在承平時期實際接觸到血淋淋、支離破碎屍體的意外事故。至於間接的暴力，則在大眾傳媒和娛樂中隨處可見。大部分的觀眾和讀者可能很難一天不看到或聽到橫陳的屍體，但它在英國的現實生活中，卻是相當罕見的景象。說得遠一點，我們對存在於這個時代裡那些巨大、令人無法想像的大規模毀滅，猶記在心，它們被化約為「炸彈」、「奧許維茲」等簡單的符號；也知道社會的各部門與日常生活中，仍然充斥著身體暴力，且持續在增加中。平靜與暴力是共存的。

這些如此不真實的經驗，確實很難讓人將暴力當成一種歷史，或社會現象；從近來將「侵犯」與「危害種族」極度貶抑為大眾心理社會學式的開場白與政治學上的用語，可見一斑。而當前流行的自由主義觀點，也沒辦法解決這個問題，因為他們憑空想出了一個全然虛構的概念，將「暴力」或「身體暴力」（此處與差勁且落伍同義），與「非暴力」或「道德力量」（此處意指良善且進步的），一分為二。肯定有人欣賞這類具教育意義的警語，認為這樣可以阻止人們互相攻擊，而這是所有頭腦清楚且文明的人類都同意應加以避免的。然而，由於之後其他自由派道德觀的產物如「暴力不能解決任何問題」之類的口號，使得弘揚「良善」，與我們所理解的事實——也就是弘揚「良善」所根據的基礎，難以並存。

從這點看來，要研究暴力這一種社會現象，須認知它是以複數的形式存在。不同程度的暴力行為，其中隱藏有不同的暴力特性。所有的農民運動都是全然地、身體力量的展現，不過因為其性格和目的的不同，總會有些吝於拋灑熱血，剩下的又往往發展成大屠殺。十九世紀初期的英國農場工人認為，在某些情況下，對於財物的暴力行為是正當的，至於對人的暴力，適度的話也還說得過去，一般而言他們會儘量避免殺戮，不過遇上某些情況（例如盜獵者與獵場看守人發生了衝突），他們就會毫不遲疑地生死相搏。除了那些為了鎮壓而想出的堂皇藉口，或是關於「不要屈服於暴力」的爭辯，我們很難認為這幾種不同形態與程度的暴力行動擁有相同的本質。更何況至少在一般人的心目中，即便是同樣程度的暴力，但在它們的正當性或合法性上，很可能仍舊存有明顯的差異。卡拉布里亞著名的大盜穆索里諾[1]有次被問到如何解釋「壞」或「惡」這個字眼，他的回答是，這個字表示「為了沒什麼大不了的理由殺掉基督徒」。

事實上，暴力社會對這些「法則」是相當敏銳且熟悉的，因為這些私底下的暴力，對其日常生活的運作，不可或缺，儘管有時我們並不這麼認為；對我們而言，在這些社會中被視為家常便飯的流血次數，簡直高得離譜。就拿菲律賓來說，每次選戰都會有數以百計、偶發

1 編註：穆索里諾（Giuseppe Musolino），一八七六～一九五六，義大利盜匪，因其劫富濟農，被卡拉布里亞人民視為對抗不公正的象徵；晚年被認為患有精神病，一九五六年於卡拉布里亞的精神病院去世。

的致命事件，這似乎很難跟菲律賓人說的，總是有某些人比較容易招怨，扯上什麼關係。然而，這些就是法則。薩丁尼亞島高地曾經出現過一部用語精確的習慣法典，並被外地來的觀察家用法律術語將它正式記錄下來。[2]舉例來說，偷山羊的行為本身並不構成「犯罪」，除非那賊的家人把山羊奶給喝了，或是有明顯要「侵犯」、欺侮被害者的意圖。若是這種情況，復仇行為會漸進嚴厲，直到殺死對方為止。

就算是身負家族義務、必須殺掉世仇家族的成員，看到一個只是在旁看熱鬧的人或外人卻不幸因此喪生，也會發自內心地感到恐懼。這種暴力發生的場合以及暴力的本質，至少在理論上都是被嚴正反對的，正如愛爾蘭諺語所說的：「這是私人的決鬥，還是每個人都可以參上一腳？」一個毫不相干外人遭遇危險的可能性，固然肯定會比我們自己的社會裡高，但仍然是有限的。或許，唯一無法控制的暴力，是那些社會上的強勢者對弱勢者（他們基本上可說根本沒有對抗強勢者的權利）所使用的暴力，而即便在該種情況下，或許也還是有些法則存在。

事實上，某些法則我們其實是耳熟能詳。例如為什麼不接受所有處決的廢死論堅信者，總是振振有詞地以死刑常會錯殺無辜為其論述依據？因為對我們之中的大多數人來說，或許也包括了大部分的廢死論者，殺死一個「無辜者」，與殺死一個「有罪者」，所喚起的反應在本質上便迴然不同。

當直接暴力不再是人與團體日常關係中的調節性角色，或暴力在社會中已喪失了人性，這樣的社會最主要的危機在於，人們失去了區別的判斷力。同時，人們也在這個過程中，剝奪了用以控制身體暴力的社會機制。這個現象在傳統形態暴力或那些更具危險性的暴力快速消逝的日子裡，或許還沒這麼嚴重；但在新形態的社會暴力變得更為重要的今日，卻有可能變本加厲。

舊形態的暴力可能會增加，因為在此自由時代，過去精心設計、用以維護公共秩序的體制，已漸露疲態；此外，諸如直接的身體暴力行為、恐怖主義等的政治暴力，也會比過去更為普遍。公權力的緊張、手足無措，私人企業安全警衛以及新義警運動的復甦，都證明了這一點。一方面，他們重新發現了某種控制暴力的方式，例如不少警察裝備都回歸到一種匪夷所思、中世紀的樣貌——鋼盔、盾牌、防護甲冑，以及那全套的裝備——還有各式各樣具有暫時嚇阻效用的瓦斯、橡皮子彈之類的發展，都反應出一個合理的觀點，就是在這個社會中，有相當或可想像程度的暴力存在，而這也是英格蘭古代習慣法從未放棄過的觀點。[3]另一方

2 參閱 A. Pigliaru, *La vendetta barbaricina come ordinamento giuridico*, Milan, 1959.

3 兩次大戰之間，英國皇家空軍拒絕任何利用其武力來維持公共秩序的計畫，理由是空軍的武器具有強大的殲滅性質，如此可能會基於習慣法，而被追訴責任。不過，它並沒有把這套說辭同樣使用於對印度以及中東地區村莊的轟炸……。

面，當那些「值得尊敬的」輿論歇斯底里地說要求無差別的恐怖行為，公權力也開始對某種威嚇式的暴力形態習以為常，特別像是「酷刑」這類直到幾十年前還被視為野蠻、對文明社會而言完全不適當的行為。

這些是今日出現的幾種新**形態**暴力的一部分。大部分傳統的暴力（包括幾種復甦的傳統形態）都認為，只有在其他的方法都不合用、或沒法達到效果時，身體暴力的使用才是必須的。因此，暴力行為通常是具有特定且可供辨識的目的，且暴力的使用必須與該目的相當。現代個人暴力雖也有不少能做到這點，卻因無法被實施，導致公共暴力被發展為無法區別個人與公共的行動。

個人暴力不需要與真正巨大、體制化的武力支配者對抗，也獲致不了什麼戰果，不論它們是否以此為由來維持著暴力。因此，在該出現的地方，它傾向於將個人暴力轉化成某種行動的代替品。納粹軍隊的徽章與鐵十字，就帶有這種實用的目的，儘管我們並不贊成其目的。至於像「地獄天使」[4]之類的團體也用了相同的符號，但它就只有一種動機：一群懦弱無助的年輕人，企圖藉此補償自己對暴力行為與暴力象徵的困惑。有些虛有其表的政治形式暴力（就像「無賴黨」〔trashing〕，或是某些新無政府主義者的炸彈小組）同樣喪失了理性，因為在多數情況他們的政治效果根本無足輕重，或甚至常常導致反效果。

從統計數字來看，與傳統那種「無法無天」社會的暴力相比，盲目的抓狂攻擊行為儘管可能會對財物，或為財物提供保險的公司造成更多損失，但卻不必然會對人的生命及身體帶來更大的危險。但另一方面，像這類的行動卻也真的比較駭人，因為它們更為隨機，而且殘忍；也因為這種暴力本身就是自己的獎賞。正如「荒野殺人案」[5]所顯示的，在西方地下世界與次文化領域中，某種若隱若現的、對納粹長筒靴的夢想之類的恐怖概念，並不單純是出於其回到像希姆萊與艾希曼這些隸屬於瘋狂目的機構的官僚那樣；而是對於那些茫然無措的邊緣人、懦弱且無助的窮光蛋而言，暴力與殘酷——有時以一種在社會上最無效，且個人化的性表現形式——適足以作為個人成功與社會權力的替代品。

當今美國大都市中最令人感到恐懼的，就是在那些社會關係緊張與崩潰的地區，復甦的舊暴力與萌發的新暴力二者之結合。這裡也正是自由派理想的傳統智慧難以與之抗衡的地區，甚至在概念上都難；是故，本能上保守反動的傾向自然就跑了出來，而這與它所試圖控制的混亂，不啻為鏡中之影。就舉一個最簡單的例子，自由派所主張的容忍與自由表達，讓空氣中的血腥與殘虐影像達到一種飽和狀態，但這不是與自由派的理想中，那個建立在彼此

4 編註：「地獄天使」(Hells Angels)，該組織成員宣稱其只是一群摩托車愛好者的集會，但許多國家的警察和國際情報機構都將其歸類為「違法機車幫會」，並認為該幫會成員進行廣泛的暴力犯罪。

5 編註：「荒野殺人案」(Moors murders)，一九六三到一九六五年間發生於曼徹斯特的連環殺人案，亦稱為「沼地殺人案」。

合意與道德力量的社會互相矛盾嗎？6

或許我們現在再次進入了另一個社會暴力的時代，但這可不能與社會中那些毀滅性日增的衝突混為一談。因此，我們最好了解一下暴力在社會中是如何被使用，並且再次學習區分不同形態的暴力行動；但最重要的是，我們得為它建立，或重建一套有系統的法則。沒有比為那些在自由派文化下長大，深信所有暴力都比不上非暴力，（除了他們自己）萬物皆平等的人們，建立或重建一套法則更麻煩的事了。現實的確如此，而不幸的是，像這樣一個抽象的道德概念，對於我們社會中現實的暴力問題，並未提供任何指引。一度曾經十分有效的社會規訓原則（諸如「和平解決爭端，不要訴諸武鬥」、「自尊毋須流血」等等），變成了單純的修辭與反修辭。它任憑暴力在人類生活擴張的領域中毫無規則地發生，弔詭的是，甚至是在毫無任何實際可用的道德信條下發生；這一點從以國家力量為後援的酷刑在全球各地的復甦即可看出。廢除酷刑是自由主義少數幾項成就之一，理應無條件大加讚揚，然而今天它卻再度為幾乎全世界的政府所用並得到寬宥，甚至被大眾傳播媒體廣加宣傳。

那些原則上相信所有暴力都是不好的人，實際上並沒有能力區分各種不同的暴力，或真正體認到暴力之於遭受暴力的人，以及施加暴力的人，二者所產生的效果。他們只是藉著反動，製造了一批認為暴力是個好東西的男男女女，不論是基於保守的、或革命的觀點；也就是說，他們製造了一批承認暴力會帶來主觀心理上的解放感，但卻認為自己與其產生的後果毫無關係的人。從這點看來，那些要求回復濫射、鞭打，處決的反動分子，與那些情緒已經被法農那批人給系統化了的傢伙，沒什麼兩樣。對他們而言，帶槍或是帶炸彈的行動，事實上比非暴力行動，更合他們的意。[7]自由主義並沒有將教導形式溫和的柔道，與教導暗藏殺機的空手道，好好地加以區分，然而這在日本傳統中卻劃分得相當清楚，而且只會鼓勵那些擁有充分的判斷力，以及受過如何使用自己的力量進行負責任的殺戮這類道德訓練之人去學習。

種種的跡象顯示，這種區分再次被緩慢地、經驗法則式地學習著，但在如此茫然與歇斯底里的氛圍之下，理性地、有限地使用暴力將變得困難。現在，是我們藉由了解如何在社會中使用暴力，來展開一個更系統化的、基礎學習過程的時刻了，我們可能會認為所有的暴力

6 任何表示我們無法證明這些影像會影響任何人舉止的主張，都只不過是試圖合理化這種衝突，經不起嚴肅的省察。而那些主張大眾文化永遠都是在暴力影響下的映射，或是認為影像是真實事物某種代替品的這些說法，也都不堪一擊。

7 理性的革命分子則是完全依其目的，與其可能獲得的結果來衡量暴力。當列寧在一九一六年被告知，奧地利社會民主黨的書記以暗殺奧國的首相，來表示其抗議戰爭的姿態時，他只是奇怪為什麼一個人到了這個地位，還不能採取一種比較不那麼戲劇性，但卻更為有效的手段，來籲求黨內活躍分子的反戰情緒。對他而言，顯然寧見一個乏味、但有效的非暴力行動，而不願看到一個浪漫，但卻無用的行動。不過，這種態度並不影響他在必要之時，下達採取暴力顛覆的命令。

都比非暴力來得差勁，此外其他的手段都差不多。不過，我想其中最糟的恐怕是那種脫離任何控制的暴力罷！

一九六九

22

革命與性
Revolution and Sex

已故的格瓦拉如果發現自己的照片現在居然出現在《常青評論》(編按：一九六八年二月號）的封面，《風尚》雜誌裡有篇以他個性為主題的文章，甚至他的名字出現在紐約某劇院，成為戲中同性戀暴露狂振振有詞的藉口（參見一九六九年五月八日的《觀察家報》），一定會大吃一驚而且暴跳如雷。我們可以先不管《風尚》雜誌，畢竟它的專業就是要告訴女人現在流行怎麼穿、讓她們知道現在流行什麼，以及有哪些流行的話題；要說《風尚》雜誌的編輯對格瓦拉的興趣中有多少政治成分，恐怕不會比《名人錄》的編輯多多少。不過，另外兩個笑話則顯示出，社會大眾普遍認為社會革命運動與公領域的性開放，或其他個人行為的開放之間，存有某種關聯性。現在應當是有人出來打破這種無稽之談的時候了。

首先，關於什麼樣的性行為可以公開行之，與政治規則或是社會經濟的剝削體制並沒有任何特別的關聯，這一點在目前應該已經非常清楚了。(有個例外，就是男人優於女人的規則，以及男人對於女人的剝削。猜測這某種程度其實是意味著對弱勢性別在公共場所之行為的嚴苛限制。）性「解放」與任何其他類型的解放只有某種間接的關係。階級統治與剝削體制，可能會嚴厲規範個人在公領域或私領域的行為（性行為就是一例），但也可能不會。信奉印度教的社會，絕對不會因為它在神廟中大量展示各種誘人的性姿勢石雕，就比在理論上對其成員施予嚴峻限制的威爾斯非英國國教派社群更自由，或更平等。因此，我們只能從這種特定的文化差異中推論出一點，就是如果虔誠的印度教徒想要變化一下他們的性愛常規的時候，可能會比虔誠的威爾斯人更容易些。

真要籠統歸納階級統治與性自由之間的關聯性，它應該會是這樣：如果鼓勵臣民性自由與性放縱，能讓他們忘掉自己被統治的地位，統治者當然會樂於安排；然而事實正好相反，從來沒有人曾逼迫奴隸們嚴守禁欲清規。那些嚴格要求貧民們安分守己的社會都很清楚，群眾們每隔一段時間就會來個體制內的性解放，就像在嘉年華會時那樣。因為性是最廉價的享樂方式，而且是最激情的（正如那不勒斯人說的，床，就是窮人們的豪華歌劇），讓他們盡可能地縱情歡娛，在政治與其他方面上都是非常有利的。

換句話說，社會或政治的檢查制度與道德的檢查制度兩者間，並沒有必然的關聯，儘管常常被認為有。將某些原本不可公然行之的變成可以，只有在具有改變政治關係的意義下，才是一種政治行為。在南非，爭取黑人和白人做愛的權利是一種政治行為，並不是因為它擴大了性行為的允許範圍，而是它打破了種族上的臣屬關係。至於爭取《查泰萊夫人的情人》一書的出版就沒什麼政治上的意義了，雖然它可能因其他的理由而受到歡迎。

其實，從我們自身的經驗就可以相當清楚理解此事。近幾年，不少西方國家幾乎都已經完全廢除了在公開場合——或私底下——能否討論、聆聽，從事或展示「性」的官方規定或傳統禁忌。認為某種狹隘的性道德是資本主義社會重要屏障的信念，已不再具有說服力。而事實上，堅信為反對如此道德觀而戰鬥是刻不容緩的看法，也沒人相信了。儘管仍有少數救世十字軍自詡為救亡圖存的禁欲者堡壘，但事實上它的城牆早已頹壞殆盡。

無庸置疑的，仍然有某些物事不能被印製、或被展示，但它們也已越來越少，或不再引起人們的譴責。廢除檢查制度是一種單向的行動，就像女人爭取領子放寬、或裙子裁短的運動，這種運動如果朝著單一的方向持續過久，十字軍在革命上能獲取的滿足就會快速遞減。與維多利亞時代女孩騎腳踏車的權利相較，演員們取得在舞台上性交的權利，算不上什麼在個人解放上的重大進步。在今天，就連要動用官方起訴那些長久以來仗恃出版自由賣弄晦淫春情的出版商或製作者，都已變得相當困難。

從實際上所要達到的目的看來，這場追求公開的「性」的戰爭，已經打贏了。但這真的有讓我們與社會革命的距離更近一點嗎？或是在床鋪、印刷的書頁，以及大眾娛樂（這方面可能也不甚令人滿意）外，有帶來任何實際上的改變？看不到什麼跡象。它顯然只是為一個在其他方面都沒有改變的社會秩序，帶來更多公開的「性」而已。

不過，雖說性開放與社會組織並沒有本質上的關聯，但我不得不帶點遺憾地指出，革命與禁欲主義之間確持續保持著密切的關係。我找不出有那個根基良好、有組織的革命運動或政權沒有發展出明顯的禁欲傾向，包括馬克思主義者的革命運動與政權在內，儘管其創立者的教條是十分反禁欲主義的（或像恩格斯那樣，積極地反對禁欲主義）；也包括像古巴那些當地傳統就是反禁欲主義的國家。就連最正統的無政府-自由主義革命運動或政權，也是如此。相信老舊無政府主義好戰分子的道德信條就是自由而隨便的男男女女，一定不知自己所云為何。（他們所熱切崇尚的）自由戀愛，其實是指不喝酒、不吸毒，以及在沒有一個正式婚姻狀態下的一夫一妻制。

自由派人士，或更確切地說，那些道德廢棄論者，作為革命運動的要角，有時雖然在實際的解放運動中態度強硬，甚至是霸道，但事實上卻從未真正能與禁欲主義者相抗。羅伯斯比派永遠都騎在丹敦派的頭上。那些確信性或文化上的自由主義是革命核心議題的革命分子們，遲早都會與革命劃清界線。我們可以從新左派的紀錄裡發現，性高潮的倡導者威廉・賴希，一開始確確實實是一個極富革命精神的馬克思主義者兼佛洛伊德信徒，而且能力很強，這點可已從他的著作《法西斯主義的群眾心理學》（這本書有個副標「政治反應的性經濟學與無產階級的性政策」）中看出。[1]但我們真的會對像這樣的人最後卻把全副精力擺在倡議性高潮，而非革命組織工作感到驚訝嗎？史達林主義者與托洛茨基主義者，對於那些登門要求認可的革命超現實主義者，是吝於給予任何同情的。而那些能在政治上安身立命的，也都是沒有淪入超現實主義者的一群。

為何如此？這是個相當重要且曖昧的問題。而如此是否必要？則是一個更重要的問題——我想，對那些認為革命政權的官定禁欲主義有些過度，甚至過於離譜的革命分子而言，總應該是如此吧！不可否認，我們這個世紀裡的幾次偉大革命，都沒有致力於性解放。它們並非直接挑戰性方面的禁忌，而是藉由社會解放的重要步驟，即將女人們從被壓迫的狀態下解放，讓性自由得到（基本上）的進步。對於這些革命運動來說，個人式的解放主張，無疑根本只能稱為一種生活騷擾。在這些反叛青年中，最接近老式社會革命精神和野心的，也就是毛派、托派分子，與共產黨員，也多半都非常討厭吸毒、標榜無差別性愛，或是其他形態的個人式抗議以及其象徵。因為「勞動者們」既無法理解，也不會同情這種行為。姑不論是否真的如此，至少不可否認，這類放縱行為頗為耗費時間與精力，難與組織及效率並存。

1 編註：威廉・賴希（Wilhelm Reich），一八九七～一九五七，生於奧地利，美國心理學家。其思想綜合佛洛伊德主義與馬克思主義，提出「佛洛伊德主義的馬克思主義」，一九三三年出版《法西斯主義的群眾心理學》（*Mass Psychology of Fascism*）一書。

這其實是另一個更大問題的一部分：文化上的反叛，在革命或任何社會變遷中的角色為何？在今天，顯而易見地，它已經成為「新左派」的一部分，也在某些如美國般的國家中成為重要的面向。一個偉大的革命即使不與這種文化異議結合，至少也會將其視為外圍部分。或許今天在西方，「異化」要比貧窮更能成為反叛的重要原動力，沒有一場革命會不同時攻擊個人關係與滿足私欲的體制。不過，他們只把文化上的反叛與文化上的異議當成一種症狀，而非革命的力量。在政治上它們並不十分重要。

一九一七年的俄國大革命，將當代的前衛人士與文化上的反叛者，貶抑到與他們在社會及政治上相稱的地位，而他們之中有許多甚至曾經對革命表示過同情。當法國人在一九六八年五月展開總罷工，在奧德翁戲院所發生的，以及隨處可見的精彩塗鴉（諸如「禁止是被禁止的！」、「當我在『做』革命的時候，我覺得像是在做愛！」之類），雖然可被稱為少數人的文學與劇場，但與主要事件相比，都只是花絮。這樣的現象愈顯著，我們就愈有把握相信不會有大事發生。嚇唬布爾喬亞畢竟要比推翻他們容易多了。

一九六九

23

城市與暴動
Cities and Insurrections

一個城市不管有什麼其他功能，它都同時是貧民的居住之處，而且在大多數情形下也是影響他們生計的政治權力中心。關於這點，城市居民在歷史上的具體表現可以為證，他們要嘛示威、製造動亂或暴動，要嘛就對那些將權力觸角伸進自己生存範圍內的當權者們施予直接的壓力。城市的權力有時只是地方性的，有時可能也是區域性的、全國性的，或甚至是全球性的，只是對一般的城市居民來說這點或許並不那麼重要。然而，城市的權力，亦即是不是首都（或類似獨立的城邦國家這樣，在概念上等同於首都的城市），或是不是大型全國性或國際性公司總部之所在，的確會影響當權者、以及企圖推翻政府的政治運動者的算計，因為如果它們是首都或總部所在，城市動亂與暴動所產生的隱義，很顯然會比僅僅在一個地方性城市來得更深遠。

這篇文章所要討論的是，城市的結構如何影響這種群眾運動，以及相對地，對這種群眾運動的恐懼，又是如何反過來影響了城市的結構；其中，第一點比第二點引發了更普遍的關注。群眾動亂、暴動或示威，幾乎是一種普遍性的都市現象，而且就我們目前所知，即使是在二十世紀後期工業世界所形成的富庶巨型都會中，這種情況也照樣發生。另一方面，對這種暴動的恐懼，則是斷斷續續、時有時無的。它可能被理所當然視為一種都市生活中的既存事實，就像在大多數工業化之前的國家那樣；或被視為一種會間歇性驟發與平息，但對權力結構不會造成任何重大影響的騷動。它可能會被低估，因為從來沒有任何動亂或暴動能夠持續很久，或許是因為他們有其他體制內的選擇，例如透過普選建立的地方政府體系等等。畢竟，只有極少數的城市是持續處於動亂的狀態。在歐陸歷史上，即使是像巴勒摩這種，自一五一二年到一八六六年間發生多達十二次顛覆行動紀錄的城市，它的群眾也曾持續相當長時間維持著安靜的狀態。不過，另一方面，如果當權者基於政治上的敏感而打算改變城市的結構，比如巴黎的林蔭大道，則其結果通常會是實質而且深遠的。

都市結構的三個面向決定了動亂或暴動的有效性，它們分別是：是否容易動員貧民；對暴動者而言，當權者中央是否不堪一擊；以及暴動是否容易被弭平。這些面向的決定因素，有一部分是社會學的、部分是都市學的，其他則是技術性的因素，然而這三者不能永遠被分別以觀。例如經驗顯示，不管是在卡爾科塔或巴塞隆納，對暴動者來說，都市運輸中的路面電車網路，永遠都是非常方便的工具，部分是因為運費漲價很容易一下影響到所有的貧民，自然也就成了麻煩的聚合劑，部分是因為當這些相當巨大且一節接著一節的車廂一旦燒起來，或橫倒在街道中央，輕易就能阻塞街道，並且癱瘓交通。巴士在暴動中似乎就無法扮演如此重要的角色，地下鐵看起來更是與它們毫不相干（除了用來當作運輸暴動的工具之外），至於私家汽車頂多只能拿來當作臨時性的路障或街頭戰場，而且根據最近在巴黎的經驗，我們可以斷言它們也不是非常有用。這裡的區分純粹是屬於技術性的。

另一方面，市中心的大學顯然要比都市外圍、或在某些都市綠帶以外的大學，更能成為潛在暴動的危險中心，這一點對拉丁美洲政府來說，是再熟悉不過的事實。貧民集中出現在市中心、或靠近市中心，例如二十世紀的許多北美城市裡的黑人區，會比出現在相當偏僻的郊區，例如十九世紀的維也納，要危險得多。在這裡，區別的基礎是屬於都市學上的，還有繫於城市規模以及在其中功能性分工的模式。不過，像巴黎近郊的南泰爾這種位於城市外圍的潛在學生騷動中心，就遠比在同個郊區裡的阿爾及利亞貧民窟，更容易在市中心製造麻煩，因為學生的動員性較強，他們的社會體系是比較屬於大都會式的，而移民勞動者則不然。這裡的區別則主要是社會學方面的。

因此，假如我們要建構一個適合動亂與暴動的城市，它該會是什麼樣子？我想，它應該會是個人口稠密，而且範圍不是很大的城市；重點在必須具備徒步穿越的可能性，儘管在完全汽車化的社會中，多數的暴動經驗或許會修正這種論調。另外，它或許應該是個沒有大河從當中穿過的地區，這不只是因為橋樑很容易會遭到警方占領，也是因為一個大家都知道的、地理學和社會學上的事實，那就是，一條河流的兩岸是會互別苗頭的，這是任何居住在倫敦南部或巴黎左岸的人都能證明的事實。

此外，這座城市的貧民，在社會條件或種族上也應該具備相當的同質性才行。我們一定要記住，在今日的第三世界，工業化之前的國家或低度就業的大礦區，第一眼看來讓人覺得相當異質化的人群，也可能具有相當的一致性，而這正好可以證明我們在歷史上常見的「勞苦貧民」、「升斗小民」(*le menu peuple*)，或「暴民」等字眼。城市必須是具有向心性的，也就是說，它的各個部分必須自然導向城市的中心設施，愈集中愈好。基於這個理由，中世紀城邦共和體作為一個匯聚往來人群的主要集會空間，也可能同時是個主要的儀典中心（大教堂）、主要的市場與政府所在地，就會是展開暴動造反的理想場所。城市在功能分化與住宅區間的劃分上，通常採取相當緊湊的模式。因此，在前工業化時期的郊區，雖然透過對城市的精確劃界，排擠了各種不受歡迎的人物——這對都市生活而言有其必要性——例如不具市民身分的移民、流浪漢或拾荒集團等，但這種模式並沒有嚴重破壞複合都市的整體性：就像特里雅納與塞維拉之間緊密相連，蕭瑞的希與倫敦市之間的關係，也是如此。

另一方面，由中產階級住宅區及工業區圍繞成為都市核心的十九世紀郊區模式，一般都會分別在都市的兩端發展，確實影響了都市的整體性。「東端」與「西端」二者不論在身體上或精神上都是相互疏遠的。居住在巴黎協和區西邊的那些人，與居住在巴黎共和區東邊的那些人，根本屬於兩個不同的世界。再往外走一點，就是環繞著巴黎，由勞動階級郊區所形成著名的「紅色地帶」了，它在政治上頗具重要性，但是在顛覆行為上卻並非如此。它已經不再是巴黎的一部分，而且除了地理學家，也不再有人會將其與巴黎視為一個整體。[1]

所有這些考量因素都影響了城市貧民們的動員，但並未影響他們在政治上的效能；至於後者，自然是依靠暴動者與造反者接近當權者的難易度，以及他們能否輕易地被打散而定。在理想的造反城市裡，當權者——有錢人、貴族、政府或地方的行政機關——愈是與貧民集聚的中心混在一起愈好。是故，法國國王會住在巴黎皇家宮殿或羅浮宮，而不會住在凡爾塞宮；奧國皇帝會住在霍夫堡宮殿，而不會住在美泉宮。大家當然都希望當權者是不堪一擊的。那些在某個孤立據點上炮製險惡都市——像是巴塞隆納中心的蒙特惠克山頂監獄——的統治者，固然可能會讓群眾更加痛恨，但是他們在技術上是被設計成能承受暴動的。畢竟，如果真的有人曾預想過一七八九年七月巴士底監獄會被攻擊，它就幾乎可確定不會被攻克了。至於文人當權者，光從定義就可知道它一定是不堪一擊的，因為它在政治上的成功，是

1 像這種勞動階級郊區，與中心都市區間的距離究竟要到多遠，還依舊能成為暴動中的直接因素，是個有趣的問題。好比巴塞隆納桑斯區，這個無政府主義的稜堡，在一九三六年的革命中，並沒有扮演什麼重要的角色，然而，同樣作為一個社會主義的堅強稜堡的維也納富洛里斯多夫，卻能在一九三四年當其他都市的暴動幾乎全軍覆沒，它依然孤守陣地，表現不俗。

基於一般人認定他們是代表平民，而非某些外來政權或其代理人的信念。因此，或許也是因為古典法國的傳統使然，一八四八年與一八七一年，暴動者選擇襲擊的是市政廳，而非王宮或皇宮，並且在市政廳宣布成立臨時政府。

因此，對暴動者來說，地方當權者所製造的問題相對比較少（至少在他們開始實行鄉鎮都市計畫之前）。當然，都市的發展可能會讓鎮公所從市中心移到相當偏僻之所在；今日，從布魯克林一帶到紐約市政廳要走好一段距離。另一方面，原本可以有效製造暴動的首都政府所在地，卻被王公們或其他自尊自大的統治者們所居住城鎮的特殊性格，給抵消了不少，而且它們還擁有一種內建的、反暴動的偏見。那是因為國家的公共關係以及或許可能少部分的保安需要，所製造出來的偏見。

一般說來，只有市民居住的城鎮中，其住民在公共活動裡扮演的是參與者的角色，而王公或政府所在的城鎮中的住民，在公共活動裡所扮演的則是一個仰慕與喝采的觀眾；寬廣的遊行街道以及他們的皇宮通衢、大教堂或政府建築，在官方大樓的正前方有著寬闊的廣場，最好還加上一個恰如其分、可以為順民們祈福或致辭的陽台；或許再來個閱兵廣場或競技場什麼的：這些都構成了一個帝國大都市的儀式性配備。自從文藝復興時期以來，西方主要的首都與官邸都是依此方式建設或修葺的。統治者們想令人肅然起敬的欲望，或他們那種「偉大的荒唐」（*folie de grandeur*）愈是擴張，他們所偏愛的計畫範圍也就更寬廣、更筆直、更對稱有致。我想不出來有那裡比新德里、華盛頓、聖彼德堡，或是更具體一點，像是林蔭路（Mall）以及白金漢宮之類的地方，更不適合自發性暴動的了。香榭麗舍大道之所以成為七月十四日官方與軍隊遊行之地點，而非官方的群眾示威卻集中在由巴士底監獄－共和廣場－民族廣場組成的三角地帶，並不完全是東邊的群眾與西邊的中產階級和官方涇渭分明所導致。

像這樣具有儀式性的場所，寓涵了統治者與其臣屬者之間存在有某種差別，以及遙遠的、具有讓人敬畏的威嚴、華麗壯觀的一端，與屬於喝采群眾那一端之間的對立。它可說等同於都市生活縮影的畫框展示台，或更貼切的說，就像一場歌劇表演；它是西方絕對王權最具特色的發明。幸好對於潛在的暴動者來說，從過去到現在，這都不是首都統治者與其臣屬者之間唯一的關係。但事實往往是，首都本身無時無刻展現著統治者的偉大，而它的居民，包括最窮的那些，卻只能享受來自國王女王陛下最微不足道的雨露潤澤。統治者與被統治者，是以一種共生關係的方式存在。在這種情況之下，慶典的路線會穿過像愛丁堡或布拉格這樣的城鎮中央，而宮殿本身也就毋須迴避那些貧民窟了。至於像給外面世界提供了一個寬廣慶典場所的維也納，包括它的郊區在內，都只有和較古老的內城隔著一兩碼寬的街道或廣場而已，而後者看起來就像是屬於其中的一部分。

這種本身結合了市民模式與王公城市的城鎮，對暴動而言，根本就是一張現成的邀請函，因為在這裡不論是屬於偉大貴族們的宮殿與城鎮房舍，或是市場、大教堂、公共場所及貧民窟，通通混雜在一起。統治者與暴民們可說是相安無事。他們只要在出問題的時候遷居到鄉下的別墅裡，就能全身而退。他們所倚賴保障自身安全的手段，就是在一場成功的造反之後，動員具有社會地位的貧民來反對那些賤民們；也就是說，動員工匠基爾特來對抗「暴民」，或是利用國民自衛隊來對付「暴民」。而令他們感到放心的其中一個原因在於，他們知道沒有秩序的暴動維持不了多久，而其中會直接起來反抗既存財富與權力結構的，更是微乎其微。這種心安真的不是沒有道理的。那不勒斯國王或帕爾馬的女公爵都知道，如果他們的臣民暴動了，那是因為他們實在餓得太厲害，至於教皇就更不用說了。而這也是提醒王公與貴族們，應該履行他們的責任了，也就是說，應該在市場上以適當的價格，提供足夠的食物，並且提供足夠的工作機會、救濟品和公共娛樂場所，以滿足臣民們不太過分的需求。臣民們很少會拋棄他們的忠心與虔誠，而且事實上，當他們發動真正的革命時（就像一七九九年的那不勒斯），他們還挺樂意去保護教堂與國王，以對抗外國佬與不信神的中產階級……

因此，在都市公共秩序的歷史上，一七八九到一七九九年的法國大革命具有極大的重要性，因為它建立了造反暴動與社會革命之間的現代方程式。任何政府都寧可避免動亂與暴動，就好像沒有政府會不希望見到謀殺率降低一樣，但在還沒遇到真正革命危險的時候，當權者通常不至於失去他們的冷靜。十八世紀的英國，是一個在公共秩序的維護上極度不足，惡名昭彰的暴動之國。不只像利物浦和新堡這樣的小城市有可能一連幾天落在暴動群眾的手裡，就連倫敦市本身也有大部分都是如此。因為在這種混亂的局面下，固然會犧牲一定數量的財物，但這個富有的國家還承受得起，而除此之外並沒有任何風險。一般上流階級則對此冷眼旁觀，甚至還頗為滿意。像輝格黨的高級紳士們，就對這種能讓潛在的暴君失去可壓迫臣民的軍隊、可蹂躪臣民的警察的自由狀態，感到得意萬分。一直要等到法國大革命，在城鎮中增設軍營的風潮才開始流行起來，而直到十九世紀初葉，激進黨與憲章運動者的時代，對於警察忠誠度的要求也才開始凌駕於英國式的自由之上。（由於草根性民主並不是永遠可靠，所以都會地區的警察們都是直接歸屬內政部管轄，直到現在仍是如此。）

事實上，是他們自己提出了三項關於對付動亂，或暴動的重要行政措施：將駐防的部隊作有系統的部署；發展警力（仍然停留在十九世紀前的近代形式之中）；並且依最小化造反可能性的方法，重新建造都市。一個關於十九世紀城市軍營的建造與所在位置的研究，可能會提供某些有趣的結論，而一個對於鄰近城市的警察局分布之研究，也應該會有同樣的效果，但這兩種措施對於一座城市真正的形狀與結構，並不會造成什麼重大的影響。但第三種卻相當根本地影響到城鎮的景觀，就像巴黎和維也納，正是在一八四八年革命後，因為反暴動的需要影響到城市的重建而聞名遐邇。在巴黎，這次重建的軍事目標，看起來應該是開闢一條寬廣而筆直綿延的林蔭大道，以供砲兵們射擊和軍隊推進之用，同時也想必是要企圖沖散潛在的顛覆分子在公眾廣場中的集結。在維也納，則主要採取兩條寬闊的同心圓式道路，內圈（被一條帶狀的開放空間、公園，以及擁有大空間的公共建築弄得很寬闊）將老城區和宮殿，與（主要是屬於中產階級的）近郊區分開來，而外圈則是隔開了近郊與（漸漸地屬於勞動階級的）郊區。

類似這樣的重建是否具有軍事上的意義？我們無從得知，因為他們企圖控制的那種革命，在一八四八年之後便完全消失在西歐。（況且，屬於一八七一年巴黎公社群眾抗爭與巷戰的核心地區，也就是巴黎蒙馬特東北及左岸兩地間，其實並不相聯繫，而且與城鎮的其他地區也是隔開的。）然而，這些重建確確實實影響了那些潛在造反者們的盤算。在社會主義者關於一八八〇年代的討論中，以恩格斯為首、那批軍事掛的革命分子們一致認為，在今日，老式的起義已沒有任何機會了，雖然他們之中對於新的科技裝備，例如當時快速發展的強力炸藥（黃色炸藥之類）的價值，尚有不同意見。不過不管怎麼說，自從一八三〇年和一八七一年，街頭戰場，這個曾經被認為是最具顛覆性的戰術（在一七八九到一七九九年的法國大革命曾經大量使用），現在已經沒什麼可行性了。相對的，各式各樣的炸彈成了革命分子最喜歡的裝備，儘管馬克思主義者並不喜歡用，而且它實際上也不是為了造反的目的被使用著。

不過，都市重建對於潛在的叛亂，可能有另一個意想不到的影響——新且寬廣的街道，提供了一個理想的場所，給群眾示威，甚至群眾遊行這類，在群眾運動中日益重要的手段。這些圈狀的設計與林蔭大道的放射形道路愈系統化、愈有效地與周圍的住宅區分隔開來，也就愈容易將這種集會轉變為僅具儀式性的遊行隊伍，而不會成了暴動的前奏曲。而倫敦正因為缺少了這種設計，以致每每要在群眾集會避免突發的麻煩時，總是困難重重，特別是當在特拉法加廣場舉行的集會要解散時。這裡太靠近像唐寧街這類敏感地區，或帕摩爾街上的俱樂部那類財富與權勢的象徵；在一八八〇年代，後者的玻璃窗總是被失業的示威者們砸個粉碎。

當然，任何人都可以在都市更新裡，找到太多太多這類主要屬於軍事上的因素，而且，它們無論如何都很難完全與十九、二十世紀城市的其他變化有所區隔，後者很快地削弱了城市暴動的潛能。其中有三項因素特別相關。

第一項就是其龐大的規模，將都市降格為一種行政上的抽象名詞，以及各個獨立社區或地區的集團體。作為一個暴動的單位，都市變得太大了。倫敦就是個很明顯的例子，它至今還缺乏一個像市長這樣的角色，可作為市民整體的象徵。（現任倫敦市市長大人只是個儀式性的角色，對於作為一個城市的倫敦市來說，他的地位大概就是像上議院的榮譽議長吧。）大概就是當它的居民從一百萬人成長到兩百萬人的那個時候，也就是二十世紀前半葉，它就再也不是一個暴動之都了。舉例來說，倫敦憲章運動所造成的真正大都會現象，其實頂多維持一、兩天，它的現實力量是在各「地區」中，例如像是在蘭貝斯、伍利奇，或馬里波恩這類彼此間處於某種十分鬆散聯邦關係的社區及相鄰地區。在這些地區，這種力量才是組織化的。十九世紀後期的基進分子和活躍分子們也跟這類似，主要以「地區」作為基地。「都會基進聯盟」是其中最具特色的組織，它主要是個由純粹只具有地區重要性的勞動者俱樂部所組成的聯盟，屬於這種傳統鄰近地區的，有切爾西、哈克尼、克勒肯維爾、伍利奇等等，多半帶點基進的色彩。大家都很清楚，倫敦喜歡蓋矮房子，造成整個城市往橫向發展，使得這些麻煩中心相隔太遠，因而無法自發性地增殖暴動。在一八八九年的碼頭示威中，巴特西和切爾西（當時還是個選出左翼國會議員的勞動階級地區）會與東邊的暴動有多少接觸？同樣的，白教堂與景寧鎮間又會有多少接觸？由事物的性質看來，在都市擴張過程中誕生、尚未成形的新建地區，或合併一些偏大偏小、尚在發展中城鎮的地區，還有那些必須為它們發明一些新字眼的地區（像是「都市圈」、「大」倫敦、「大」柏林，或「大」東京之類的），都不再是傳統意義下的城鎮了，即使是在行政上一再加以統一，還是一樣。

第二項則是在十九、二十世紀的城市中日漸增多的功能分區模式。也就是說，一方面是由於工業、商業、行政，以及其他中心或開放空間特殊化的發展，另一方面則是各類功能在地理上的區分。就這方面而言，倫敦又可說是個先驅，它結合了三個不同的單位——在西敏寺的行政中心、在倫敦的商人都市，以及南華克橫越泰晤士河兩岸的一般平民區。這種複合式都會的成長鼓舞了潛在的暴動者。倫敦市的北邊與東邊，還有鄰近商業區、屬於勞工、技匠和港口地帶的南華克，都同樣依他們自己的方式來展開暴動，像斯皮塔佛德的紡織工人，或是克勒肯維爾的基進分子，也自然而然形成了起火點。這些都是十八世紀許多偉大暴動爆發之所在。至於在西敏寺一帶則擁有本身的技匠群眾，以及龍蛇雜處的貧民群，同時由於鄰近皇宮和國會，加上這個選區裡意外出現的罕見民主形式的專營制度，使得他們從十八世紀到十九世紀，數百年來已經成為了一個難以對付的壓力團體。而在倫敦市與西敏寺之間的地區，則是充塞著向來保持高密度的貧民窟，裡面住著勞工、移民，還有社會邊緣人（德魯里巷、柯芬園、聖吉爾斯、霍本），讓大都會人的公共生活更加精采。

然而，隨著時光流逝，這個模式本身也日益遭到簡化。十九世紀的城市不再是住宅區，而漸漸變成了純粹的商業區，當港口遷到下游地區，城市裡收入中等與收入較低的中產階級，也就遷移到更遠或更差的郊區，使東岸成為一個日漸同質化的貧民區。而西敏寺的北邊和西邊邊緣，則在地主與深謀遠慮的建商兩者刻意安排之下，漸漸成了上流人士和中產階級大量聚居之地，於是工匠、勞工與其他傾向基進主義和暴動者的中心（切爾西、諾丁丘、帕丁頓，還有馬里波恩），也被逼著往上游搬到一個漸漸遠離倫敦其他基進地區的偏遠地帶。而夾在兩個城區之間，存在時間最長的貧民窟，到了二十世紀初期也同樣因為都市更新而被分割成一小塊一小塊，為倫敦帶來了某些最陰暗的大街（沙夫茨伯里大街、羅斯伯里大街）、某些最浮華的區塊（金斯韋、奧德維奇），還有一堆像軍營般層層疊疊的建築物，其目的是在增加德魯里巷和撒夫隆丘無產階級們的歡樂。至於柯芬園和蘇荷區（此區在一九四五年曾經選出共產黨籍的議員），則或許是市中心裡保有老派都會動亂的最後遺跡了。到了十九世紀末，倫敦潛在的暴動地區都已經分散成為大小不同的偏僻聚落（巨大而且尚未定形的東區是其中最大的一塊），這些聚落包圍著非住宅區的倫敦市、西區，以及一個無堅不摧的中產階級區，而這些區塊依次又被收入中等以及收入較低的中產階級居住的郊區所包圍。

像這樣的區隔模式，從十九世紀初期就開始在最大、而且仍在成長中的西方城市裡發展著，即使這些城市的歷史中心有部分並沒有轉型成商業或公共設施區，例如阿姆斯特丹，直到現在，在紅燈區裡偶爾還會見到殘留些許老式建築的痕跡。而二十世紀開始的勞工住宅重新規畫，以及為了汽車運輸的都市計畫，則進一步將作為潛在暴動中心的城市解組。（至於十九世紀的鐵道計畫如果要說有什麼效果，那它的效果就是相反的：它常在新車站周邊製造出混雜社會性與邊際性的區域。）而最近將主要城市的公共設施，諸如中央市場之類，遷移到都市外圍的趨勢，也無疑將造成城市暴動更進一步的崩解。

所以，城市的動亂與暴動因此注定成為明日黃花了嗎？顯然並非如此，因為近幾年我們已經在許多最現代化的都市裡，目睹了這種行動明顯地死灰復燃，雖然也就是在同時，部分這類運動更傳統的中心出現了衰敗的跡象。它的理由主要是社會與政治上的，但對於激發它們的那種現代都市主義的特質略加觀察，仍是頗有助益的事。

其一，就是現代的大眾運輸系統。汽車運輸的主要貢獻，在於動員那些一般而言屬於非暴動集團的中產階級，也還可以提供與汽車有關的示威裝備，（法國人和阿爾及利亞人都還記得大量使用汽車喇叭，以噪音示威法屬阿爾及利亞的反應吧！）以及具破壞性和情緒性的天然裝備，也就是交通阻塞。至於私家房車，早就被北美的社運分子們活用在暴動之中，前進時可使警方陷於癱瘓狀態，停住不動又可形成臨時的街頭戰場。還有，汽車運輸可以跨越當下受影響的地區，四處散布暴動消息，因為不管私家車或巴士往往都可繞更遠的路。

公共運輸，以及特別是在許多大都市中一再被大規模建設的地下鐵，更是與此直接相關。要想迅速運輸大量潛在的暴動者穿越一段相當長的距離，沒有比能夠在短時間內奔馳兩地的地下鐵更恰當的交通工具了。這正是西柏林的學生得以成為較有效的暴動團體的理由之一：連接地處偏遠、位於擁有壯觀中產階級別墅以及庭園，達雷姆的柏林自由大學與市中心的地下鐵，正是一大功臣。

另外兩個因素比運輸更為重要：一個是值得成為暴動標的、或占領的建築物增加了；同時，聚集在其四周的潛在暴動者，也增加了。因為事實上，當中央以及地方自治的行政中心離暴動區愈來愈遠，而且那些有錢或有地位的人也不繼續住在市中心的豪宅裡（公寓比較不容易遭受攻擊，也比較不那麼公開自己的身分），其他種類比較敏感的設施，便開始增殖了。這裡面有通訊中心（電報、電話、廣播電台、電視）；在軍事政變或顛覆行動中，即使是一個再沒有經驗的組織者，也知道所有關於它們的重要性。其中也包括大型的報社，幸運的是，它們常會集中在舊的市中心，還為街頭戰場提供了值得大書特書的緊急物資，或是提供運輸用的卡車、新聞用紙，以及成綑的紙堆，作為敵火下的掩體。這些物資很早——比如一九一九年的柏林——就被拿來當作街頭戰爭的目的而使用著，不過，自彼時之後就頗為罕見。另外，就我們所知，還有大學。雖然，將大學遷出市中心地區的普遍趨勢，已經使其暴動潛能降低了不少，不過，在大城市的中心，學院領域內仍有足以擔任活躍分子角色的左派分子。況且，高等教育的爆炸，已使得一般大學塞滿了數以千計、甚至數以萬計瀕臨臨界點的遊行示威者與戰士們。還有，最重要的是，銀行以及大公司，它們是權力結構的符號以及活生生的存在，藉助這些逐漸集中化的、由厚厚的玻璃與水泥構成的都市叢林，旅行者可以輕易辨識一個屬於二十世紀後期市中心之所在。

理論上，這些商業機構應該和市政廳、或國會議場一樣，屬於容易遭受暴動者單一攻擊的對象，因為不論IBM、殼牌，或通用汽車公司，其實與大多數政府有著同等的分量。至於銀行，長久下來早就知道自己的不堪一擊，因此，在某些拉丁國家——西班牙就是個最好的例子——他們將具有象徵意義的建築物與重量級的防禦工事結合，提供一個近在咫尺的城鎮-要塞，讓那些中世紀的封地與受封的貴族們，能夠把自己圍在裡面，以做防禦。能看到他們在局勢緊張時期受到警察嚴密保護的樣子，也是個深具啟發性的經驗。雖然實際上，唯一曾被他們系統化地吸引的直接行動勝利者，是沒有政治意識的盜匪，以及具有革命精神的

「掠奪者」。但是如果我們不討論在美國生活方式中，政治和經濟上都沒有什麼重要性的一些象徵，好比希爾頓大飯店，以及偶爾會成為特別令人深惡痛絕的箭靶，例如陶氏（道爾）化學公司，可說很少會有暴動直接把箭頭指向任何大公司的建築物。而且它們也沒那麼好欺負。想癱瘓一個正運轉得四平八穩的現代石油公司，可不是靠砸爛幾塊窗戶的厚玻璃，或占領了幾立方公尺的辦公室就可以辦得到的。

另一方面，所謂的「市中心」，通常是不堪一擊的。交通癱瘓、銀行關門、辦公人員無法或不願上班、商人帶著超載的電話總機逃到旅館，或是那些沒法子到他們想到的地方的人，以上種種，都會相當嚴重地影響都市裡的活動。事實上，一九六七年在底特律的暴動中就幾乎是這個樣子。此外，暴動遲早會在那些依照北美模式發展的城市中暴發。因為大家都知道，只要當生活在城鎮中心、以及緊鄰其四周的那些養尊處優的白人一搬走，該地區便會被有色人種的貧民擠得水洩不通。黑人區就像是一波一波深色、狂囂的海潮，重重疊疊地環繞著市中心。就是這樣，將最不滿、最狂暴的分子，集中在一個範圍不大，而且通常極度敏感的市中心附近之作法，讓非常少數的好戰分子能夠獲得政治上的重要性；如果美國人中占百分之十或十五的黑人，可以稍微平均地散布在這個面積廣大且複雜的國家之中，黑人暴動者自然就不會有今日這般的重要性。

然而，即使是西方的城市，暴動的復甦仍相當有限。一個有智慧且總是抱持懷疑態度的警政署長，恐怕會將近幾年西方城市發生的所有麻煩事件，都視為微不足道的騷擾，或認為它們只是被當局的怠惰無能，還有那些走偏鋒的宣傳給誇大了效果。除了一九六八年五月發生在拉丁區的那場暴動，其他的沒有一個看起來像是有本事，或真的打算撼動一個政權。如果想要判斷怎樣才算是城市貧民真正的老派暴動，或是一個認真的武裝起義得到、而且能夠得到些什麼，還是必須回到低度開發國家的城市：一九四三年起來反抗德國的那不勒斯、一九五六年阿爾及利亞的卡斯巴（關於這兩次顛覆行動，都曾經拍過極佳的電影）、一九四八年的巴格達還有加拉加斯，當然，也不能漏掉一九六五年的聖多明哥。

近年來西方城市暴動之所以奏效，與其歸功於暴動者實際採取的行動，還不如說是因為他們的政治主張。他們在美國的貧民窟裡示威，高喊黑色人民已經準備好不再消極接受他們的命運了，他們這樣做的當下，無疑加速了黑人政治意識的發展，以及白人恐懼的擴張；但即使是對地方性的權力結構來說，他們看起來也從來都不像什麼迫在眉睫的威脅。在巴黎，他們示威要求打倒一個顯然相當穩固、且不容異己的政權。（要說英雄主義，暴動者肯定沒問題，但事實上從未檢驗過其真正的戰鬥能力究竟如何，那些真正被殺的肯定不會超過兩、三個，而且幾乎都可確定是死於意外事件當中。）至於其他地方那些學生們的示威與暴動，雖然在大學裡面搞得轟轟烈烈，但是一出了校門，也就不過是一個例行的治安問題而已。

當然，上面所有描述，都有可能適用於所有的都市暴動，這也就是為什麼我們會說，對於都市暴動與各種不同形態城鎮間關係的研究，只是一場相對來說不甚重要的演習。例如在喬治王統御之下的都柏林，本身就不是個容易從事暴動的地方，而它的人民雖然是很容易暴動，卻也沒多大的興趣去率先起義，甚或只是投身起義的行列。至於復活節起義[2]之所以會在這裡發生，只不過因為它是個首都，而一般認為全國重要決策都是在這裡制訂罷了。再者，這場起義雖然很快便遭到鎮壓，卻在贏得愛爾蘭的獨立運動上扮演了相當重要的角色，其理由正是愛爾蘭在一九一七到一九二一年間的局勢，讓它就這麼發生了。又如彼得格勒，這是個藉著巨大的幾何計畫憑空建造起來的都市，我們很難找到一個比它更不適合作為街頭戰場、甚或是在其中作戰的地方了，但俄國大革命不但從這裡開始，還獲得了勝利。與這些例子相反的是巴塞隆納，老舊的城區幾乎可說是從事暴動最理想的地點，但它那些著名的騷亂，看起來都不像是要製造革命的樣子。加泰隆式的無政府主義，以及所有他們那些會丟炸彈的人（也就是所謂的槍手，*pistoleros*），還有對直接行動的熱情等，直到一九三六年，對當權者而言，都只不過是個普通的公共秩序問題，他們是如此不起眼，以致當歷史學家們發現

2 編註：復活節起義（Easter Rising），一九一六年四月二十四日～四月三十日。愛爾蘭共和派於復活節期間發動的一場武裝獨立運動，為一七九八年愛爾蘭獨立運動以來，最重要的一場起義。其間一度占據都柏林關鍵據點，並宣布愛爾蘭共和國自英國獨立。這場起義在六天之後遭到鎮壓，起義領袖送交軍事法庭並被處以死刑。

真正被指派去維護當權者安全（但非常沒有效率）的警察如此之少時，都不免感到驚訝。

革命是因政治情境而生，並不是因為某些都市在結構上適合從事暴動所致。也就是說，一個都市的暴動，或自發性的起義，可能是個使革命引擎開始運轉的火星塞。這個火星塞，在一個向來鼓勵或襄助暴動的城市，更容易發揮它的作用。我有個朋友碰巧指揮過一九四四年巴黎拉丁區裡的那場反德暴動。一九六八年街頭戰爭之後的那個早晨，他信步走過那個地區，令他深深感動的是那些一九四四年尚未出生的年輕人所堆積出來的街頭戰場，其位置和他當年選擇的位置有許多一模一樣。也許作為一個歷史學家的我還要添上一筆，那就是在同一個地方，在一八三〇年、一八四八年與一八七一年，也都可以見到它們。不過，並不是每一個城市都如此自然地適合這種操作，因此，也不是每個地方的每一個反叛世代都會記得，或重新發現前輩們的戰場。一九六八年五月最猛烈的一場衝突，爆發在橫跨蓋呂薩克街與蘇夫洛街後面的街頭戰場之上。幾乎正好是一百年前，一八七一年的巴黎公社中，英勇的羅雷格也就是在同一個地方指揮街頭戰場，並於其後——同樣是在五月——被捕且遭到了凡爾賽軍的殺害。並不是每個城市都和巴黎一樣。巴黎身為一個都市的特殊性，或許已不再足以讓法國走向革命，但是它的傳統和環境，卻仍然強到足以在一個已開發的西方國家中，推動最可能成為革命的事件成為一場真正的革命。

一九六八

24

一九六八年五月
May 1968

對許多預言家來說，一九六〇年代是個特別壞的年代，而在這個年代所有讓人意外的事件中，法國一九六八年五月的運動，順理成章地成為最令人吃驚的一個。對左翼知識分子來說，或許也是最令人興奮的一個。它似乎證明了在現實上，沒有任何一個超過二十五歲的基進分子，包括毛澤東與卡斯楚在內，會相信一個進步的工業國家，在和平、富庶且政局相當穩定的情形下，也可能發生革命。這次的革命並未成功，而我們也看到許多關於它是否真的有可能成功之類的議論。然而，這個歐洲最驕傲，也最有自信心的政權，的確被它搞的幾近崩潰。連戴高樂政府大部分的閣員，說不定還包括戴高樂本人，都確實曾在某些日子裡認為自己會被擊敗。這些都是一個沒有任何來自位居權力結構者的協助、草根性群眾運動所獲致的果實。學生們率先起義，煽動群眾，並且在最艱困的時刻實際掌握了這個運動。

我想，可能沒有其他革命運動會使得更多的人因而讀書與寫書了。是以，法國的出版業一下子必須滿足一個顯然毫無止境的需求，也就不足為奇了。直到一九六八年年底，至少有五十二本關於五月事件的書籍被倉促出版，而且這樣的情況還在持續。不過，它們當中有些只是將簡短的文字與重印自舊報紙、訪問報導、演說錄音的內容拼貼起來的東西而已。

然而，我們沒有理由質疑這些由聰明人所主導的倉促評判的價值，他們可是來自巴黎的拉丁區，在這裡，每單位面積聰明人的密度可能比地球上任何其他地方都來得高。畢竟，法國的革命與反革命，在每個時代也都曾刺激出一些最卓越、但也急就章的歷史作品，其中最著名的就是馬克思那本《路易．波拿巴的霧月十八日》了。何況，法國的知識分子不只是多產與文筆優美而已，他們還慣於撰述文思敏捷與規模龐大的作品。他們是一群訓練有素的文將，多年來為出手不甚大方的出版社焚膏繼晷撰寫評論與其他作品。更別說還有那些以威風堂堂且無法不讀的《世界報》上的文字馬首是瞻的書籍、評論，以及報紙，再加上那些可能遍閱數以千頁關於她和他的歷史經驗，或至少談辯起來頗像是真的讀過它們的典型巴黎人革命分子。

我們能從這一大堆文獻中發現什麼呢？其中絕大多數是企圖去解釋這個運動，分析它的本質與其對社會變遷的可能貢獻；也有不少試圖將其嵌入該運動的同情者——絕大多數的作者都是——的各種分析範疇中，多少提供了一些原創的想法與特別的說辭。這是相當自然的事。然而，它並沒有給我們另一個「霧月十八日」——也就是說，它並沒有提供給我們一個對一九六八年五月的政治研究。不可否認的，這個真實事件在法國大多數知識分子的心中都鮮活地烙下不可磨滅的痕跡，他們都認為自己已經是瞭若指掌。不令人意外，關於這場危機可說是最精湛的分析敘述，來自兩個英國記者，希利與麥克康維里的傑作。[1]儘管它不是絕無僅有，但光看書中悉心解釋拉丁區各式各樣的意識形態集團所提出令人眼花撩亂的想法，即足以讓非法裔的讀者感受到這是本夠格、具同理心，而且極有價值的作品。

不過，如果一九六八年五月可以稱為一場只差沒有推翻戴高樂政府的革命，那麼幾星期前一群校園分子所組成的雜牌軍所做的嘗試，就更值得加以深究；而且也必須隨之探討他們失敗的原因。是以，如果暫不討論革命力量的本質與新穎性，而先去釐清它們最初的勝利，以及之後的迅速落敗等比較不那麼刺激的問題，或許會有幫助。

革命力量的動員，很明顯地，可以分為兩個階段，關於這兩個階段，政府與正規反對勢力都始料未及，即使是在巴黎那些非正規、但被承認的重要左翼知識分子反對勢力，也都沒有料想到。（這批本就存在的左翼知識分子，在五月事件中並沒有扮演什麼顯著的角色：尚-保羅・薩特就是帶著他偉大的機智與洞察力，藉由對丹尼爾・孔-本迪[2]的臣服，表達了他

1 編註：Patrick Seale and Maureen McConville, *French Revolution 1968*, London, 1968。

2 編註：丹尼爾・孔-本迪（Daniel Cohn-Bendit），一九四五年出生於法國，德國政治家，法國五月事件領導者，目前為歐洲綠黨-歐洲自由聯盟在歐洲議會之黨團共同主席。

對此點的同意。在孔-本迪的眼中，薩特不過就是一個訪問者。）第一階段，大約是在五月三日到十一日之間，學生開始動員。拜政府的漫不經心、屈從與愚蠢之賜，一個原本只是都市內校園活躍分子的運動，變成了真正屬於全巴黎市學生的群眾運動，並且贏得了廣大民眾的掌聲，在這個階段，有百分之六十一的巴黎市民是支持學生的，只有百分之十六堅決表示厭惡；而之後，它變成了一個發生在拉丁區的象徵性顛覆行動。政府面對這個運動的態度是退卻的，也因而讓這個運動擴散到全國各地，特別是擴散到工人的身上。

五月十四日到二十七日是動員的第二個階段，這個階段的主要事件是那場排山倒海般的自發性總罷工。這場罷工不論在法國，或在其他任何有可能發生的國家中，都可說是歷史上規模最大的一場，當示威者拒絕接受官定工會領袖以其名義與政府磋商所得之協議時，抗爭熱度也達到了頂點。在這之後，一直到五月二十九日，群眾都還保持著先聲奪人的氣勢，至於政府方面，則因為出師不利，以致無能翻轉劣勢，甚至讓情勢日益惡化下去。此外，保守與穩健的聲音在此時也漸趨沉默，終至陷入完全癱瘓的狀態。但當戴高樂終於在五月二十九日採取行動時，情勢竟急轉直下。

對此首先必須要注意的是，只有第二階段才製造了革命的可能性（或者換另一個方式說，它才讓政府感到有採取反革命行動的需要）。學生運動本身不過是個生活中的小作亂而已，並不具政治上的危險性。不過，當局幾乎不把這場作亂放在眼裡，主要也是因為他們正在煩惱別的事情，包括其他的大學問題，以及各個政府部門之間的官僚互鬥，而這些對他們而言，似乎更為重要。在五月事件沒多久後出版的書籍當中，最讓人有所啟發的作者圖賴訥[3]曾準確指出，法國體制的問題，並不在它太拿破崙化，而是它與路易・腓力的政權實在是太像了，後者也同樣被一八四八年的暴動給搞亂過陣腳，而那場暴動也因此轉變成為一場革命。

然而弔詭的是，正由於學生運動的不重要，反而使其成為動員工人最具威力的一支雷管。對這場學生運動低估與輕視的政府，企圖以武力來將其驅散，而當學生們拒絕回家時，政府只能在開槍與公開且顏面盡失的撤退中二選一。但政府怎麼可能會選擇開槍呢？在穩定的工業社會中，屠殺是一個政府所最不願意採取的手段，因為（除非是用來對付外來者）它會破壞政府所賴以建立的、全民共識的表象。在政治上，光滑的柔荑一旦套上了鋼鐵手套，再想拿下來可就相當冒險了。屠殺學生，這群尊貴的中產階級的骨肉，更甭提還有些是大官要員的子弟，在政治上恐怕比屠殺勞工和農夫更令人反感。也正因為學生不過是一群手無寸鐵、不會危及政權的孩子，政府面對他們，除了撤退，著實沒什麼選擇的餘地。不過當政府

3 編註：阿蘭・圖賴訥（Alain Touraine），一九二五～，法國社會學家，其研究基礎為「行動的社會學」，認為社會的未來是以其內在結構運作所決定的。

這麼做的時候，又正好製造出一種它極欲避免的局勢。因為這麼做似乎是告訴大家自己的無能，也讓學生們平白占了便宜。巴黎市的警察局長是個聰明的傢伙，他曾經或多或少奉勸過他的上司們，避免打出那張到最後不得不出的紙老虎牌。因為雖然學生不會相信它是虛張聲勢，也無法改變該局面所造成的事實。

相反的，勞工動員就真的讓這個政權處於一種危機之中了，這也是為什麼戴高樂最後會打算動用他的終極武器：召集軍隊，開啟內戰。這並不是因為造反對任何人而言都是一個嚴重的問題，畢竟或許會希望它發生的學生，還有理所當然連想都沒想過的工人，都未曾思考、或參與過這個政治命題。這是因為政府的日益跛足留下了某種真空狀態，以及唯一一個可供選擇的政府無可避免將會是一個要由共產黨領導的群眾戰線。帶有革命精神的學生或許不認為這樣的政治變化有什麼大不了，而且我們幾乎可以確定，大部分的法國人應該也都會多少心甘情願地接受它。

其實，就連兩個長久以來在應當拋棄舊政權、接受新政權之際，慣於盱衡情勢的霍布斯式機關——法國的警察與軍隊，也都曾在某些時刻裡表明，自己不會將一個合法建立的人民陣線政府，視為一個有義務去殲滅的顛覆行為。該政府本身——除了在它奪取權力的過程中——並不是革命性的，而且也從未有人將它視為一個革命政府。換言之，我們很難想像在實際上會發生什麼其他的政治危機，即使是革命分子們所能預料到的危機。

但是,「人民陣線」還沒準備好要接受因戴高樂主義的分崩離析所遺留下來的真空狀態。那些與「人民陣線」站在同一陣線的非共產黨人,也裹足不前,因為這次危機顯示出他們所代表的,不過是一堆政客;至於共產黨,則藉由自己對最有力聯盟的掌控,成為當時唯一具有真正重要性的民間力量,也因此不可避免地將在新政府中占有舉足輕重的地位。這次的危機,剔除了那種可恥的選舉政治算計,剩下的,顯然就只有真正的權力政治了。不過,共產黨人卻沒辦法迫使其他的反對團體像他們這樣「奉子成婚」(shotgun wedding)。因為他們本身還在玩選舉遊戲。他們並未動員那些以行動推動共產黨靠近權力邊緣的群眾,而且他們也沒想過要利用這些行動,來施予盟友援手。相反的,如果我們接受菲力浦．亞歷山大的說法,他們似乎認為,大罷工會妨礙他們集中全力、讓每個盟友各守本分這類真正重要的工作。

戴高樂,這個惡名昭彰的狡猾政客,對於他的反對者何時會喪失衝勁,以及何時是自己重新取得優勢的良機,瞭若指掌。面對一個顯然咄咄逼人、唯共產黨馬首是瞻的「人民陣線」,保守派的政權最後還是能祭出它的王牌,也就是對革命的恐懼。就戰術上而言,這是一次漂亮的判斷。戴高樂甚至不需要動到一顆子彈。在整個五月危機中真正完全不讓人懷疑的一點就是,從頭到尾,兩方的較量都只是象徵性地比劃比劃。這倒是和傳說中中國古代將領們的伎倆有同工異曲之妙。沒有人真正想殺掉任何人。因此,儘管有相當數量的群眾遭到痛打,但是真正被殺的大概只有五人。

不論後來究竟發生了什麼，戴高樂派和那群革命分子都一起把錯推到法國共產黨頭上，或是因為他們計畫革命，或是因為他們壞其好事。這兩種交相指責的理路並沒有多重要，不過倒是指出了共產黨在五月風暴中的艱難處境。雖然法共是當中唯一的平民組織，也理所當然是唯一的政治反對勢力，這讓它能夠保持影響力與領導地位。除非我們認為勞工與學生同樣具有革命精神，或認為他們也同樣地唾棄共產黨，否則實在也不是什麼令人驚訝的事。

雖然勞工們確實遠較他們的領導者進步，例如在五月風暴中，當他們準備提出法國勞工總聯盟從未想過的、在工業中的社會控制問題時，就已經百分之百地種下了領導者與追隨者之間的歧枝。但我們幾乎仍可確定的說，共產黨的政治主張，還是反映出大多數勞工們想要的東西，而且相當明確地反映出法國左派傳統的思考模式，諸如「護衛共和政體」、「聯合所有的左派」、「一個屬於人民的政府」、「打倒一人統治」等等。至於總罷工？工會恐怕早就把它置諸腦後了。工會領導者跑去與政府和老闆商量，但等到他們帶著差強人意的條件回來，我們已經完全沒有任何理由期待還會發生什麼重大的反叛行動了。簡單地說，學生是帶著對戴高樂與共產黨（他們的領導者中有大部分都是從其中脫離、或被逐出的分子）同樣的仇恨精神來展開自己的造反，但勞工並非如此。

因此，共產黨面臨一種勢必要採取行動的情勢。它的那批領導班子每天都會碰面評估這種情勢。它認為自己知道該做什麼。但它當時在搞什麼？基於蘇維埃的海外政策或其他理由，它當然不會試圖替戴高樂主義起勤王之師。而當出現了一點推翻戴高樂的可能性時，也就是在自發性的「靜坐抗議」開始擴散後的三、四天左右，它就正式向「人民陣線」提出要求權力的緊急聲明了。另一方面，它也不斷否認自己與狂熱投入式的造反有任何干係，理由是這種行動反而會使戴高樂坐享其成。

就這點來說，共產黨是正確的。五月風暴的危機並不是一個標準的革命局勢，儘管從當時的局勢，再加上那個變得任何人都意想不到般脆弱的政權突然崩潰的導因下，極有可能迅速發展出一場革命。不過，政府的力量，還有它那無遠弗屆的政治後援，絕不會分裂或分散，它們只不過一時搞不清楚方向、暫時癱瘓而已。革命的力量是脆弱的，除非掌握機先。在那個時候，除了學生之外，還有組織化的勞工，以及少許位處學院教授階層的同情者；只不過，來自這些盟友的支持，還不如來自那些準備放棄對戴高樂的期望、默默地接受另一個唯一選擇的那群廣大的、覺得事不關己，甚至抱持反對態度的群眾。當危機日趨嚴重，巴黎的輿論也就變得較不利於戴高樂主義，反而有些傾向老左派的味道。但從民意調查的結果可知，並沒有誰取得明顯的優勢。若是「人民陣線」出馬，篤定會贏得之後的大選，正如戴高樂當年贏得他的大選——但唯有勝利，才是忠誠的最後試金石。

是以，推翻戴高樂主義的絕佳機會，就是讓它搬石頭砸自己的腳。在介於五月二十七日和二十九日之間的某一時間點，戴高樂主義將會面臨龐大的信用破產，甚至連其官員與追隨者恐怕都會自認失敗而放棄。而最差勁的一步棋則是讓戴高樂主義逮到機會重振旗鼓，藉機將他的支持者、國家機器，與那些事不關己的民眾組織起來，用來對付顯然規模有限、在軍事上起不了什麼作用的少數勞工與學生。而那些不願意藉武力把工人從工廠中驅趕出來的軍隊與警察，在對抗一個造反時，則是完全可以信賴的。他們打的是這種算盤。事實上，戴高樂也正是因為把整個局勢轉變成護衛「秩序」，以對抗「紅色革命」，方能鹹魚翻身。至於共產黨本身對於「紅色革命」根本沒興趣，那就是另一回事了。共產黨的整體戰術對任何人來說，甚至包含革命分子在內，都可算是正確的。他們意外地發現在一個基本上並不屬於革命的環境裡，也能有推翻政權的機會。當然，前提是他們有心要掌握權力。

共產黨人真正的錯誤不一樣。對一個革命運動而言，其考驗並不在於願意隨時興築起街頭戰場，而在於它能敏銳察覺到，例行的政治狀態已不再運行，因而隨即調整本身的步伐。這兩個考驗，法國共產黨都未能通過，是以，它不但無法推翻資本主義制度（這是它當時還不想做的事），而且也沒有能力建立「人民陣線」（這是它當然想做的事）。正如圖賴訥的譏誚之言，法國共產黨真正失敗的地方，是它根本不像個革命黨，倒像是個改良主義者的政黨。它一直都是讓群眾拖著走；它沒能認識到學生運動的嚴重性，直到街頭戰場都被興築起來，才恍然大悟；它也沒能察覺到勞工們已經準備採取無限期的總罷工，直到自發性的靜坐抗議逼著其總聯盟領導者動手；而當勞工們拒絕平息罷工的條件，它又再次表現得像倍感訝異。

與那些非共產黨人的左派不同，法國共產黨並沒有被棄而不顧，畢竟它是有組織的，而且擁有來自草根的群眾支持。它也和非共左派一樣，不斷地玩弄著老套政治與老套的勞工聯盟運動遊戲。它把一個不能歸功於本身的局勢給搞砸了，但或許除了曾經感覺到那些態度極不友善的極左分子會對它在勞工運動中的地位造成某種威脅，它既不能主導、也不曾了解到此一局勢。如果法國共產黨能夠認知到群眾運動的存在與規模，並且據此採取行動，它或許就會得到足夠的衝勁去推動那些屬於老左派、心不甘情不願的盟友們，與自己站到同一陣線。不過，也只能說說罷了，畢竟，雖然有幾天推翻戴高樂主義的大好機會，但是也僅止於合理的可能性而已。法國共產黨事實上所做的，卻是在五月二十七日到二十九日這艱困的幾天裡，讓自己等待，同時提出各種訴求。但在這種時刻，等待必死無疑。沒能拔得頭籌的一方，注定要全盤皆輸。

推翻戴高樂政權的機會之所以降低，不只是因為共產黨人的失敗，也是群眾運動的性格所致。群眾運動本身並沒有政治目標，儘管它使用了政治學上的措辭。在欠缺對社會與文化有著極度不滿的情況下，僅靠相當微弱的動力就想衝出去，是不可能造成重大社會革命的。但是，如果對於特定目標沒有明確的專注力，不管這個目標與其主目標是如何的近在咫尺，這種革命能源的動力也已消散殆盡。一個當前的政治或經濟危機、一個當前的局勢，都會自動地製造出結結實實的敵人和目標；一個必須結束的戰爭、一個必須被驅逐出去的侵略者、一個只容許特定與有限選擇的政治結構破產，譬如是否要支持一九三六年的西班牙政府來對抗將軍的顛覆行為等，皆然。不過，法國當時的局勢並沒有產生這樣能夠自動成為專注的目標。

相對的，也正是因為群眾運動所寓含的，或是形成對社會那種極度深刻的批判，使得它沒有什麼特定的目標可言。群眾運動的敵人就是「這個體制」。借用圖賴訥的說法：「這個敵人不再是一個社會範疇下的個人，譬如君王或是布爾喬亞。他是屬於社會－經濟權力的那種沒有人性的、『合理化』的、官僚化行為模式的總稱。」照定義看來，這個敵人是隱形的，甚至不是一種東西或一個機構，而是一套人際關係的模式，一種喪失人性的過程；不是寓含著剝削者意義的剝削，而是異化。典型可見的，大部分的學生本身（與那些較少數的革命工人不同），除了基於社會，這個被戴高樂主義的純粹政治現象給攪得黯然失色的真實目標之外，他們與戴高樂是井水不犯河水的。因此，群眾運動可說是一種次政治性的、或反政治性的運動。雖就長遠看來，這並未減損它在歷史上的重要性與影響力，但在當時卻讓它死定了。正如圖賴訥所說的，在革命的歷史上，一九六八年五月，甚至比巴黎公社更不具重要性。它並沒有證明革命在當今的西方國家中也能成功，只是證明它能夠爆發罷了。

關於五月風暴的書籍，許多都可草草略過。然而，阿蘭．圖賴訥的書並不屬於這類作品。[4]它的作者，是一名師承馬克思主義的工業社會學者，是丹尼爾．龔本第在南泰爾，這個學生造反引爆點的學府裡的老師；而這位作者本人也曾深入參與該事件的第一階段。他的分析某種程度反映了這一切。該書的價值，與其說在於它的原創性——許多東西都已經被寫過，而且大部分的觀念也都曾在其他地方被提出與爭論過——不如說在該書作者澄明的思慮與歷史感，以及他的欠缺幻想，他對勞工運動的知識，和他擁有的第一手經驗所賦予的意外貢獻。例如，與拉丁區那些文獻的數量相比，針對總罷工的報導與分析可稱得上是相當低淺，而他曾為此現象寫過一篇最棒的分析。（我們實際上都搞不清楚，那些造就了千萬大部分與學生和記者們毫無接觸的示威者工廠與辦公室，到底出了什麼事。）對於外國讀者來說，他還有其他的好處，因為他那對世界其他地方第一手式的熟稔，特別是美國與拉丁美洲，有助於修正法國人天生的地域主義。

圖賴訥的論證，羅縷詳盡而且錯綜複雜，不過，我們還是可以舉出幾個重點。今日我們所面臨的，是從一個較老的布爾喬亞社會，過渡到一個新的技術官僚社會的「巨變」。正如五月運動所顯示的，這種巨變不只發生在社會的邊緣，而且侵入到它的中心，製造了衝突與不滿。它反映出來「階級鬥爭」分界線，滑落到介於「技術官僚」與「專業人才」之間，亦即「中產階級」的中間點。專業人才雖然不能說是壓迫下明顯的犧牲者，但是在現代化的科

4 Alain Touraine, *Le mouvement de mai ou le communisme utopique*, Paris, 1969.

技經濟體系中，它代表某種類似早期工業時代裡純熟工人菁英般的人物，而且基於類似的理由，它也將階級意識的新層次給具體化了：

五月運動中主要的演員並不是勞動階級，而是那些我們可稱之為專業人才的全體……在他們之中最活躍的，就是那些在他們所工作的巨大組織之中最具獨立性格的人：學生、廣播電視人員、企畫部的技師、私人或公營機構裡的研究人員、教師等等。

是他們賦予了總罷工特殊的性格，而不是那些屬於舊勞動階級的礦工、碼頭工人、鐵路工人。它的中心，正是環集在新工業上，即「汽車-電子-化學的複合體」。

根據圖賴訥的說法，一個配合著新經濟制度的新社會運動正在出現，不過，它是一個具有異常衝突性的運動。就某種意義而言，它是想要倚賴老舊經驗來適應一個全新環境的人類，所從事的一種原始的反叛。它可能會在那些沒有軍事經驗的社會運動的新血中，導致好戰形式的復甦。就像在低度發展國家中的民粹主義運動，或者說得更確切一點，就像是十九世紀初期的勞工運動。這種運動之所以重要，並不在於它遵循老舊政治軌跡所從事的戰鬥，而是它所反映出來的未來；也就是說，重要的是其視野，而非它那相當微薄的成就。基於這種視野的力量，才使得它在一九六八年所創立的，與一八四八年以前年輕的無產階級所創立的，頗有同工異曲之妙的「烏托邦共產主義」，能在其實踐的無能上，激發出另類的力量。就另一方面看來，這種社會運動同時包含了或意味著一種現代版的改良主義，一種足以改造僵化與退化的社會結構，包括教育體系、工業關係、企管、政府之力量。革命分子的未來悖論也在此處。

除了一個由自由派共產主義的「反烏托邦」，對上學院社會學者與政治學者的「宰制型烏托邦」所形成「革命精神」，這場發生在五月的新社會運動是不是「革命性」的呢？圖賴訥認為，這種新運動在法國製造了一種真正的革命危機，儘管它似乎難以走向革命。因為，起來反抗種種操縱與整合個人行為模式的社會鬥爭、政治，以及一個「文化革命」，都基於歷史上的理由而串連在一起。今天，沒有一個社會運動會不串連這三項因素，因為「國家與民間社會之間的區分，已經日漸消逝了」。但是這也同時使得鬥爭的集中化與有效機關行動的發展，譬如布爾什維克形態的黨，變得更加困難。

相反的，在美國並沒有發生這種力量的串聯，或許是由於欠缺那種國家的集中化，或無產階級革命的傳統，使之聚合。最常見的頂多是象徵意味多於行動意味的文化造反現象。「然而在法國，」圖賴訥寫道：「社會鬥爭乃位於運動的中心，而文化的造反則幾乎可說只是一個社會變遷危機下的副產品，在美國，文化造反則是置於中心的位置。」這是一種儒弱的表徵。

圖賴訥的目的，並非全意於對五月運動加以評判或預言——而且他若這麼做，勢必會遭人非議——倒不如說是想強調五月運動既不是一則插曲，也不是一個較老的社會運動之單純延續。它顯示出「一個在社會歷史上的新時代」正在展開，或是已經展開，而且也說明了，對其本身性格的分析不能僅從五月革命分子的口中演繹而得之。就這兩方面而言，他可以說是正確的。

一九六九

25

知識分子與階級鬥爭
Intellectuals and the Class Struggle

在今天，最典型的革命分子就是學生，或（通常都是年輕的）知識分子。一般認為，知識分子這個詞，代表了那些目前藉由、或企圖藉由已取得某種學院教育或同性質訓練程度證書所組成之職業營生的人。在落後或低度發展的國家，這個詞可能指涉任何受過教育的人，在某些地區，甚至可能是指那些只受過初等教育的人；而在已開發國家，則漸漸代表著任何受過中等教育以上的人。不過，知識分子並不完全包括那些所受教育不管是什麼階段，主要是職業性質的人，比方會計師、工程師、企業從業員與藝術家之類。有人曾說，要做所謂知識分子這行，條件就是從不教人以某種職業作為其終生之志業。照這種說法看來，這裡所使用的定義，是將我們熟悉的關於知識分子的概念，全都湊和在一起，而這種湊和，就像有些人依照有時陷入一種循環潮流、且通常不是清楚界定的方法，來發揮他或她的智力一般。然而，我們還是著眼在它的職業面向就好。知識分子之所以擁有某種政治上的特徵，並非在於他們能否獨立思考的事實，而是在於他們必須於其中思考的特定社會情境。

今天，知識分子是典型具有革命精神的一群（這並不表示知識分子就是革命分子），我們透過對那些往往非常小的組織，或集團組成分子的分析，就可得到證實。因為就字面意義看來，它們現今大多數都聲稱要從事革命、顛覆，或是對現狀全盤加以否定的組織或集團。但是，對於那些目前正進行著革命或處於革命狀態，被顛覆以及類似被顛覆局勢的國家來說，就恐怕不是事實了。不過，不只是在已開發的「西方」國家，連在那些勞工群眾也處於類似境遇的國家中，所有人都會期待他們是具有革命精神的一群，的確屬實。[1]我們甚至常會發現知識分子占了其中的大多數，就像一九六〇年代的秘魯游擊隊，或印度的納薩爾派[2]。因此，雖然以下的討論主要是針對「已開發」國家，但其中仍有部分會與其他的國家相關，儘管或許只是極端的少數。

雖說知識分子是今日最具革命精神的人，並不表示他們就會引發革命。畢竟，誰會引發革命，是個很複雜的問題。這就好像在問，除了突發暴動或武裝鬥爭中那些聲稱自己才有資格冠上革命分子頭銜的倡議者，誰有資格如此自稱一樣，是個很表面的問題。我寫這篇文章，不是為了回答上面兩個問題中的任何一個，因為與引發革命的客觀因素相比，本文更重視主觀因素。多數的文意解釋都會同意，那些拒斥或痛責任何投身現狀、或任何沒有直接果斷企圖挑戰資本主義制度並與之正面發生衝突的人，當然都是革命分子。我的論述目的即在說明，雖然其他人也可以自稱是革命分子，或許有時甚至可能是更有效的革命分子，但都無關緊要。重要的是，這些全力以赴的革命分子都是知識分子，而且他們引發了關於知識分子與「作為革命分子」這兩個有趣的問題。

當然，有人會說，如果沒有這種主觀上的覺醒，知識分子就做不成革命分子了，但社會上的其他階層並非如此。當馬克思說到作為一個革命階級的勞動者，他的意思不光指那些「反對在一個迄今仍存在的社會中個人處境」之人，還要「對迄今仍存在的『生活產物』，以及它賴以建立的『整個活動』，都加以反對」才行。他並沒有暗示這種反對必須明確清楚，儘管他認為在歷史發展的某一階段，它將會如此。對他來說，無產階級之所以是這樣的一個階級，是因為其社會存在的本質，而不是（除了在對實際歷史情境的分析中，一個相當低的層次）因為它對這種目標的覺醒。「它不能夠不廢除集中在其境遇中**所有**當今社會生活裡不人道的遭遇。這與哪一個無產階級，或是否所有的無產階級常**臆想**將其作為它的目標，並無關係。重要的是，**什麼是**無產階級，以及**作為一個這樣的階級**，在歷史上應該被迫去採取什

1 這類國家並不必然是處於如同列寧，或其他人定義下的革命局勢。沙皇統御下的俄國，長期以來都嚷著要社會革命，但卻只有極少的時間處於革命的局勢之中。

2 編註：納薩爾派（Naxalite），為印度各個擁護毛主義，主張武裝反抗當局的政黨和組織的總稱；目前印度共產黨（毛派）是納薩爾派中最大的組織。

麼行動。」[3]知識分子並不屬於這一類的社會階層。他們之所以具有革命精神，是因為其組成中的每一個個人，感覺到自己應該或必須如此。因此，首先我們必須思考的是，究竟是什麼讓人們產生了這種感覺。不過，這個討論自然不能光侷限在知識分子身上。

男男女女為什麼會變成革命分子？首先是因為他們大多數相信，若不將整個社會作個根本的改變，其主觀上在生活中的需求，將無法達成。當然，不斷持續的理想主義基礎，或者稱之為烏托邦主義（如果你喜歡這個字眼），是所有人類生活中的一部分，而且就像一般人在青少年和浪漫戀愛期，會突然陷入或展開熱戀那樣，它在某個階段會成為個人生活中最重要的一部分；簡單地說，那就是解放與革命的偉大時刻。所有人，不論多麼犬儒，都能夠在腦海中編織一幅關於完美人生或社會的畫面。所有人都會同意那真是美極了。而大多數人終其一生，總有某些時刻會認為，像這樣一種生活和社會是**可能的**；而且也有相當多的人會認為，我們應該促使其實現。在偉大的解放與革命之際，大部分的人在短時間內，甚或只是瞬間，的確都認為那完美無瑕的境界已然降臨，新的耶路撒冷誕生，人間天堂近在咫尺。只不過，大部分人在其成人時期的大多數時間，以及大部分社會集團在其歷史中的大多數時間裡，還是生活在一個差強人意的期待中。

即使是每個人生活中那份相對微不足道的期待，似乎也都需要藉由革命才能達成，這使得個人起身變成革命分子。和平，一個如此微薄而消極的目標，但正是這種本質上的需求，在第一次世界大戰時，讓一群平凡的老百姓在客觀上，後來甚至連主觀上，變成熱衷於要求即刻顛覆社會的分子，因為若非如此，和平似乎永遠無法實現。不過，這種對於局勢的評估也可能不盡正確。舉例來說，英國的勞動者即使並未選擇推翻資本主義制度（在四十年前這幾乎是毫無可能成功的幻想），也還是普遍可以享受一段挺長的、充分就業的高水準生活。[4]不過這是題外話了。當然，每個人生活中那種微不足道的期待不盡然是物質方面的。它們還包括了我們為自己、或為自認是其中一員的社群所設想的，各式各樣的需求：尊嚴與自尊、某些權利、公平的待遇等等。不過，甚至連這些都還不算是對一個新的、不同的，而且完美的生活烏托邦式的需求，只不過是對周遭日常風景的想像罷了。但這種需求就足以讓北美的黑人們投身革命的洪流，且讓大多數的白人必須正面回應他們的成就。

3 *The Holy Family*, MEGA, 1/3, pp.206-7.（編按：此書為馬克思與恩格斯共同完成作品，出版於一八四四年。該書是對當時學術界非常受歡迎的青年黑格爾派及其思想風潮的評論。書名為出版社所建議，主要是在諷刺鮑爾兄弟及其支持者。）

4 像社會主義這樣的一種革命意識形態，其在群眾運動中的功能，就是讓他們的組成分子，從期許中對諸如此類變動的依賴裡解放出來。

由此，我們再次了解到，讓人們邁向有意識的革命的，並不是對革命目標的野心，而是因為所有其他可達到目標的選擇，顯然都失敗了，並關上了大門。一般說來，如果我們被反鎖在自家門外，往往會有幾種可以進去的可能方式，儘管部分意味要有樂觀的耐性。唯有當這些方式都不可行的時候，我們才會想要破門而入。然而，值得注意的是，即使如此，除非我們覺得門是可以被打破的，不然也還是不會選擇去撞門。人之所以變成一個革命分子，不只表示了對失望的衡量，也有一些是對希望的衡量。由此，我們可以解釋為何在部分被嚴重壓迫的階級或人民中，會出現在消極與行動主義兩者間相交替的典型現象。5

是故，投身革命與否，決定於幾個混雜的動機：對正常生活的渴求，在這種渴求的背後，則是夢想有真正的好日子；我們可以感覺到面前所有的門都被封死了，但同時也感覺到，有辦法把它們通通劈開；以及感覺到行動的急迫性，因為若非如此，耐心與改良，或是點滴式的改革，不會失去他們的吸引力。這些動機在不同的歷史情境，以不同的比例混雜著出現，我們可以特別指出其中的兩個形態。一個是某種相對特殊的例子，就是像美國黑人這種社會裡的特殊群體。對他們來說，所有的門似乎都關上了，但對其他人來說卻並非如此，或至少是有辦法開啟的。還有一種更為普遍，也更為重要的例子，就是當社會處於某種危機狀態，不管人們再怎麼努力，看來也無法滿足大多數人民的需求，這使得所有的群體——除了相對少數的例外——都感到不知所措，茫然混亂，他們為此因而堅信，一定要展開某種根本上的變革才行，雖然大家所認定的變革不一定相同。沙皇統御下的俄國，就是一個標準的例子：一個幾乎沒有人能夠相信它有未來的社會。一八四八年之後的一百年，西方世界中大多數的已開發國家，一般說來都是屬於第一種形態，但是在一九六〇年之後，它們之中有許多可能會轉變成第二種形態。

值得再次重申的是，我現在所談的，是什麼製造了革命分子，不是什麼製造了革命。就算沒有很多在我目前定義下的革命分子，革命還是照樣可能達成。一七八九年，法國大革命剛開始之際，參與者幾乎都是屬於極少數的識字波西米亞人，與（非常多是被動的）受過教育的中產階級知識分子。但是真正引發革命的，是不滿分子、好戰分子、騷動的群眾，再加上有個政權正處於經濟與政治的危機中。不然，它就可能只會製造出一些相當可觀、但為時短暫的公共秩序問題。不過大體說來，法國的革命分子是在革命中，被革命所塑造出來的。並不是他們率先展開了革命。

讓我簡單地舉出另一個論點。與美國社會學、政治科學界過去流行的觀點正好相反，一般說來，人們並不會因為其個人的疏離或脫軌，而成為革命分子，儘管革命活動無庸置疑會

5 這可以藉由過去幾個世紀南美洲印地安農民的歷史描繪出來。每當駕御他們的權力結構看起來屹立不搖，穩若磐石，他們就顯得被動；一旦權力結構有崩潰的傾向，他們便馬上開始占領那些過去不斷聲稱其擁有所有權的公有耕地。

吸引一些狂熱的偏激分子，而且有些——特別是那些比較沒有組織與紀律的——還會吸引到因個人理由無法適應社會之人。從大多數對於共產黨的組成分子、甚至包括對於其支持者的分析，可以明顯看出，他們的部眾絕對不是這種人，即使再小的黨團也是如此。當然，確實有人認為，搞革命運動比搞其他事簡單或有趣得多。例如為了與老頭子劃清界線的年輕人，或是藉著移民等手段從自己傳統環境中逃出來的人；或是某些社會邊緣團體的成員。然而，這些仍屬於社會範疇，不是失調個人的集合體。成為革命分子的猶太青年，絕不會比其他的猶太人疏離、或脫軌得更厲害，不管是在扎莫希奇[6]、維爾紐斯[7]，或布魯克林都是如此。（順便一提的是，他們在移民後，是否會比在原先國家中更容易變成革命社會主義者，這個說法沒有定論，甚至應該不太可能。）他們只是單純地在幾個選擇中作決定而已，這於處於相同境遇的人來說，是相當正常的事。

在我的生命中，知識分子大量獻身成為革命分子的，共有兩個時期。即兩次大戰之間的那幾年，以及自一九五〇年代後期，特別是在一九六〇年代中期後。我想要談談這二個時期，並且試著加以對照與比較。

對我們這一代人來說，要研究這個問題，沒有比藉由內省性的觀察更簡單的方法了，這或者可說是自傳式的方法吧，如果你喜歡這樣的說法。

從任何現實意義來說，一個中年、穩健且受良好栽培的學究，都很難自稱為一個革命分子。不過，以我一個四十年來自視為共產黨人的身分，至少擁有一段夠長的回憶來討論這件事。或許就像是個最年輕的倖存者一般，我屬於一個現在已經徹底消失的傳統，就是在第一次世界大戰後，中歐猶太中產階級的文化。這種氛圍在一九一四年布爾喬亞世界的崩潰、十月革命與反閃族主義所造成的三重影響下續存著。對我大部分年長的奧地利親戚來說，正常的生活在塞拉耶佛那次暗殺後便結束了。當他們說到「承平之時」，意思就是指一九一四年以前，那時，「我們這般人」的生活，就像是一條又寬又直的大馬路般向前展開著，縱使是無法預料的事情，也總可猜到十之八九。當然，它是很舒適的，令人感到有些無聊：從出生，經過讀書、就業、聽聽歌劇、暑假與家庭生活等一切一切的興衰榮枯，一直到進入維也納中央公墓的墳塚為止。然而，在一九一四年後，除了大災難與重重的問題，什麼也沒留下。我們生存在暫借來的時間，而且心知肚明。對那些屬於他們的世界在十年中破碎了兩次（第一次是在戰爭之中，之後便是大蕭條）的人們來說，做長期打算似乎沒什麼意思。我們都知道

6 編註：扎莫希奇（Zamosc），位於波蘭東南部。

7 編註：維爾紐斯（Vilnius，德文為Wilna），立陶宛首都，同時也是其最大的城市。

十月革命（這句話是站在我那些奧地利親戚的位置說的，雖然作為英國公民的第二代，我仍然有些角度是傾向他們的）。十月革命證明了資本主義能夠，而且確實必須終結，不管我們是否喜歡。你可以回想一下，這就是熊彼德的《資本主義、社會主義與民主》那本極負盛名、而且非常屬於中歐派味道的著作裡的氣氛。我們幾乎不太可能不知道什麼是反閃族主義，就像即使被同化最厲害的中產階級黑人，也不會不知道什麼是種族主義。

迄今我仍記得的第一次政治對話，是當我六歲的時候，在一所阿爾卑斯山的療養院裡，於兩位媽媽模樣的猶太女士之間展開的。對話內容是關於托洛茨基。（「隨便你愛怎麼說，他就是一個名字叫做布隆斯坦的猶太男孩。」）在我十歲那年，第一個予我類似影響的政治事件，就是一九二七年的大暴動，維也納工人燒毀了司法大樓。我記憶所及的第二次政治事件，是在我十三歲那年，當時，納粹黨在一九三〇年的德國大選中贏得了一百零七席。我們都知道那代表了什麼。之後，我們隨即搬到柏林，而我一直在那裡待到一九三三年。那幾年正是大蕭條的時代。馬克思曾經說過，歷史本身會重演，第一次發生是個悲劇，第二次便是個鬧劇了。不過，還有一種更悲慘的重複形式，那就是：首先是悲劇，其後則是絕望。一九一八到一九二三年，中歐世界的行情跌到谷底。一九二〇年中期有一段短暫時間，看起來似乎可能有某種試探性的希望存在，然而，它馬上又再次滑落了。如果說那些已經沒有什麼好失去的，還有那些失業的、無所適從的，與道德淪喪的中產階級，都變得自暴自棄，其實並不完全正確。他們已經準備去接受所有可能。而這也正是我開始變得政治化的時刻。

在這種情況下，一個年輕的猶太知識分子會變成什麼樣子呢？不會是任何形態的自由派，因為自由主義（包括社會民主制度）的世界確實已經崩潰了。作為一個猶太人，在定義上我們就已經被那些奠基在告解式的效忠、或排除猶太人的民族主義，以及反閃族主義之上的各個黨派給掃地出門了。因此我們要嘛變成共產黨人，不然就變成是某種類似形態的革命馬克思主義者；如果我們選擇了自己版本的血緣民族主義，就會變成錫安主義者。但是即使是大多數年輕的錫安知識分子，也都仍自認屬於某種革命的馬克思民族主義論者。真的沒有其他的選擇。我們沒有承諾反抗布爾喬亞社會與資本主義制度，是因為資本主義顯然已經進入末路窮途，我們在「有明天」與「沒有明天」之間，自然選擇了前者；也就是選擇革命。但是它必須是具有積極意義而非消極意義的革命：是一個新的世界，而非毀滅世界。偉大的十月革命以及蘇聯二者都向我們證明，這樣的一個新世界，是可能存在的，或許它已經開始運作了。「我已經看到了明天，而且它正在運行之中」，林肯・史蒂芬斯如是說。[8] 如果它要

8 編註：林肯・史蒂芬斯（Lincoln Steffens），一八六六～一九三六，美國記者，專門調查政治腐敗，並在報導墨西哥革命後，開始將革命視為改革之路。此句為他形容蘇聯新社會的名言。

成為明天，它就「必須」運作，因此，我們確信它已開始運作了。[9]

是故，我們之所以變成革命分子，並非全然因為本身的經濟問題；的確，我們有些人很窮，而且大多面臨一個不確定的未來。這是因為老舊的社會似乎已經無藥可救。它沒有遠景。對一個身處無法預見其社會秩序將在何時崩解的國家（像是英國）的青年來說，這是瞭然於心的。連約翰．史塔奇在他那本蕭條年代聲名顯赫，而且非常具影響力的著作《為權力而鬥爭》中的主張，也都建立在相同的選擇上：如果不選擇社會主義，就只剩下野蠻了。[10]希特勒的勝利似乎也證明了這點。（相反的，史塔奇卻轉而相信凱因斯的說法，認為資本主義不會崩潰，這無庸置疑地是因為一九三〇年代後期經濟業已復甦，遂使得他由一個革命分子又退回為一個改良主義者。）當然，也有那種因為無產階級化、飢饉與絕望而成為革命分子的知識分子，例如，或許在波蘭，以及在我們那個時代的孟加拉，都市中的革命小布爾喬亞，確實有此現象，不過，我並沒有打算在這裡討論他們。

我們與那些在同一時期正巧也變成此定義中革命分子的勞動者，在動機上有兩方面極大的差異。首先，我們之中很少是來自對馬克思主義或其他社會主義信仰已成為傳統的環境，所以一般而言，我們的爆發也較為激烈。（不過在像法國這樣的國家，或許就不是百分之百正確了。在那裡，搞搞名義上的革命主義，向來都是一位年輕布爾喬亞的選擇。）其次，從一九三〇到一九三三年，讓許許多多德國失業工人投入共產黨陣營的經濟大恐慌，對我們並沒有那麼決定性的影響力。不過，我們當然跟工人們一樣認識到舊體制已經在崩解之中，感受到急迫性，也同樣相信俄國大革命才是一個正確的選擇。

今日，任何一個二十出頭的男女，一輩子生活在老體制不可能再以當年那種方式崩潰的時代，相反的——它在經濟上綻放出前所未見的光芒。顯然，它不再是我們在兩次大戰間倍嘗死亡痛楚的那種自由化資本主義了，但很不幸，它也並不是社會主義，更不是蘇維埃的社會主義。它已經自我調整，與一個世界上更強、更有力的社會主義集團（但是這個集團的內部危機，遠比我們所預期的更為嚴重）共存；它也要與全球開展的政治反殖民化運動共處；它必須終日與區域戰爭為伍，並且無時無刻不生活在核子彈浩劫的陰影之下。雖曰如此，一直到一九六〇年代後期，大體說來，它在經濟上、科技上，以及——讓我們正確無誤地說——在大眾消費物質的充分供應（以及對它的期待）上，都是無與倫比的成功。這正是一九六〇

9 「由於覺醒到所有興復資本主義的嘗試，都勢必撞毀在由這種無法解決的衝突所形成的大岩石上，而且，假如對於所有社會革命性的重建都未能成功，階級鬥爭也將會因為各個敵對的階級全部毀滅，而走向終結，這使得許多具備經濟學知識的馬克思主義者，投入布爾什維克的陣營；包括我在內。」(Eugen Varga, *Die Wirtschaftspolitischen Probleme der reletarischen Diktatur*, Vienna, 1921, p.19）這段來自知名共產黨經濟學者的自傳性敘述，描繪出了當時選擇的力量：革命，或是毀滅。

10 編註：約翰．史塔奇（John Strachey），一九〇一～一九六三，英國政治家、作家，隸屬工黨，是相當多產且學識廣博的馬克思-列寧理論家。《為權力而鬥爭》（*The Coming Struggle for Power*）為其重要著作，出版於一九三二年。

年代革命分子的生活背景。

這甚至確實也是許多第三世界國家革命分子的背景。在那些國家中的革命知識分子，當他們遭遇到那些，會讓任何要求耐心與漸進主義的聲音都令人作嘔的貧苦大眾、壓迫與不正當的問題，以及當他們確信既存的體制正打算以如此推托的方式解決社會問題時，的確與我們這一代有很多相近的地方。總而言之，新資本主義與新殖民主義迄今非但未能解決低度發展的問題，反而使得它愈演愈烈。雖然如此，如果我們把像孟加拉這樣，所有的希望似乎都確定已成為泡影的地區拋開不談，一般說來，即使是貧窮而且低度開發的國家，在今天，也並非停滯蕭條，或是絕對落伍不前的。他們的社會或許沒什麼希望，但是他們的每一個組成分子卻仍有許多期待。他們之中的許多人，包括了勞動者、以前是農夫的移民，甚至農民也算在內，現在都能夠回顧幾十年來的好日子，並且擁有更好的展望。讓在第三世界的人們選擇革命，而不選擇不行動或改良手段的，絕少是因為經濟與社會秩序臨時或急遽地崩潰所致。毋寧說是（先不論像來自外人或是其他種族的壓迫之類的問題）貧富之間，以及已開發與低度發展國家之間的差距實在是太大了，前者甚至可能還繼續在擴大，再加上改良主義者這條路已經顯露了敗跡。同時，中程或長程遠景的破滅，也是部分的原因。這個變遷與擴張的背景意外地影響了在地知識分子。然而他們本身的職業前途與我們這一代的相比，要好太多了，正是基於這個理由，在許多第三世界國家，譬如拉丁美洲的部分地區，學生的革命有如曇花一現，很少能夠撐到畢業之後。

然而，即使第三世界在重要路線上與兩次大戰間的世界相似，還是不會出現西方那種繁榮的新資本主義。西方新左派的革命精神，並不是「資本主義危機」這個字眼在任何經濟意義下的產物，甚至是正好相反。就這個意義看來，它可以與第一次世界大戰前夕的反叛精神與革命主義，相提並論。長久以來，我都認為它們的相似性非比尋常；其相似之點，可能遠多於第一眼所能察覺。一九一四年之前顯然還頗為繁榮的西方世界中的反叛精神，很快就成了這個世界危機中的革命主義，因此，如果我們再次進入資本主義總體性危機時期（如今看來似乎相當可能），將會在日後回顧時發現，一九六〇年代後期與一九七〇年代初期的運動，可能如同一九〇七年到一九一四年那段時期，是另一個序曲的開始。

在一九六〇年代革命精神復甦背後所隱藏的是，**第一**，科技與社會的轉型具有無以倫比的速度與深度。**其次**，我們發現，藉由資本主義來解決物質缺乏的問題，會發掘、或甚至創造出成為這個體制或整個工業社會核心的新問題（或是依馬克思主義者的說法，新「衝突」）。要區分這二者並不容易，而且大多數的新革命分子其實也做不到這點。不過，這兩者都很重要。一方面是我們都曾經歷過這段史無前例的、由經濟擴展、科技革命與經濟制度所構成的重建時期，它們既創造了物質財富，也摧毀了許多社會秩序的根基與平衡。不過，即使在過去的二十年，某些自十九世紀中葉開始就長久存在的預測，首次讓人覺得它終於成真了（例如認為，資本主義會摧毀歐洲的農民階級、傳統宗教與舊式的家庭結構[11]），我們仍不應該忘記，對那些走過彼時歲月的人來說，過去那些較小規模的社會動盪，同樣可說是前所未見。他們調整自己以適應新的局勢，而且，過去二十年來大量增加的財富，以及那些早期要不是不存在、不然就是未被利用的，作為社會經營與福利所提供的各種機構，理應使得這種調整更為簡單。不過，無論如何，這畢竟是屬於美國一九五〇年代反意識形態的意識形態論者們間的爭辯。

另一方面日漸明朗的是，我們所面臨的不只是一個人類在功能性的體系架構內，去適應特別戲劇化且迅速變遷的問題（也就是某種類似一八九〇年代到一九二〇年代美國的移民問題），還有體制內的核心缺陷。我並不是要在此討論當今被披露出來的，所謂體制內的個體經濟或個體政治衝突，例如資本主義國際經濟體制的不穩定基礎，或「已開發」與「低度開發」世界之間日趨擴大的裂痕。甚至也不是要討論那些由無限發展的科技所造成那些迎面而來、幾乎要徹底摧毀地球生存結構的，或加速人口統計數字上劇變的危險。關於這個「富裕的社會」，或「新興工業國家」（借用那些聲名顯赫的自由派評論家喜好之術語），其重點在於，直到一九六〇年代末葉，資本主義如同一具經濟機器般繁榮地運作著；可能比同一時期任何其他方向都來的好。就某些可能影響深遠、但不容易說得明白的意義看來，「問題」出現在奠基於資本家富庶繁榮之上的社會，而且，沒有任何地方比它的大本營，美國，來得更加明顯。焦慮、喪失方向感、觸目所及盡是頹廢的象徵，被隨之而來、無所不在、一波未平一波又起的暴力、目標更加明確的暴動與反叛，以及群眾的失落——種種社會病態國家的象徵——給增強了不少，這些都是美國的觀察家將其國家的氣氛與威瑪共和比較之後，腦中所縈繞的東西。因此，有一段時間對於社會的批判風潮不再著重經濟面，而轉向社會學的方向：它的關鍵用語不再是貧窮、剝削，或危機，而是「疏離」（異化）、「官僚化」之類的東西。

也因為這樣，在西方國家的新興革命精神，幾乎都歸知識分子，以及其中邊緣的中產階級（例如具創造力的藝術家），或承認富裕社會的成就，而很正確地把注意力集中在該社會缺陷上的年輕中產階級們所專有。先不管像黑人這類不難理解其不滿情緒的特殊少數，典型的革命分子應該是個出身中產階級的年輕人（通常都是學生），而且，他也很想與勞工運動中的左派、社會主義者或共產黨人，劃清界線。即使是像法國的一九六八年的五月風暴，與義大利一九六九年「熾烈的秋天」，當兩種運動結合在一起，也只有學生才會一腳踢翻資本主義；至於勞工，不論多麼好戰，仍舊在資本主義裡面埋頭苦幹。

11 在這方面的危機，羅馬天主教派比清教徒更為明顯。

我已經說過，一九六〇年代後期的這種局面，是短暫的，就像一九一四年以前一樣。這段時期的西方世界，似乎不單是帶著一個對資本主義根本矛盾的新解釋，進入一個全新的科技資本主義（有時會被誤稱為「後工業社會」）的境界之中，更明確地說，它是進入了另一段長期的經濟危機。革命運動想要起來對抗的，不是一個「經濟奇蹟」的環境，而是一種經濟上的難題。現在估計其可能引發的基進化政治的數量與種類多寡，還嫌太早。誠然，值得留意的是，在最近一次類似的局面中，右派基進分子比左派的獲利更多。[12]迄今，革命風潮在工業國家中最戲劇性的象徵，仍是在景氣的高峰下，亦即一九六七到一九六九年所開展的那些。如果真要給個預言，一定會覺得光是**社會**的分崩離析與**經濟**的萎靡不振兩個因素加起來，就要比各工業國家在兩次大戰之間所發生的任何事故更具爆炸性，除了德國可能是個例外。不過傳統的那種社會革命絕對不是其唯一的，或最可能會產生的結果。

然而，在新興的革命精神，與兩次大戰間的我們這一代的革命精神之間，仍有一個主要的差異。我們曾經擁有過希望，它也許是錯誤的；以及一個可供選擇的社會具體典型：社會主義。今天，這種對偉大的十月革命以及蘇聯的信仰，已經大幅度消逝了——而且也沒被什麼別的給取代。因為，雖然新興的革命分子正汲汲尋找足以效忠的可能模式或是中心，但是較小的、地方性的革命政權，古巴、北越、北韓之類的，甚至連中國，都無法提供像蘇聯在我們這一時代所給予的相同的東西。[13]在我們觀念中最早浮現的，是一種全盤否定既存社會的仇視與烏托邦，兩者的結合。另外，同樣地，強而有力的革命運動形式，也就是有紀律的群眾政黨，在新興革命分子中也失去了分量。後者似乎寧可以小型的部眾，或接近無政府主義式、結構鬆散的自由派分子集團方式來活動，而不想遵循馬克思主義者的傳統。這一切在歷史上似乎都是無可避免的，但是它在革命激情與有效的革命行動之間所製造的鴻溝，看來要比我年輕的時代嚴重得多。我舉出這些差異點，心中並無絲毫的快意，也沒有貶抑新興革命分子的意思。擁有一個革命運動，總比什麼都沒有來得強。這就是我們現在所能擁有的革命運動，而且我們得盡己所能好好地做。唯一不變的事實是，我們還有很多要學習、或是要重新學習的地方。

最後，讓我改來談談知識分子在革命運動中的角色這個問題。換言之，不是為何他們有些人會變成革命分子，而是作為社會中一個階層的他們，會有什麼樣的政治態度，以及他們這種行動，又將扮演何種角色的問題。幾乎用不著我說，這兩個問題是或將會是完全不同的。馬克思與恩格斯當然是知識分子，但是在德國社會民主黨人中的德國知識分子，其數量與所

12 當我的一位朋友被他的學生問及：一九二九年的大蕭條，產生了什麼政治結果時，他答道：「首先，是希特勒攫取了權力。然後，我們在西班牙內戰中失利。最後，第二次世界大戰爆發，而希特勒也統治了大半個歐洲。」

13 這個自一八四八年以來首度出現的全球性革命社會主義階段，或許並沒有什麼價值，它迄今尚未能夠建立一個有效的國際；因為，由小型左派集團所組成的國際，實在太狹隘了，沒辦法滿足這種職能。

占的比例卻相當少，應該說根本微不足道。我這一代的共產黨學生，在大戰前夕的五萬名大學生裡，僅占相當少數，我猜，最多的時候也不會超過四到五百人；在牛津與劍橋，儘管還不到鳳毛麟角的地步，但即使是較大的社會主義俱樂部，也只屬於少數人。雖然，在我們這群極少數中，有時會有比例上足以自豪的、最優秀學生。這項事實的確引人側目，但這並不影響一九三九年以前，極大部分的西歐學生都不屬於左派、更甭說是革命派的這個事實。不過，在像南斯拉夫這樣的國家，或許還是有大部分的學生是屬於左派或革命派的吧。

另外，即使我們能夠聲稱，知識分子這個階層是富有革命精神的（一般說來，或許在第三世界的年輕知識分子的確容易如此），我們也不能自動就把他們的態度或政治行為，與其他革命力量的態度與政治行為相提並論。就舉一個明顯的例子吧，學生在一八四八年革命裡扮演了領導者的角色，但在俾斯麥的時代，這些富有革命精神的自由派分子跑到哪裡去了？再者，在一九〇五年的俄國革命中，學生（包括中學生）是極端出色的一群，但是在一九一七年的革命中呢？我們只能說，就不是這麼一回事了。不過，這與布爾什維克，以及所有其他反對勢力的群眾政黨領導集團，幾乎清一色是由知識分子組成的這個事實，並不相抵觸。再舉第三個，而且或許是相當地方性與很快就會消失的例子。今日，英國學生團體整體來說所占的政治位置，很有可能比勞工集團來得更左。但是，就在此時此刻，勞工群眾實施工廠行動的戰鬥性與奮不顧身的精神，要比「大罷工」（編按：一九一六年）之後的任何一個時期都來得明顯時，學生的集體政治活動卻可能比過去三年內的任何時期都更處於低潮。這兩種集團顯然沒有採取相同的路線，遵循相同的方向，藉著相同的力量與動機來運動。

那麼，我們要如何形容在今天的工業國家中，作為一個社會集團的知識分子呢？首先，他們在今天，是如此一個不能再被輕易歸類為中產階級的特殊變項集團。他們的數量更多了，因為科技的成長與經濟制度中第三部門（包括管理與溝通）的擴張，對他們的需求較過去增大了不少。他們在技術上被無產階級化了，因為他們之中有大多數都不再是「自由業」或私人企業家，而成了領薪的受雇者；即使對其中大多數的中產階級來說，這也是事實。藉由特殊的舉止態度、特有的消費需求，以及特別的興趣，我們可以辨認出他們來，而生意人也正是如此向他們訴求著。例如，他們讀的是《衛報》而不是《每日電訊報》，而且，他們對訴求地位象徵的商品買賣，像是挑剔某種型式範疇的東西之類的活動，相當無動於衷。今天，在西方國家的中心裡，這個階層中的大多數（或至少是其中屬於某種職業形態的人）在政治上或許是偏左的，不過，可能也僅止於此了。在英國，閱讀《衛報》-《觀察家週報》的專業階級形態，在政治的分野上站在同一邊，而閱讀《每日電訊報》的中產階級形態，則屬於另一邊。一九六八年五月的法國，階級鬥爭的陣線，則穿越了中產階級的核心地帶。在總罷工裡，搞研究與發展型的、實驗室裡的，與設計部門和公共關係的，都傾向和勞動者一起走上街頭，而且常常是勇猛善戰的。然而企管人員、行政人員、銷售員等，卻仍都和管理階層站在一起。

曾經有人說，今天的知識分子，有部分是屬於一種「新興的」勞動階級，在某種意義下也稱得上是十九世紀在英國舉足輕重，屬於「智力工匠」中技術純熟、自信十足，並且在技術上屬於最獨立的勞工貴族之現代翻版。更有人認為，作為一批領薪水的專業人才，他們個人或整個階級的經濟財富，與私人企業的經濟狀況並沒有密切的關係，簡單來說，他們有能力判斷私人企業的缺陷所在。確實，有人認為他們與那些在商場上運疇帷幄的人至少一樣聰明，都受過良好的教育，而且他們的工作也至少讓他們對該企業的政策與經濟制度有個同樣宏觀的認識。他們並不喜歡把自己的活動囿限在薪資啦、工作環境啦，這些細微末節的瑣事，而比較樂意去檢視經營與政策上的改變。

這些論點主要是來自像阿蘭．圖賴訥、與索格．馬勒[14]這類法國的社會學者，具有不可忽視的力量。然而，他們的主張並沒有說新興的「勞工貴族」比老勞工貴族更像一股革命的力量。他們是說它是一種非常有效的改良力量，只有當我們正視社會中有一種徐緩、和平，但根本的轉型，它才算得上具有革命精神的。不過，這樣的一種轉型是否可能，或即使可能，能否被視為一種革命，還是個棘手的問題。對於這個問題，「新興勞動階級」的主張者認為，這在實際上只不過是新費邊主義者的答案，穿上了馬克思主義術語的外衣而已，它們是絕對不會被所有左派接受的。現在，最佳的手段，就是將他們視為與他們那些勞工貴族的老前輩相同的穩健改良主義者。他們在職業上的興趣，或許會使他們略微傾向民主的社會主義而非資本主義，因為這種社會主義不致於威脅到他們頗為優越的地位；而且，他們對左派的志向，通常也可能比對自己的職業興趣更遠大，畢竟，他們之中大多數都曾度過學生時代。但是他們對社會變遷的基本態度是，而且或許必然是：在既存的體制所能做的，要比做一個革命者所能做的多得多，這包括他們的孩子，以及他們的想像。就算對他們自己來說，這也是無庸置疑的事實。

除了那些邊緣團體譬如等同於老式手搖紡織機織工之類的中產階層，其職業已經被技術的進步搞到無用武之地——像老式的藝術創作者，作家等等，知識分子中會對現狀表現出完全否定態度的，主要就是年輕的知識分子了。他們包含了那些被教育來從事智力工作的人，儘管我們總是搞不清楚他們的反叛性與教育體系之間到底有什麼關聯。

這些中產階層年輕成員的社會經驗相當有限，儘管或許在今天已經比他們父母那個時代豐富多了。這些經驗中有大部分是被來自家庭、學校或學院，具有類似背景的同儕團體經驗調合出來的，愈年輕的愈是如此。（一般所謂的「青年文化」是指跨越了社會差異，結合同

14 編註：索格．馬勒（Serge Mallet），一九二七～一九七三，法國社會學者，其著作《新工人階級》一書，討論社會中「新階級」的出現。曾加入法國共產黨，但在一九五六年後選擇遠離該黨，並在一九六〇年創立聯合社會主義黨。

一年齡青年的團體，這是膚淺或商業化的，甚至是既膚淺又商業化的概念。類似的服飾、髮型、娛樂的形態與社會習俗，並不代表會有相同的政治行為，這一點在學生群中的好戰分子企圖動員年輕工人時，就常常會發現到。一個不具混雜性的「青年文化」單獨型，究竟有幾分屬實，仍是一個有待討論的問題。）它不單純是關於中產階級年輕人的評論所說的，一種舊的或新的「代溝」，一種對長輩的反叛，或不管有無理由，對教育制度的不滿。它可能會和過去常常發生的一樣，反映出一種對社會應加以重視之問題的懇切批評，不管它的形成是否欠缺統整性。

青年革命精神中最有用的組織化形式，就是學生組織。（有些國家還包括中等學校的學生。）因此，評估這種學生革命精神的性格與可能性，是相當重要的。當然，它的政治功能是雙重的。它既是一個為其本身權利的運動，也就是說，作為一種基於年齡或為教育制度拔擢進入的人群團體而存在，而且，也是成人政治世界活躍分子與領袖的後援基地。第一種功能在目前較為明顯，但第二種則在歷史上較引人側目。烏爾姆街高等師範學校在十九世紀末政治上的顯赫聲名，並不是由於該校當時對社會主義者的同情以及該校學生支持德雷福運動所致，而是這些學生中某些人在之後的職業所造成的，例如饒勒斯、萊昂．布魯姆與愛德華．赫里歐[15]等人。[16]

關於青年／學生運動，通常可以作出兩個普遍性的觀察。第一個相當濫調陳腔但卻十分明顯，就是這樣的運動本質上難以持久與延續。作為一個青年、或學生，不過是進入成年且自力更生階段的前奏曲；它本身並非一種職業。與獨身生活不同，它甚至不是一個藉由個人的力量就能實現的計畫。這段時間是能夠延長的，儘管當前流行一種說法，把每個度過最初二十年的人當作徘徊在中年邊緣，企圖縮短這段時間。不過，它遲早必須結束。是以，青年或學生的政治性運動，無法與那些成員能夠留在其中一輩子的運動相提並論，例如勞工運動（他們其中大部分都要一直幹到退休為止），或婦女運動、黑人運動；這些人從出生到死亡都隸屬於其各自的範疇。不過，永遠都會有青年、也永遠都會有學生，以他們為基礎的運動格局自然也就永遠存在。而且因為這二者今日在人口中占了相當高的比例，所以很容易就會變成至少是潛在性的群眾運動，但其成員每隔幾年便會來一次大換血，則是百分之百**無可避免**的了。另外，更可以肯定的一點是，這種運動愈是自限於難以持久的判準，也就是說，自限於衡量他們與成年人之間有多大的差距，也就愈難保持行動、組織，甚或計畫與意識形態的持續性，這與其氛圍的延續或是每個新世代都面對類似問題的事實，正好形成了對比。

15 編註：愛德華．赫里歐（Édouard Herriot），一八七二～一九五七，法國政治家，曾任里昂市長、法國總理、國民議會議長。

16 這種狀況在不少低度發展國家更為明顯。這些地方的本國或外國大學中有些非常小的學生團體，為成人政治世界提供了數量驚人的政治、以及革命領袖。

這在過去對革命青年來說不算什麼問題，主要是因為他們普遍將自己的運動視同成年人的運動，而且也通常義正辭嚴地拒絕被歸類為青年運動；他們的目光，也總是集中在成年人的地位。[17]目前這種將「青年文化」劃分出來的流行趨勢，或許能讓這種運動潛在的數量更大，但也使得它更加起伏不定。

其次，在過去五十年可以看到一種特殊的歷史現象，就是高等教育在所有國家可說是史無前例地擴張，同時帶來了三種影響：容納這些新生的教育設施由於對這種蜂擁狀況毫無準備，以致產生嚴重的疲態；在完全欠缺家庭知識與傳統的準備下就進入一個全新的生活方式的第一代學生，大量地出現；同時，就經濟方面來說，知識分子已經有一種潛在的生產過剩現象。基於種種原因，這個的確難以抑制的擴張，現在已經放緩了腳步，而高等教育的模式也或多或少基進地更張了其結構，不過可不能將其錯認為因應一九六〇年代後期爆發的學生騷亂之結果。因為，它同時又製造了各式各樣的騷亂與緊張。

在這些處境之下，學生騷亂的存在實不足為奇，儘管值得注意的事實是，在工業化的資本主義國家，以及低度發展世界中重要的部門裡，它是以社會革命（典型地無政府化，或馬克思主義化）運動，而非基進右翼運動的形式存在。這和兩次大戰間，在歐洲大部分地區裡多數政治化學生的性格沒什麼兩樣。[18]這是布爾喬亞社會，與對它的傳統式選擇二者的危機症候，它告訴那些不知所措的較低收入中產階級（許多新鮮人是來自其中，以及屬於這個階級），學生行動主義的典型方式，就是採取某種極端左傾的態度。

然而，這並不保證這樣的學生騷亂會維持一種嚴重而且繼續性的狀態，更不必期待它會成為一種有效的革命性政治力量。因為，如果這批新生中的大部分人，將來會被吸納進一個日趨擴張的經濟制度，與一個穩健的社會，那它可能就無法保證了。舉個極端的例子吧，有一批六萬人左右的秘魯大學生（在一九四五年以前，只有大約四千之數），是家庭中的第一代，他們通常屬於土著印第安人，或是西班牙與美洲混血的較低收入中產階級，或富農。他們典型的極端左傾態度就是：會對一個全新、茫然不知所措的生活方式有某種程度的接受。不過無論如何，因為他們其中有大部分仍然很容易就會被中產階級的職務所吸收，所以，這種態度很少會持續到畢業之後。因此一個流行的笑話就說，他們像是在服兵役似的「服他們義務的革命役」。要判斷他們是否會與一九二〇年代那一小撮學生為美洲人民革命聯盟[19]和共產黨所做的那樣，製造出一個大型的成人政治領袖集團，還嫌太早。不過，看來是沒什麼

17 或許是基於這個理由，左翼黨派中的青年集團，普遍都成了龐大的成年人黨派手下微不足道的附屬品。

18 曾經一度是右翼運動（例如國家主義者的運動）標誌的某些用語，確實曾被信奉馬克思主義的革命左派大量加工改造了一番。不過，在一九六〇年代學生運動裡的左翼思想中那種霸權的概念，卻是最具震撼力的一個。

19 譯註：美洲人民革命聯盟（Alianza Popular Revolucionaria Americana, APRA），又稱秘魯阿普拉黨（Partido Aprista Peruano），創立於一九二四年，為秘魯的社會民主主義政黨。

指望了。[20]

另一方面，有一大批面臨著失業，或是被誘導期望藉由其學位（或是其他證書）謀得職業，實際上卻不能如願的學生，會形成一群持續不滿的群眾，這群人很容易就會去支持革命運動（或是基進右翼的運動），並且成為其中的活躍分子。在許多國家、許多時刻，這些落魄的知識分子或小布爾喬亞，都構成了這類運動的基礎。政府對這種可能性有敏銳的先見之明，特別是在經濟困難或危險時期，但最明快的解決方法，也就是削減學生的數量，卻行不通。部分是因為擴張高等教育的政治籲求非常強大，部分則是如此一來，就永遠無法輕而易舉地將龐大的學生集團吸納進一個停滯不前的經濟體系，例如在美國，猛然削減學生的數量，可能就等於表示要把幾十萬，或幾百萬人從學院趕到一個已經過度擁擠的勞工市場。就某種意義而言，這個將數量龐大的年輕人留在就業市場之外達數年之久的體制，可說是十九世紀初期「舊濟貧法」在當代中產階級的翻版。這是一種隱藏的救濟院外貧民救助體制。由此看來，有兩種解決方法讓許多政府對它們頗為中意。首先，把那些「過剩的」學生分配到各種機構裡，在其中，他們可以邊打發時間，或多或少得到點好處。然後，保留培養真正需要較高級的科學、技術、職業等等為主，各種既存體制所需條件的經濟體制幹部的重要事業；而且將學生孤立於其他可能持反對態度的人民之外。而政府在從事第二項任務時，遭遇到了大批學生政治活躍分子的阻撓。

學生運動作為一種革命力量，其未來也因此有大部分要依賴資本主義經濟制度的前景。如果資本主義經濟像在一九五〇年代及一九六〇年代那樣，轉而趨於擴張及繁榮，學生運動就可能只是一種短暫的現象；或其斷斷續續的宣傳主張，遲早會被接納為一種社會場景，就像那些屬於資本主義穩定時期，非政治形式的青少年勇猛精神——如賽船之夜啦、蓋·福克斯之夜啦[21]、愚人節啦、內衣爭奪戰、卡努拉等等。不過，如果資本主義制度進入了一段長期的艱困狀態，學生運動就可能會如同過去幾年所看到的，持續成為一種爆炸性的政治力量——就像一九六八年五月那樣，不斷地決定性涉入國內政治中，即使是很短暫。在這兩種情況中，如果接受各種高等教育的同齡團體的比例，比一九六〇年代以前還要高，學生集團就會持續比過去在政治上更突出、且更有力（特別是在選舉年齡降低到十八歲的地方）。

我們並不能因此理所當然地認為，在已開發國家中的知識分子，不管是年輕的或老的，

---

20 自一九六〇年開始，在聖馬科斯秘魯最大的大學裡，（毛派）學生聯盟的八名書記誰後來幹什麼去了，都可以查得到。他們之中，沒有任何一個到了一九七一年還持續在左翼戰線活動。

21 編註：蓋·福克斯之夜（Guy Fawkes Night）。每年十一月五日，為紀念政府瓦解蓋·福克斯企圖炸毀英國議會「陰謀」未遂，群眾會依傳統搭建篝火，焚燒火藥陰謀策畫者蓋·福克斯的假人。

都會成為一股極為重要的革命力量;儘管我們能預料到他們將會是一股極為重要的政治力量,而且很可能還會有點左傾。但即使他們大多都成了革命分子,他們靠自己顯然還不具有任何決定性。我們在這裡正好可以藉著對知識分子運動,與勞工、農民或其他不滿階層的運動二者間的關係所做的簡短討論,來為這篇論述作個結論。

今天,一些國家的左派正統論者會認為,這兩種運動在某些類型的社會主義勞工運動中會正式或非正式地聚合,甚或合併。許多情況或許的確如此。英國的工黨與美國的民主黨(其組成就社會屬性來說,相當接近),以及許多社會主義者和共產黨人的黨派,事實上,都是勞動者與知識分子的聯盟,除了像民族團體,或其他少數分子這些並非不經意才發展出本身分離意識活動的特殊不滿團體之外。但這並非一成不變。更有甚者,在今天尚有不容輕忽的分道揚鑣之跡象。一方面在於大部分由知識分子組成的極端左翼分子,常常企圖與其國內的群眾勞動階級政黨劃清界線,因為後者會被指責為太保守,或太傾向改良主義。一方面則是在勞動階級運動中永遠都潛伏著的,有時還公然現身的反智論,通常會愈演愈烈。最近幾個對於英國工黨地方黨部的研究都指出,當黨支部漸漸從專業人才階層落入了志願獻身的好戰分子手中,勞動階級部眾裡的支持者與好戰分子就會陷入政治不行動症中。不管這兩個現象何者為因、何者為果,但是「相得益彰」總是有的。同樣地,在大多數工業化國家中,學生與勞工間的關係也很慘,而且還有可能每況愈下。

因此，我們同樣也不能理所當然地認為，一旦勞動者與學生變得基進化，就自動會製造出一個單一的左派聯合運動。它可能會製造出一種類似的，但難以整合，甚或是兩虎相爭的運動。因為事實是，知識分子與今日的專業人才，以及過去的「勞工貴族」之間的相似處，只有一點是真實的。舊的勞工貴族是體力勞動者，而新的不是。藍領階級與白領階級之間的差距頗大，或許還會愈來愈大。在已開發國家中舊式的社會主義與勞工運動，是建立在體力勞動者的領導權之上。他們的領袖可能有些是知識分子，而且他們可能會吸引大批的知識分子，但是一般說來，這些人加入的條件是，他們得從屬於勞工之下。這些條件是很現實的，因為總括言之，知識分子與專業人才階層在過去都不是社會主義者，或因為他們的數量太少，不足以在勞工運動中形成一個重要的部分。但是它在今日卻是龐大的，在經濟上舉足輕重、積極而且有力。它確確實實地形成職業工會運動中成長最快速的部分，至少在英國如此。是以，不但增加了緊張的氣氛，勞工這邊更是十分光火。

在這兩翼的運動聚合、或合併之處，譬如一九六八年的法國，或許還有一九六九年的義大利，它的力量是驚人的。但是我們不能再理所當然地認為，這種聚合是自動的，而且它也不會自發性地產生。若真如此，它究竟是在什麼樣的情況下才會發生？這是能夠預測的嗎？能夠促使其發生嗎？這些都是棘手的問題，在此只有問題，沒有答案。知識分子在階級鬥爭中的角色是什麼，有大半端視這些問題的答案而定。不過，如果這種因緣際會並未發生，知識分子的運動，恐怕會就此塵埃落定為一或兩種狀況：成為專業人才階級中一個強而有力的改良主義壓力團體，消費者運動、環境保護運動就是其中的著例；或成為一個起伏不定的基進青年與學生運動，大多數人搖擺不定於瞬息的星火與陷於故態復萌的不行動症之間，而一小撮基進的少數派，則奮不顧身地擺出狂熱的極左姿態。這正是一九六〇年代中期以來，學生運動的模式。

就另一方面而言，沒有知識分子，勞工本身恐怕也很難發動一次成功的革命，若又與之為敵，就更難了。如此，他們會設限於靠雙手做工、好戰，以及儘管在「經濟決定論」的範疇內是有力的狹窄運動，但卻無能超越部眾基進論的格局多少。或許他們能夠達致看來像是「自發性」無產階級運動之最頂端，一種當然是設想並且企圖建立一個新社會的工團主義，不過卻沒有能力達成目標。孤立無能的勞工或其他勞苦大眾，與孤立無能的知識分子，是否是屬於不同的類型，並不重要，因為勞動人民靠他們自己就足以推翻社會秩序，而知識分子卻辦不到。不過，如果想要建設一個名副其實的人性社會，他們二者，還是必須並肩攜手的。

一九七一

革命分子，之後呢？自由社會主義。

馮建三

湖南書法家劉明燈以台灣鎮總兵的身分，率軍走過「草嶺古道」、在巨石題刻「雄鎮蠻煙」的那一年，馬克思剛好出版《資本論》第一卷。

同樣是這個一八六七年，年長馬克思七歲的彌爾寫出身後才發表的長篇論文，認為民主選舉權普遍落實後，勞工階級早晚就要取回他們理當擁有的生產成果。彌爾與馬克思都是理論家與社會活動家，兩人繼承與開啟了不同的學派，雖然算是身處相同時代，卻很少注意到對方。

彌爾在很認真地考察與分析之後，呼籲統治階層注意赤貧、分配不正義，以及隨之衍生的各種身心與社會困境。當時主流社會對於這些現象的反應，彌爾不以為然，至於社會主義者的看法，他區分了兩種；他一方面同意，但也同時認為他們的描述都很「誇張」。接著，他說，主要在歐陸那種社會主義者所提出的解方，並不可行；倒是另一種由傅立葉等人所提倡的社會主義可能會有好的效果，也應該能夠得到支持。這種形態的社會主義要由地方鄉鎮的人，從合作社、互助會到工會，就地聯合擁有「生產工具」，以便「讓整個勞動者團體參與利潤的分配。在給予資本家一定的報酬後」，也在扣除其他必要的社會基金後，「以勞動者收入的百分率為形式，在他們中分配全部的收入或固定部分的收入……」。

不過，彌爾的願望沒有落實。剛好相反，在此文完成後的五十年，也就是一九一七年，以「論自由與代議政治」而更為世人熟知的政治經濟學家彌爾反對的那種社會主義模式，卻真在歐陸落實了。革命成功的蘇俄很快完成經濟的過渡，到了蘇聯階段，她採行的正是彌爾認為「更勇敢」，但不可行的模式。蘇聯「通過一個中央權威……管理國家的所有生產性資源」，宣布自己代表「工人階級……占有所有國家財產，為了普遍利益而進行管理」。

在那個時代，作為第一個反資本體系成功的蘇聯，對於心向社會主義的人，具有很大的吸引力，一九二九年經濟大蕭條與法西斯興起之後，更是如此。這可以從英國費邊社社會主義的韋伯夫婦之轉變，窺見一斑。原本，他們以點滴工程的漸進改革知名，十九與二十世紀之交，馬克思主義陣營、遭致正統指為「修正主義」的德國民主社會主義黨人伯恩斯坦多少是受其影響，但到了一九三〇年代，韋伯夫婦反而轉向，蘇聯成為他們觀察與寄以信心的來源。

不但當時讓人刮目相看，事實上，至少到一九六〇年代，蘇聯的經濟表現較諸歐美日並不遜色。連英國首相麥克米倫都說，「社會主義經濟可以比西方國家經濟更有生產力」。美國第一位諾貝爾經濟學獎得主薩繆爾森在其暢銷教科書《經濟學》第十二版（一九八五年）中，甚至以圖表說明，一九二八至一九八三年間，蘇聯百分之四點九的平均經濟成長率高於英美、高於德日。

英相與薩氏是不是誤信蘇聯統計而有這些判斷與數字，可以爭論。再者，評比各國的表現，僅看經濟生產力，未能同時注意其分配與人身消極自由等等面向的成績，是否恰當，更是可以爭論。但更重要的是，蘇聯以自己的存在與實踐，形同終結、或至少是在極大範圍稀釋與淡化了在她建國以前及其後，對於非中央集權的社會主義模式之討論，也幾乎完全壟斷了馬克思主義與社會主義的解釋權。一九五〇年代以後，西方馬克思主義興起，儘管既延續、復興，也活絡了姓資姓社的論述內涵，並有不同水平的突破。但是，這些努力及其捲動的變化，仍然無法不受限於冷戰對峙所設定的兩極框架，致使蘇聯以外的社會主義光景，其想像與建構，還是處於從屬，以及隱而不顯的狀態。

相當意外，或說以後見之明來看，新格局反而在福山稱之為「歷史終結」之後，方見浮現。蘇聯與東歐的「實存社會主義」模式解體不到一個月，鄧小平一九九二年元月南巡，一九九三年中華人民共和國修憲，原先的「國家在社會主義公有制基礎上實行計畫經濟。國家通過經濟計畫的綜合平衡和市場調節的輔助作用，保證國民經濟按比例地協調發展」，改成「國家實行社會主義市場經濟」。這是一句簡潔明瞭的表述，它解放了「市場」，不再將市場完全拱手讓給資本主義；儘管中國其後的變化軌跡，尚難說是符合其憲法所示。

一九九四年，義大利反法西斯健將羅塞利出版於一九三〇年的《自由社會主義》首次翻譯為英文在美國出版，它的序文說，「冷戰並沒有徒勞無功地結束……當今要讓社會主義理念保持活力的一個途徑，就是要提出各種擴大政治活動領域的方案……要將社會主義當作是民主傳統的一個構成部分。」

分析馬克思主義學派的羅莫爾同樣在一九九四年介入。反駁「蘇聯與東歐的共產體系覆亡以後……社會主義已無樹可棲」的老生常談之後，羅莫爾回顧一九三〇年代以來的五個世代辯論，進而主張未來很長一段時間，假使社會主義要有實現的機會，必定是「市場社會主義」（雖然其模式不僅一種）。

「自由」社會主義可能讓人有較多的「政治」聯想，「市場」社會主義似乎邀人聯想「經濟」。

相同的是，一九九〇年代以前的「實存」馬克思主義與社會主義，認定二者都是異端，乃至於叛徒。其後，而特別是二〇〇八年以來的金融核爆肆虐至今，當代人應該重拾並豐富「自由社會主義」與「市場社會主義」的傳統，藉此讓「修正主義」得以還原，成為正統的理念。伯恩斯坦認為自己對馬克思有更正確的辯證詮釋，因此也就是更忠實於馬克思，畢竟，「馬克思不能完全等同於馬克思主義」。霍布斯邦在這本文集，及其後至他生前的最後一本書《如何改變世界：馬克思與馬克思主義的回顧、反思與前瞻》（二〇一一年，麥田出版），也是三番五次提及這個主題：馬克思的歷史命定論指社會主義一定因為資本主義內爆而誕生，以及勞工階級是推動人類進入社會主義的行動主體，必須修正、甚至揚棄：「馬克思主義者不需要是經濟或社會決定論者」、「我們也不能仰賴歷史決定論」。受薪階級的勞動者包括勞力者與勞心者，他們的合作共進依舊是推動歷史量變而質變所不可或缺的構成，但無法「科學」論證其必然，也無法論稱歷史的變化必然僅有這個途徑；拉丁美洲在這個世紀興起的「二十一世紀社會主義」運動，其進退得失的險象環生，也是歷史尚未終結的當代證詞之一。

對於這個認知、對於霍爾在一九八〇年代所說的「馬克思主義並不提供任何保證」（Marxism without guarantee），更早之前，也就是還在蘇聯冉冉上升的年代，羅塞利已有鮮明與準確的表述。他說，「修正主義的新馬克思主義和工人的實踐……是新的自由社會主義……格言是：社會主義會發生，但它不一定會發生。如果我們想要它，如果群眾想要它，那麼通過一種有意識的創造性努力，它就會發生。正是這種懷疑，正是這種強有力的相對主義，給了行動者一種強有力的動力。」雖然，羅塞利也有些不協調或耐人尋味地的轉述，他以贊同的口吻，引用了十九世紀的政治人物、四度出任首相的格萊斯頓的談話：「如果英國人民遵從不訴諸暴力的認識，維持秩序，英國人的自由就永遠不會到來。」

社會主義的「自由」與「市場」之內涵，與資本主義的自由與市場，有同有異。就政治來說，自由社會主義也能善用代議民主的典章制度，但不受其侷限，並且要將代議延伸至更多領域，包括用以突破科層與官僚組織的僵化，也要在合適的範圍與時機，認知與落實直接民主的價值。此時，固然要「捍衛並主張個人自由以對抗國家（的不當介入），無論在經濟與政治領域都當如此」，但同時它又必然強調，不能讓「個人主義變成延伸民主理念的障礙」，同時也要強調個人不是孤立存在，而是有其社會性，個人也有很多的「主體位置」（比如，不只是消費者，也是生產者）所共織的性質、參與了很多社會關係、同樣也是不同群體的一員，個人所擁有的身分不是僅有一種。自由社會主義必然「與長久以來支配自由主義傳統的個人主義思考模式，劃清界限」。

羅爾斯的《正義論》在羅莫爾討論分配正義時，提供很大的助力；該書也曾引述市場社會主義的文獻，認知「至少在理論上，社會主義政權是有能力運用（市場經濟），厚實自身」。但羅爾斯主張在「基本人需」得到滿足之後，自由主義者必須「中立」，對於不同的良善，政府不宜給予各種倫理觀點不同的重視。史紀德斯基父子認為，這個看法混淆了「包容」與

「中立」，不是他們所能認同的自由主義；它會致使政府聽任人民完全「自由遵循自己的道德導引」，而羅爾斯至此流於與新古典經濟學相同，否認價值的客觀存在，墜入僅存效用的主觀感受，二者都變成「禁止對任何生活方式（表達）公共偏好，也都不反對完全讓個人自己決定哪種生活方式是『好的』」。史紀德斯基父子還認為，相較於羅爾斯的「基本人需」，阿馬蒂亞·森與努斯鮑姆所提之「實際機會的能力」，不再只是強調人要「自主」追求好生活，而是凸顯人要有追求好生活的「能力」，確實又進了一步。但是，森與努斯鮑姆對於好生活理當有哪些「基本元素」的議論不足，因此對於這些元素「不只是私人的適當目標，也是政治行動的適當目標」之認知，也就少見著力。史紀德斯基父子認為，個人與公權力雖然理當包容價值的差異，但仍然要釐清客觀的價值、證成提倡偏好的理由，這是重要的基礎，順此自由主義與社會主義能夠建構更多的接筍。

以言經濟，社會主義與資本主義的市場必然不會完全相同，在此前提下，可以簡短申述如後。

即便在資本主義國家，除了教育及醫療，至少還有一種產品沒有完全搬用市場機制。這裡是指，從各種藝文展覽與表演到電影電視劇……等等雅俗文化之生產與使用，都有不等規模的公部門補助。尤其是大多數國家的公共廣電機構，現在因為數位匯流，一般另以「公共服務媒體」名之，至今都還在擴張，它們往往不取、或很少取廣告作為財源，也就沒有製造閱聽人商品；即便其增長幅度遠不如私有傳媒，但若念及，除了公共服務媒體，幾乎所有公營產業從一九八〇年代以來都已進入私有化的航程，應該就能在對照之下，發現文化的特殊性。這個特殊性也反映在基特窮十年之力，論證「市場機制要能以『其自己的條件』成功於世、要能成功地通過消費財的生產來提高人的福祉」，那麼，國家必須出面支持文化後設財、通過非市場的各種文化機構予以提供，同時對於這些文化後設財的商業提供，亦應予以規範」這個特殊性也同時展現在二〇〇七年開始施行、原先是為了對抗「自由貿易」原則適用於文化流通而制訂的《保護和促進文化表達多樣性公約》。

《資本論》問世後不久，一八七〇年，英美日法德的政府支出（假設等於稅收）平均約占「國內生產毛額」一成，至二〇一五年，該比重超過四成。公權力抽取經濟產值的比例，既有天差地別的增加，一個半世紀以來的市場機制，就已不同，性質也是迥異；在政治上採取自由民主體制，但生產工具無法合理公共化或採取其他非私有化的國家，其稅收（與非私有事業的產值）所占國內生產毛額的比例愈高，就愈是往自由的市場社會主義，接近了一步。北歐同時取得的自由與平等水準舉世第一，雖然還不是社會主義國家，卻已提示世人往前靠近自由社會主義的一種途徑；如同泰雅族人在司馬庫斯從事互助生態旅遊事業有其成績，這革命分子，之後呢？自由社會主義。

對政府支出少於一成五國內生產毛額、凸顯互助水平低落的台灣，也是一盞明燈。

二〇一七年四月廿六日

猴山八九〇次・靜觀藍腹鷴漫步十八分鐘之後

譯名對照

《B號警察誌》*Carnet B*

一劃

〈一九一二年的英國勞工運動〉The British Labour Movement in 1912
《一般理論》*General Theory*

二劃

人民陣線 Popular Front

三劃

千禧年論 millennialism
大維，邁克 Davitt, Michael
《大蘇百科全書》*Great Soviet Encyclopedia*
《工業民主》*Industrial Democracy*

四劃

《五月運動或烏托邦共產主義》*Le mouvement de mai ou le communisme utopique*
《什麼是應該做的？》*What is To Be Done?*
《今日馬克思主義》*Marxism Today*
公共服務媒體 public service media, PSM
切爾西 Chelsea
《反杜林論》*Anti-Duebring*
反教權主義者 anti-clericals
孔－本迪，丹尼爾 Cohn-Bendit, Daniel
巴夫洛夫 Pavlov
巴貝爾 Bebel
巴里巴 Balibar, E.
巴帝斯塔 Batista
巴枯寧 Bakunin
巴洛提尼，伊利奧 Barontini, Ilio
巴特西 Battersea
巴勒摩 Palermo
巴斯克 Basque
巴爾巴托，尼可萊 Barbato, Nicola
巴黎皇家宮殿 Palais-Royal
巴黎高等師範學校 Ecole Normale Superieure of the Rue d'Ulm
戈德曼，呂西安 Goldmann, Lucien
扎莫希奇 Zamosc
文化後設財 cultural meta- goods

五劃

六劃

《托瑪士・閔澤：革命神學》*Thomas Munzer als Theologe der Revolution*
《早年著作》*Fruhschriften*
朱可夫，格奧爾基 Zhukov, Georgy
朱里安諾 Giuliano
次無產階級 sub-proletariat
米高揚 Mikoyan
考特，大衛 Coute, David
考茨基，卡爾 Kautsky, Karl
艾希曼 Eichmann
艾斯勒，葛爾哈特 Eisler, Gerhart
西班牙全國勞工聯盟 Confederación Nacional del Trabajo, CNT
西班牙勞工總同盟 UGT
西斯蒙第 Sismondi
西瑪 Semard

七劃

伯明罕同盟 Birmingham Alliance
伯恩斯，約翰 Burns, John
伯恩斯坦 Bernstein, Edward
佛來明們 Flemings
佛朗哥 Franco
克利葛爾，安妮 Kriegel, Annie
克勒肯維爾 Clerkenwell
克勞斯 Krause
克隆斯達特 Kronstadt
克魯泡特金，彼得 Kropotkin, Peter
克魯格曼，詹姆斯 Klugmann, James
別卓夫斯基－班奈特 Petrovsky-Bennet
利佛諾 Livorno
利迪策 Lidice
利馬，杜契歐 Lima, Turcios
利維坦 Leviathan
努斯鮑姆 Nussbaum, Martha C.
呂德，喬治 Lichtheim, George
坎貝爾 Campbell, Johnny
希利 Seale, Patrick
希姆萊 Himmler
希涅克，保羅 Signac, Paul
《希望的原理》*Das Prinzip Hoffnung*
希爾，克里斯多夫 Hill, Christopher
折衷主義 eclecticism
改良主義 reformism
李卜克內西，卡爾 Liebknecht, Karl
李森科 Lysenko
李維 Levi
李維拉一世 Primo de Rivera
杜克洛斯 Duclos, Jacques
杜威瑙德 Duvignaud
杜特，帕門 Dutt, Palme
杜魯蒂 Durruti, Buenaventura
《每月評論》*Monthly Review*
沃爾佩，伽伐諾・德拉 Volpe, Galvano Della
沙夫茨伯里大街 Shaftesbury Avenue
狄托 Tito
狄米特洛夫 Dimitrov
狄格羅特 De Groot
貝當，菲利浦 Petain, Philippe
貝爾，丹尼爾 Bell, Daniel
邦迪，麥喬治 Bundy, McGeorge
亞歷山大，菲力浦 Alexandre, Philippe

八劃

孟摩索 Monmousseau, Gaston
季諾維也夫 Zinoviev
宗派主義 Sectarianism

九劃

科爾施，卡爾 Korsch, Karl
美泉宮 Schoenbrunn
美洲人民革命聯盟 Alianza Popular Revolucionaria Americana, APRA
美國全國暴力原因與預防委員會 US National Commission of the Causes and Prevention of Violence
英格拉歐 Ingrao
《英國工人階級狀況》*The Condition of the Working-class in England in 1844*
〈英國關於一個自由勞工黨的辯論〉English Debates on a Liberal Workers' Policy
韋伯，希德尼 Webb, Sidney
韋伯，畢垂斯 Webb, Beatrice
韋伯，赫曼 Webber, Hermann
韋伯斯特 Webster
《風尚》*Vogue*
香榭麗舍大道 Champs Elysées
香儂 Shannon

十劃

荒野殺人案 Moors murders
倫敦大樞密院 Greater London Council
哥穆爾卡 Gomulka, Wladyslaw
《唐・卡洛斯》*Don Carlos*
埃米里亞 Emilia
夏培 Chiappe
席勒 Schiller
庫西寧 Kuusinen
庫克 Cook, Arhur James
庫柏，湯瑪士 Cooper, Thomas
朗哥，魯基 Lango, Luigi
格瓦拉，切 Guevara, Che
格瓦拉主義者 Guevarist
格里夫茲 Griffith, W.
格拉赫，埃里希 Gerlach, Erich
格萊斯頓 Gladstone, William
《泰晤士報文學副刊》*Times Literary Supplement*
《烏托邦的精神》*Geist der Utopie*
烏姆瑟 Wurmser, André
特列夏－莫斯科凡 Trilisser-Moskvin
特里雅納 Triana
特拉法加廣場 Trafalgar Square
納瑟主義 Nasserism
納薩爾派 Naxalites
《紐約書評》*The New York Review of Books*
紐頓 Newton, Kenneth
索雷爾，喬治 Sorel, Georges
索諾拉 Sonora
荀白克 Schonberg
馬克思 Marx, Karl
〈馬克思主義與修正主義〉Marxism and Revisionism
《馬克思主義與哲學》*Marxismus und Philosophie*
《馬克思與恩格斯論無政府主義》*Marx et Engels contre l' anarchisme*
馬里波恩 Marylebone
馬林斯基 Manuilsky
馬埃斯特臘山脈 Sierra Maestra
馬勒，索格 Mallet, Serge
馬基維利 Machiavelli
馬累伐奇斯 Malefakis
馬斯佩羅，弗朗索瓦 Maspero, Francois
馬斯洛 Maslow
馬維 Malvy

十一劃

十二劃

《發言人》*The Spokesman*
舒茲－蓋佛爾尼茲 Schulze-Gaevernitz
華倫們 Walloons
菲奧雷的約阿基姆 Joachim of Frore
費歇爾，露絲 Fischer, Ruth
費雷爾 Ferrer
費邊主義者 Fabian
費邊社 the Fabian Society
越共 Viet cong
鄂蘭，漢娜 Arendt, Hannah
雅洛斯拉夫斯基 Yaroslavsky

十三劃

塔海默爾 Thalheimer
塔斯加 Tasca
塔爾孟 Talmon, Jacob
塔爾曼 Thaelmann
塞爾維 Cervi
塞維拉 Seville；Sevilla
奧夫雷貢 Obregon
奧拉杜爾 Oradour
奧許維茲 Auschwitz
奧德翁戲院 Odeon Theatre
奧德維奇 Aldwych
《意識形態的終結》*End of Ideology*
愛爾蘭自治法規 Irish Home Rule
《新左評論》*New Left Review*
《新社會》*New Society*
《新政治家》*New Statesman*
新堡 Newcastle
新模範軍 New Model Army
《當今世界無政府主義與無政府主義者》*Anarchici e Anarchia nel Mondo Contemporaneo*
《義大利共產黨事略》*Storia del Partito Communista Italiano*
聖吉爾斯 St. Giles
聖馬科斯 San Marcos
《聖週風雨錄》*La Semaine Sainte*
葉佐夫 Yezhov
葛蘭西 Gramsci
《路易・波拿巴的霧月十八日》*The Eighteenth Brumaire of Louis Bonaparte*

十四劃

達雷姆 Dahlem
雷默勒 Remmele
圖林根省 Thuringian
圖爾會議 Congress of Tours
圖賴訥，阿蘭 Touraine, Alain
榮格學派 Jungian
歌利亞 Goliath
瑣羅亞斯德 Zoroaster
瑪拉替斯達 Malatesta
福山 Fukuyama, Francis
維拉 Vilar
維達里 Vidali
維爾紐斯 Wilna
蒙特惠克山 Montjuich
蒙馬特 Montmartre
蒙博托 Mobutu
蓋呂薩克街 Rue Gay Lussac
蓋得主義 Guesdism
蓋・福克斯之夜 Guy Fawkes Night
裴隆派分子 Peronist
赫里歐，愛德華 Herriot, Édouard
赫爾德 Herder
齊美瓦爾德 Zimmerwald

十五劃

《價值、價格與利潤》*Value, Price and Profit*
德亞拉岡那 d'Aragona
德勃艾，雷吉斯 Debray, Régis
德柏齡 Deborin, Abram
德國共產黨 KDP
德國國防軍 Reichswehr
德意志社會主義統一黨 Sozialistische Einheitspartei Deutschlands, SED
德雷福 Dreyfus
德雷福支持者 Dreyfusard
德魯里巷 Drury Lane
德霍赫 de Hooch
德蘭 Treint
撒夫隆丘 Saffron Hill
《暴力兒童》*Children of Violence*
《暴力的年代》*The Age of Violence*
歐文主義 Owenism
歐伯里安，布隆泰瑞 O'Brien, Bronterre
歐伯里安主義 O'Brienism
〈歐洲勞工運動的差異〉Differences in the European Labour Movement
衛斯理，約翰 Wesley, John
《閱讀資本論》*Lire Le Capital*
魯瓦克 Luttwak, Edward
魯斯特 Rust

十六劃

憲章運動 Chartism
憲章運動者 Chartists
《歷史、理論與建築設計》*History and Theory and Architectural Design*
《歷史與階級意識》*Geschichte und Klassenbewusstsein*
獨立社會主義者 Independent Socialist
盧森堡，羅莎 Luxemburg, Rosa
盧蒙巴 Lumumba
穆索里諾 Musolino, Giuseppe
蕭瑞的希 Shoreditch
諾丁丘 Notting Hill
賴希，威廉 Reich, Wilhelm
錫安主義者 Zionist
錫隆派 Sillon
霍夫堡宮殿 Hofburg
霍布斯式 Hobbesian
霍本 Holborn
霍爾 Hall, Stuart
鮑爾，奧托 Bauer, Otto
鮑羅廷 Borodin, Mikhail

十七劃

韓德森，亞瑟 Henderson, Arther
彌爾 Mill, John Stuart
薔薇十字會煉金術主義 Rosicrucianism
謝林 Schelling
謝莎 Secchia

十八劃

聶托 Nettle, J. P.
職業工會 trade union
舊濟貧法 Old Poor Law
薩特 Sartre
薩繆爾森 Samuelson, Paul

十九劃

羅伯斯比 Robespierre
羅哲夫斯基 Lozovsky

羅素 Lussu
羅莫爾 Roemer, John
羅斯托 Rostow
羅斯托夫契夫 Rostovzeff
羅斯伯里大街 Rosebery Avenue
羅斯默 Rosmer, Alfred
羅塞利 Rosselli, Carlo
羅歇特，華德克 Rochet, Waldeck
羅雷格 Rigault, Raoul
羅爾斯 Rawls, John

二十劃

蘇夫洛街 Rue Soufflot
蘇聯 USSR
蘇聯共產黨 CPSU
《蘇聯共產黨簡史（b）》*Short History of the CPSU(b)*
饒勒斯，尚 Jaurès, Jean
饒勒斯主義 Jauresism

二十一劃

蘭休特 Landshut
蘭考，哥茲 Langkau, Goetz
蘭貝斯 Lambeth
蘭格，奧斯卡 Lange, Oscar

二十五劃

觀念混淆主義 Confusionism
《觀察家報》*Observer*

左岸 | 歷史263

革命分子

Revolutionaries

共產黨人、無政府主義者、馬克思主義、軍人與游擊隊、暴動與革命

作　　者　艾瑞克・霍布斯邦（Eric Hobsbawm）
譯　　者　黃居正

總 編 輯　黃秀如
責任編輯　孫德齡
企畫行銷　蔡竣宇
封面設計　廖　韡
電腦排版　宸遠彩藝

社　　長　郭重興
發行人暨出版總監　曾大福
出　　版　左岸文化
發　　行　遠足文化事業股份有限公司
　　　　　23141新北市新店區民權路108-2號9樓
電　　話　02-2218-1417
傳　　真　02-2218-8057
客服專線　0800-221-029
E-Mail　rivegauche2002@gmail.com.tw
左岸臉書　https://www.facebook.com/RiveGauchePublishingHouse/

法律顧問　華洋法律事務所 蘇文生律師
印　　刷　成陽印刷股份有限公司
初　　版　2017年11月
定　　價　480元
ISBN　978-986-5727-55-0

國家圖書館出版品預行編目資料

革命分子：共產黨人、無政府主義者、馬克思主義、軍人與游擊隊、暴動與革命 / 艾瑞克・霍布斯邦(Eric Hobsbawm)著；黃居正譯. -- 初版. -- 新北市 : 左岸文化出版 : 遠足文化發行, 2017.11
面 ; 14×21公分. -- (左岸歷史 ; 263)

譯自 : Revolutionaries

ISBN 978-986-5727-55-0(平裝)

1. 革命　　2.共產主義

571.71　　106006601